KB128042

하 박사의
참 쉬운 경제

하 박사의 참 쉬운 경제

초판 1쇄 발행 2023. 6. 1.

지은이 하준삼
펴낸이 김병호
펴낸곳 주식회사 가넷북스

편집진행 김재영
디자인 양헌경

등록 2019년 4월 3일 제2019-000040호
주소 서울시 성동구 연무장5길 9-16, 301호 (성수동2가, 블루스톤타워)
대표전화 070-7857-9719 | **경영지원** 02-3409-9719 | **팩스** 070-7610-9820

•가넷북스는 여러분의 다양한 아이디어와 원고 투고를 설레는 마음으로 기다리고 있습니다.

이메일 garnetoffice@naver.com | **원고투고** garnetoffice@naver.com
공식 블로그 blog.naver.com/garnetbooks
공식 포스트 post.naver.com/garnetbooks | **인스타그램** @_garnetbooks

ISBN 979-11-92882-08-6 03320

나를 위한 투자 맞춤형 자산관리 가이드

하 박사의 참 쉬운 경제

하준삼 지음

★★★★★
한경닷컴
'베스트
머니이스트'
2회 선정

"급변하는 경제시장 속 투자의 해법을 찾다"

실전 금융지식 A–Z까지!

금융상품 투자로 부자 되는 비결 저축부터 투자까지, 돈 관리가 쉬워집니다

베테랑
상품전문가의
추천 금융상품

펀드상품
투자시스템
특허 3종 취득

연령대별
투자상품
관리방법

가넷북스

추천사

하준삼 박사님의 글에는 경험이 녹아있습니다. 시행착오에서 얻은 소중한 결론이 담겨있습니다. 여러 가지 경우의 수를 종합해서 나오는 투자가이드도 함께합니다.
그래서 하 박사님의 글은 소중합니다. 교과서를 그럴듯하게 각색한, 겉만 번지르르한 글과는 차원이 다릅니다. 경험은 없이 구호만 요란한 여느 투자가이드와는 확실히 구분됩니다. 실제 우리가 써먹을 수 있는 투자방법론이 오롯이 담겨있다고 할 수 있습니다.

하 박사님은 2021년 2월부터 한국경제신문의 디지털 매체인 한경닷컴의 'The Moneyist'로 맹활약하고 계십니다. The Moneyist는 국내 최고의 재테크 전문가 50여 명이 함께하고 있습니다. 투자와 세금, 부동산 등 다양한 글을 게재하고 있습니다.

저는 이 기간 한경닷컴 대표로 일하며 The Moneyist들의 글을 읽었습니다. 하 박사님의 활약이 단연 돋보였습니다. 그 결과 'The Best Moneyist'로 2번이나 선정됐습니다. 2023년 3월까지 60여 편의 칼럼을 게재해 한국경제신문 독자들의 투자에 많은 도움을 주셨습니다.

'기준금리, 디폴트 옵션, 신종자본증권' 등 투자의 가장 기본적인 사항부터, '은퇴 후 자산관리, 펀드 포트폴리오' 등 구체적인 방법론까지 제시했습니다. 그런가 하면 '현금으로 세금을 돌려받는 방법', '부동산 리츠'까지 우리가 궁금한 사항에 대해 30년 은행경험, 투자상품 전문가의 내공에서 우러나오는 해법을 던져주고 있습니다. 하나하나가 매우 소중한 글이었습니다.

이제 이 글을 토대로 한 책《하 박사의 참 쉬운 경제》가 나왔습니다. 벌써부터 설레고 기대가 됩니다. 초보 투자자부터 은퇴 후 자산운용 등에 고민이 많은 독자들에게까지 큰 도움이 될 것으로 확신합니다. 하 박사님의 경험을 일독해 보시기 바랍니다. 후회 없을 겁니다.

– 한국경제매거진 대표 하영춘(전 한경닷컴 대표)

금융시장이 급변하면서 새로운 투자상품이 봇물처럼 출시되고 있습니다. 자산을 지키는 시대에서 투자의 시대로 변모하는 과정에 있습니다. 자산을 금융기관에 의존하기보다는 투자자 스스로 위험을 감수하고 체크하고 수익에 대한 성과도 향유하는 것입니다.

하준삼 박사의 책은 투자의 시대에 금융상품을 이해하고 투자의 기본을 제시하는 좋은 책이 될 것입니다.

투자에 대해 고민하는 투자자뿐만 아니라 처음 금융상품 투자에 관심 있는 분들에게 필독서로 추천합니다.

– 서재영 NH투자증권 상무, 마스터 PB

저자는 국내펀드 투자의 초기 태동단계부터 실전업무를 꾸준히 해온 펀드 전문가입니다. 이 책에는 그런 저자의 실전 노하우와 수많은 개인 투자자들을 접하면서 빌드업해 온 경험이 고스란히 녹아있습니다.

투자에 친숙하게 접근하고자 하는 분들에게 적극 추천합니다.

– 오건영 신한은행 부장, 경제분석 전문가

경제라는 것이 살아있는 생물처럼 움직이듯 그 속에서 살아가는 우리들도 경제 상황의 변화에 맞게 대처할 수 있어야 본인의 자산을 잘 지키고 키워낼 수 있습니다.

이론과 실무를 겸비한 저자의 본 저서는 폭풍우가 몰아치듯 변화무쌍한 경제 상황 속에 살아가는 개인 투자자들에게 올바른 투자의 항로를 비추는 지침서가 될 것입니다.

– 배성철 에이치자산운용 전무, 펀드 마케팅 전문가

매일 예상하지 못하게 움직이는 경제시장, '왜?'보다 '어떻게 해야 하나?'에 답을 구해봅니다

은행생활 30년 동안 다양하고 소중한 경험을 하였습니다. 지나고 보니 남들이 해보지 않은 일들을 많이 해보았다는 것이 지금의 나를 설명할 수 있는 것 같습니다. 평범하지 않은 은행원으로 남들이 가지 않은 길을 선택하다 보니 상품 전문가, 겸임 교수, 작가 등 여러 가지 옷을 입게 되었습니다. 그리고 감사하게도 두 번째 커리어를 잘 시작하고 있습니다.

30년 중 20년 정도는 펀드상품 개발, 투자상품판매 마케팅, PB 팀장 등 투자상품 · 고객상담 관련 업무를 하였습니다. 고액 자산가와 어렵게 모은 목돈을 어떻게 굴릴 것인가를 고민하는 일반 고객들을 모두 상담하면서, 현 경제 상황이 이러저러하다고 설명하는 전문가는 많은데, 현 상황에서는 어떤 상품으로 어떻게 운용하는 것이 적절한가? 즉, '왜?'보다 '어떻게?'를 이야기하는 사람이 많지 않고, 있어도 어설

프거나 설명이 부족한 것을 많이 느꼈습니다.

그런 측면에서 저는 상품 분야 특허 3개를 취득하고, 상품 개발 경험 및 프리미어 팀장, PB 팀장으로서 고객의 투자상품을 폭 넓게 운용한 경험으로 '어떻게 해야 하나?'라는 질문에 답할 수 있는 실행관점의 전문가라고 생각합니다.

특히 3개의 특허는 자식과도 같은 애착이 느껴집니다.

1) 목표달성형 펀드 운용시스템은 일반 펀드 투자자들의 관리 어려움을 도와주고자 개인별 목표 금액과 수익률이 달성되면 자동 해지되는 시스템입니다.
2) 가상펀드 투자시스템은 펀드초보자가 사이버머니로 실제 펀드를 연습해 보고 실제 펀드에 가입할 수 있게 도움을 주는 특허입니다.
3) 변동성 투자시스템은 매시간 움직이는 주식, 채권 등 투자상품의 변동성을 이용하여 수익을 달성하게 하는 시스템으로 특허를 취득하는 데 5년 이상 걸렸으며 상품화 진행 중입니다.

2021년 2월부터 한국경제신문의 인터넷 칼럼 "더 머니이스트"에서 '하 박사의 쉬운 펀드'로 경제 관련 기사를 작성해 오고 있습니다. 이 책은 한국 기준금리가 2년여 동안 0.5%부터 3.5%가 되는 극심한 변동성 시장 장세에서 어떻게 금융자산을 운용하고 시장에 대응할 것인가에 대해 그때그때의 대응방안을 고민하고 작성한 글들입니다.

2년 동안 한경닷컴에서 '베스트 머니이스트'로 2회 선정되는 등 독자들의 많은 호응이 이 책을 만드는 원동력이 되었습니다.

1993년 은행에 첫발을 내디디고, 1997년 IMF, 2008년 글로벌 금융위기, 최근의 사모펀드 사태 등을 직접 겪으면서 시장의 충격과 그로 인한 투자상품의 손실 및 고객들과의 상담경험은 무엇과도 바꿀 수 없는 소중한 자산입니다.

2022년부터 한국외국어대학교에서 증권시장론과 경제학원론을 가르치고 있습니다. 현장의 경험과 어떻게 대응할 것인가에 대한 고민을 토론하고 공유하는 시간에 젊은 학생들이 기뻐하는 모습은 또 다른 저의 보람입니다.

경제와 금융상품은 용어부터 설명까지 일반인의 눈높이에 맞지 않아 어렵다는 평가를 많이 받습니다. 30년간 현장의 프로 금융인으로서 다양한 경험을 바탕으로 일반인이 쉽게 이해할 수 있는 경제 관련 내용을 설명하고자 합니다.

매일 마시는 Coffee와 같이 친숙하고 이해하기 쉽게 다가가는 경제 이야기를 전달하려고 합니다.

경제시장은 내일을 알 수 없는 변동성이 큰 살아있는 생물과 같습니다. 거기에 대응하는 방법도 오늘과 내일이 다릅니다. 따라서 각각의 글마다, 기사가 작성된 날짜, 그때의 한국 기준금리, KOSPI지수를 표시하여 시장의 움직임에 따른 내용을 볼 수 있도록 정리하였습니다.

책의 내용은 크게 5부분으로, 자산관리 방법과 필수 금융상품을 모두 포함하였습니다.

Ⅰ. 바람직한 자산관리의 기본(8개 항목)

Ⅱ. 금융상품 투자 어떻게, 올바른 투자관리 방법은?(10개 항목)

Ⅲ. 핵심 금융상품, 모르면 나만 손해(12개 항목)

Ⅳ. 현명한 펀드 투자방법, 펀드의 기본(9개 항목)

Ⅴ. 필수 펀드상품, 이 정도만 알면 Good!(13개 항목)

이 책이 만들어지는 데 도움을 주신 분들께 감사의 말씀을 전합니다. 바른북스의 김병호 대표님, 김재영 편집자님 감사합니다. 세무 관련 사항을 꼼꼼하게 감수해 준 김치범 세무사님 감사합니다. 기사를 게재할 때마다 독자들에게 잘 읽힐 수 있도록 감수해 준 김하나 부장님, 신민경 기자님 감사합니다.

아울러 존경하는 부모님과 항상 응원해 주는 동생들, 사랑하는 아내 윤신, 그리고 멋진 아들 동우, 예쁜 딸 선우에게도 고마움을 전합니다.

앞으로도 지금까지 해왔던 것처럼, 꾸준하고 부지런하게 자신을 성찰하고 늘 남에게 도움을 줄 수 있는 삶을 살 수 있도록 노력하겠습니다.

2023년 따뜻한 봄에

하준삼

목차

| 추천사 |

| 프롤로그 |

매일 예상하지 못하게 움직이는 경제시장,
'왜?'보다 '어떻게 해야 하나?'에 답을 구해봅니다

Ⅰ. 바람직한 자산관리의 기본

1. 금융투자 '기초근육' 키우는 방법은? 16
2. 통장 스쳐 가는 월급, 제대로 관리하는 방법 22
3. 은행 PB들이 가장 신경 쓰는 고객은? 27
4. PB에게 "자산관리 알아서 해달라"고 했다간… 35
5. 은행을 제대로 이용하는 방법 41
6. MZ세대 자녀에게 자산관리 조언하는 방법 48
   – 자산관리에 투자상품 넣고 적립식 포함해야
   – 공격적인 투자, 전체의 10% 이내로 제한해야
7. "출제자 의도를 파악하라"…경제정책 결정자가 진짜 원하는 것은? 56
8. 유튜버 믿었다가 망했다?…현명한 투자자 되는 법 62

II. 금융상품 투자 어떻게, 올바른 투자관리 방법은?

1. "마땅한 곳 없는데"…지금 1억 투자한다면 어디에 해야 할까 ······ 70
2. 부부 공동 금융자산, 1억 원이 넘는다면? ······ 75
3. 3억 원의 자산이 있다면 3곳에 나눠 투자하세요 ······ 81
4. 은퇴 앞둔 50대, 자산관리 이렇게 해보세요 ······ 86
5. 물가 · 금리상승기엔 OO에 투자하라…프라이빗 뱅커의 조언 ······ 92
6. 인플레 · 금리 인상 '비상'…"분산 관리만이 살길" ······ 98
7. 변동성 커지는 시장, 포트폴리오 조정하는 방법 ······ 105
8. 답답한 금융시장, 현명하게 견디는 방법 ······ 110
9. 고수익 원한다면…투자전략은? ······ 116
10. 베트남, 직접 가보고 얻은 투자 아이디어 ······ 122

III. 핵심 금융상품, 모르면 나만 손해

1. 금(金) 투자, 나에게 맞는 투자방법 따로 있다 ······ 132
2. 직장인 필수 금융상품, 딱 2가지만 알려드립니다 ······ 138
3. 현금으로 세금 돌려받는 방법 ······ 146
4. 안전성+수익성 '은행 신종자본증권'을 아시나요 ······ 153
   – 은행 정기예금 대비 수익률 '2배'…신용등급 잘 살펴봐야
5. 청년이라면 이 금융상품 반드시 가입하세요! ······ 161
6. 10년 안에 새 아파트에서 사는 확실한 방법 ······ 167
7. 미국 달러화, 바람직한 투자방법은? ······ 173
8. 경기 불황기, 비과세 상품 ISA는 필수 ······ 182
9. 안전하게 투자하고 싶을 땐 ELD가 딱입니다 ······ 187
10. 목돈 투자 ELS 상품도 고려해야 하는 이유 ······ 194
11. 은행 '펀드매니저'에 자산 맡겨보세요 ······ 202
12. 예금 금리 또 올랐는데…갈아탈까요? ······ 209

IV. 현명한 펀드 투자방법, 펀드의 기본

1. 펀드의 시작과 목돈마련, '적립식'으로 하세요 ····· 218
- 적립식 OR 거치식, 뭐가 더 유리할까?
- 펀드 투자 첫걸음, 인덱스펀드부터 여유자금으로

2. 펀드의 구조와 수수료, 정리하면 이렇습니다 ····· 226

3. 맛있는 펀드 고르는 방법 ····· 234
- 수익률 · 위험대비 수익 비교…"같은 수익률이면 표준편차 적은 펀드"

4. 훌륭한 펀드매니저는? 성장주 펀드와 가치주 펀드의 차이는? ····· 243

5. 내가 주식형펀드에 1억 원을 투자한다면… ····· 251

6. 시장을 이기는 펀드 포트폴리오 ····· 257

7. 시장 조정기, 펀드 투자관리 하는 방법 3가지 ····· 263

8. '헝다 쇼크' 흔들리는 시장에서 내 펀드 관리하는 방법 ····· 269
- 변동성 커지는 시기에 대응하는 방법…"적정 수익 거둔 펀드는 해지해야"

9. 우크라이나 침공에 불안한 증시, 내 펀드 어쩌나 ····· 275

Ⅴ. 필수 펀드상품, 이 정도만 알면 Good!

1. 펀드가 '직접투자'보다 좋은 3가지 이유 284
2. 주식과 주식형펀드, 투자의 차이점 이해하기 288
 – 기업의 성장성과 주가, 비례해서 움직이지는 않아
 – 펀드도 목표 정하고 정기적인 관리 필요
3. 채권 · 채권형펀드에 관심을 가져볼 때 297
 – 채권투자, 정기예금보다 높은 성과에 안정성
 – 채권 만기까지 회사 존속 여부 따져야…펀드는 만기날짜 확인 필수
4. 같은 듯 다른 펀드, ETF와 인덱스펀드…어디에 투자할까? 305
5. 해외펀드, 제대로 고르려면? 311
6. 알아서 다 해주는 펀드가 있다?…이럴 때 'TDF' 추천합니다 318
7. '루이비통 백' 안 부러운 '럭셔리 펀드' 325
8. 10만 원으로 부동산에 투자한다. 부동산펀드 · 리츠 331
 – 리츠, 유동성 확보 가능…소액으로도 배당수익 얻을 수 있어
9. 중위험 · 중수익 상품 찾는다면 공모주펀드 339
 – 공모주펀드, 채권혼합형으로 구성돼…주식투자수익이 '관건'
 – 공격투자형보다는 중위험 · 중수익 추구 고객에 '적합'
10. 메타버스 펀드, 제대로 투자하는 방법은? 346
 – 메타버스, 미래산업이지만 투자대상과는 별개로 봐야
 – "산업 초창기보다는 20% 진행됐을 때 투자해야"
11. 증시 침체기, 조금씩 수익 쌓아가는 롱숏 펀드가 대안 352
12. "이머징마켓 펀드수익률, 年 10% 목표로 투자하세요" 358
13. 3년 전 가입한 사모펀드들, 수익률 확인해 봤더니… 364

[부록 1] 한국은행 기준금리 추이

[부록 2] KOSPI지수 추이(1980.1.4~2022.12.29)

Ⅰ.

바람직한 자산관리의 기본

01 금융투자 '기초근육' 키우는 방법은?

(2022.4.15 기준금리 1.5% KOSPI지수 2,696.06)

– 매일 운동하는 것처럼 안정된 미래 위해선 금융근육 키워야

– 금융자산현황 파악 · 기본지식 습득 필요

– 금융정보 익혔다면 포트폴리오 구성 · 조정

이미지=
게티이미지뱅크

필자는 매일 아침 출근하기 전 헬스장에서 땀을 흘립니다. 근육은 보디빌더만 필요한 게 아닙니다. 뼈를 보호하고 기초대사량도 늘려주어 건강한 몸을 유지하는 데 큰 도움을 줍니다. 우락부락한 근육질 몸매를 만드는 게 목적이 아니라, 건강한 몸을 유지하고 하루를 잘 보낼 수 있는 에너지를 얻기 위해서 운동을 합니다. 2002년부터 시작한 아

침 운동은 이제 습관이 됐습니다.

금융자산을 형성하고 관리하는 데 있어서도 금융지식과 경험을 쌓아가는 금융근육이 필요합니다. 아무런 계획이나 체계적인 관리 방법 없이 금융자산을 두게 되면 배가 나오거나 물렁살이 되는 것처럼, 나의 금융자산도 방향성 없이 생기 없게 관리가 됩니다.

그렇다면 나의 금융 기초근육을 키우고 좋은 상태로 유지하려면 어떻게 해야 할까요? 헬스와 금융자산관리를 비교해 보면 다음과 같습니다.

- 헬스장: 인바디로 신체의 과부족 파악 → 운동 코치로부터 기구 사용 기본지식을 배움 → 퍼스널 트레이닝(PT) 훈련 및 신체 관리
- 금융자산관리: 금융현황 및 수요 파악 → 기본 금융지식 습득, 상품 경험 → 포트폴리오 구성 및 주기적인 리밸런싱

순서대로 살펴보겠습니다.

첫째, 현황 분석입니다. 헬스장에 처음 등록하면, 코치가 인바디라는 기계로 체성분, 근육량 등을 측정하고 적정 체중 및 필요한 부위의 필요 근육량 등을 안내해 줍니다. 금융근육을 키우는 첫 단계는 금융기관 자산관리 팀장으로부터 현재 나의 금융자산 구조와 포트폴리오,

그리고 연령 및 비교 대상층에 맞는 적정 진척도 등을 파악하는 것입니다.

둘째, 기본지식을 습득합니다. 헬스장의 첫 수업은 코치가 각종 기구 사용법과 동작 시 호흡법에 대해 알려주는 것입니다. 그리고 적당한 무게와 횟수 등을 코치합니다. 금융의 기초근육 없이 단순하게 금융거래를 하는 경우는 특별한 관리가 필요 없습니다.

하지만 최소한 물가상승률 이상의 상품 수익을 얻기 위해선 투자상품의 가입과 관리가 필수입니다. 그리고 투자상품을 관리하기 위해 기본적인 경제 · 금융지식과 상품 투자경험이 필요합니다.

이와 관련하여 첨언할 게 있습니다. 쉬운 경제 관련 책자 몇 권을 구해서 그냥 읽어봅시다. 처음에는 이해가 잘되지 않더라도 3권 정도의 책을 3번 정도 읽어봅니다. 이해가 되지 않는 단어가 나오면 네이버에 물어봅니다. '이런 내용과 저런 용어를 사용하는구나' 하고 따라가면 성공입니다.

또 주가지수와 금리의 추이 등 주요 경제지표를 매일 지켜봅니다. 코스피지수와 미국의 S&P500지수, 한국 · 미국의 기준금리 추이는 가장 기본이 되는 지표입니다. 미국 1달러를 원화로는 얼마에 바꿔주는지, 원 · 달러 환율도 봅니다. 하루에 한 번 정도 시간을 정해 네이버의 금융 부분을 보거나, 한경닷컴 홈페이지를 휴대전화로 봅니다. 조금 익숙해지면 금리와 주가지수, 환율 간의 관계와 방향성에 대해서 사연스럽게 조금씩 알게 됩니다.

삼성전자와 카카오, 현대자동차 등 국내 시가총액 상위 종목에 대한 주가 추이도 지켜봅니다. 실적이 좋게 발표된 삼성전자가 10만 전자로 안 가고 왜 6만 전자에 머무는지에 대한 기사 등도 읽어보면서 주가지수와의 관계도 같이 봅니다.

적립식 펀드를 매월 10만 원씩 6개월 이상 불입하면서 시장의 흐름과 내 펀드의 수익률 간 관계를 경험해 봅니다. 필자는 아침 9시가 되면, 보유한 10개의 펀드에 1만 원씩 입금하면서 국내, 선진국, 이머징마켓 등 시장의 흐름과 펀드의 수익률 관계, 리밸런싱 여부 등을 파악하는 시간을 가집니다.

유튜브에 올라오는 금융정보는 유용한 것이 많습니다. 하지만 동전의 한쪽 면만 집중해서 부각한다든지, 개인의 편향된 의견을 여과없이 보여줘서 우려됩니다. 따라서 처음에는 공중파 방송사 또는 경제신문 · 채널의 공식 유튜브 방송을 보는 것을 권해드립니다. 다소 지루할 수도 있지만, 두세 번 검증되고 걸러진 내용을 객관적인 시각에서 볼 수 있기 때문입니다.

여기서 중요한 것은 경제 · 금융시장에 관심을 계속 가지는 겁니다. 주요 경제 이벤트, 주요 경제지표들의 변화와 내가 가입하고 있는 투자상품과의 관계가 어떻게 형성되고 변화하는지 지켜보고 체험하는 것입니다. 처음에는 월 10만 원의 적립식 펀드로 시작해서, 목돈을 투자하는 주가연계증권(ELS), 상장지수펀드(ETF) 등 투자상품의 비중도 조금씩 확대해 갑니다.

본론으로 다시 돌아오겠습니다. 마지막으로 포트폴리오 구성과 리밸런싱을 합니다. 개개인의 신체조건과 운동 역량이 틀리기 때문에 코치들은 개인의 조건을 파악하고 본인에게 맞는 운동과 운동량을 권합니다. 그리고 훈련이 어느 정도 궤도에 오르면 운동량을 늘리거나 다른 운동방법 또는 추가 트레이닝을 추천합니다.

멋진 근육을 키우기 위해 처음부터 고중량의 바벨을 들다 보면 몸에 무리가 가고, 사고도 날 수 있습니다. 마찬가지로 투자상품도 적은 금액, 단순한 구조의 상품을 경험하고 이해하는 기간이 필요합니다.

금융근육도 마찬가지입니다. 각자가 보유한 금융자산과 구성이 틀리므로 금융코치인 PB 팀장, 자산관리 팀장에게 상담 및 코치를 받아서 초기 포트폴리오를 구성합니다. 그리고 한 달에 한 번 또는 분기에 한 번 현황 분석 및 리밸런싱을 하는 과정으로 진행하는 것이 좋습니다.

운동을 경험해 본 분들, 특히 근육운동을 제대로 해봤던 사람이라면 알 겁니다. 멋진 근육은 하루아침에 만들어지지 않습니다. 그리고 운동을 조금 등한시하거나 쉬게 되면 금방 근육은 사라지고 부드럽고 물렁한 살로 채워지게 됩니다.

단기간에 필요한 금융지식과 경험은 만들어지지 않습니다. 시간을 투자하고, 적은 금액부터 상품을 경험해 봐야 합니다. 현재와 같은 금융자산현황을 유지하기 위해서, 물가와 시장수익률을 넘어서는 수익을 올리기 위해서는 금융시장의 변화와 흐름에 대한 지속적인 관심, 내가 보유한 금융자산에 대한 현황 분석 및 주기적인 리밸런싱이 꼭 필요합니다. 그리고 혼자 운동하면 자신의 몸 전체관리가 쉽지 않은 것처럼, 금융자산도 자산관리 팀장에게 주기적인 점검을 받고 관리하는 것이 좋습니다.

건강을 위해 매일 운동을 하는 것처럼, 나의 안정된 미래를 위해 금융근육을 키우기 위해서 지속적인 관심과 투자경험을 쌓아가시기 바랍니다.

02 통장 스쳐 가는 월급, 제대로 관리하는 방법

(2022.6.16 기준금리 1.75% KOSPI지수 2,451.41)

– 월급의 절반 이상은 저축 · 투자해야

– 목표 금액 달성까지 꾸준히 관리

– 자동이체 항목은 주기적 확인 · 조정

이미지=
게티이미지뱅크

물가 오름세가 심상치 않습니다. 주말에 아내와 영화 한 편 보고 간단한 식사와 커피 한잔하려고 해도 10만 원이 있어야 합니다. 식당과 주유소에서 계산하려고 하면 부쩍 오른 가격이 부담됩니다. 배달비 인상 부담으로 배달음식 건수도 감소세를 나타내고 중고물건 구매 사이트는 활성화하고 있습니다.

월급통장을 제외하고는 전부 오르는 것 같습니다. 그런데 매달 들어오는 월급통장은 들어오자마자 잔액이 금방 없어집니다. "어서 와요, 곧 떠나겠지만, 잠시나마 즐거웠어요, 가난한 내 마음을 가득히 채워줘, 눈 깜짝하면 사라지지만…" 가수 스텔라 장의 '월급은 통장을 스칠 뿐'이라는 노래의 가사 내용입니다. 필자를 포함해 대부분의 직장인들이 모두 공감할 수 있는 노랫말입니다.

월급날을 포함해 며칠 동안은 자동이체로 급여계좌에서 출금되는 문자메시지가 휴대전화에서 계속 울립니다. 그러다 5~10일이 지나면 급여계좌의 잔액은 거의 남아있지 않습니다. 이렇게 매월 급여계좌에 들어왔다가 스쳐 가는 돈을 어떻게 관리하는 게 효과적일까요?

몇 가지 원칙을 세우고 체계적으로 월급통장을 관리하면 시간이 지날수록 좋은 효과가 나타납니다.

첫째, 목표 금액을 정하고 달성할 때까지 월급의 50% 이상은 저축과 투자를 합니다. 자산형성을 위해서는 목돈마련이 먼저입니다. 1,000만 원, 1억 원 등 목표 금액과 달성 기간을 정해놓고 매월 일정 비율을 저축 · 투자상품으로 자동이체 해놓습니다. 필요경비를 쓰고 난 뒤 하는 게 아니라, 저축 · 투자에 대한 금액을 자동이체 하고 남은 금액으로 한 달을 생활하는 것으로 자금운용을 합니다. "그저 살다 보면 살아진다"는 애절한 노래 가사도 있지만 안정된 미래를 꿈꾸고 마음을 다진다면 생활이 조금 힘들고 재미는 없겠지만 그래도 '잘 살아집니다'.

목돈을 만드는 것은 '규모의 경제'가 있기 때문입니다. 1,000만 원에서 30%의 이익이 발생하면 300만 원이지만, 1억 원을 투자해서 5%의 이익만 발생해도 500만 원이 손에 쥐어집니다. 금액이 클수록 투자할 수 있는 상품의 종류도 많아져서 합리적인 포트폴리오 구성의 폭도 넓어집니다.

둘째, 포트폴리오 구성을 상품 · 기간별로 나누고 주기적으로 비중 조정(리밸런싱)을 합니다. 저축상품은 만기가 없는 청약저축과 1~3년제 정기적금으로 나눠 10만 원 이상씩 꾸준히 적립합니다. 적립식 펀드는 성장형 펀드와 가치형 펀드를 5대 5 비중으로 투자하고 시황에 따라 비중을 조절합니다. 만기가 되는 상품은 해지한 후 정기예금과 채권, 주가연계증권(ELS) 등 수익률이 확정된 상품에 나눠 투자합니다.

보험상품은 필요한 상품만 가입합니다. 은퇴한 선배들의 사례를 보면, 직장을 다닐 때 지인의 부탁이나 다양한 경로를 통해 10여 개 이상의 보험상품에 가입하지만, 은퇴 후에는 의료실비보험과 연금보험을 제외하고 대부분 해지합니다. 필자도 10여 개가 넘는 보험상품을 구조 조정 해서 실비보험과 연금보험, 비과세 저축보험만 가지고 있습니다.

셋째, 체크카드 사용을 생활화합니다. 신용카드는 가전제품과 자동차 등 장기할부결제가 필요할 때 일부 사용합니다. 체크카드는 사용할 때 바로 통장 잔액이 차감되고, 문자로 내용이 전달되기 때문에 필요하지 않은 소비를 줄이는 데 큰 도움이 됩니다. 필자도 체크카드로 결제하면서 휴대전화로 찍히는 잔액에 가끔 놀랍니다. 그리고 다음 월급날까지 쓸 수 있는 한도를 체크하게 됩니다.

넷째, 자동이체 항목을 주기적으로 점검하고 조정합니다. 자동이체 항목 중 취소된 모임의 회비, 불필요한 상품의 자동이체, 유효하지 않은 기부금 계좌이체 등 수정 또는 취소해야 하는 항목이 있습니다. 그러나 일반적으로 한번 자동이체 등록을 하면 특별한 경우가 아닌 이상 수정이나 취소를 하지 않습니다. 특히 50대 이상은 번거롭고, 하기 힘들다는 이유로 일단 한번 해놓은 자동이체는 변경하지 않습니다. 그렇다 보니 불필요한 항목이 매월 지출되는 경우가 많습니다. 수정이나 취소해야 할 항목의 내용 확인이 어려우면 가까운 금융기관을 방문해 꼭 한번 확인해 보는 것을 권해드립니다.

예전에는 금융기관에 직접 방문해야 자동이체의 신규 · 해지 · 변경 업무처리가 가능했습니다. 그러나 지금은 인터넷 뱅킹, 모바일 뱅킹을 통해서 클릭 몇 번이면 금융기관을 방문해 오프라인에서 할 수 있는 업무의 90% 이상이 가능합니다.

자동이체가 빠져나가는 월급통장뿐만 아니라 요즘에는 머니마켓펀드(MMF)에서도 자동이체가 가능합니다. 매월 또는 분기에 한 번 정도, 자동이체로 빠져나가는 항목과 금액을 확인하고 중복이 되거나 효과가 떨어지는 부분에 대해선 금액 축소 · 자동이체 해지 등의 조치를 취합니다. 필요할 때에는 손안의 은행인 모바일 뱅킹에서 언제든 자동이체 신규 · 해지 · 변경 업무가 가능하기 때문에 부담 없이 하면 됩니다.

직장인에게 너무나 소중한 월급통장은 반려동물을 사랑하듯이 관심을 가지고 관리해야 합니다. 그리고 매월 치열하게 노력하여 월급통장에 들어온 소중한 금액을 보다 효율적으로 체크하고 관리해야 합니다. 그렇게 하면 각자가 목표로 하는 금융자산의 형성 시기를 좀 더 앞당길 수 있을 것입니다.

03

은행 PB들이 가장 신경 쓰는 고객은?

(2022.6.16 기준금리 2.25% KOSPI지수 2,492.69)

– 보유상품 투자용도 · 관리 방법을 알고 있어야

– 금융자산현황 확인, 생활화 필요

– '출력된 자산현황표' 활용 시 관리 용이

이미지=게티이미지뱅크

며칠 전, 의사 선생님 부부가 금융상담을 위해 방문했습니다. 해당 분야에서는 수십 년 경력의 훌륭한 의사 선생님이었지만, 보유계좌의 관리상태는 낙제점이었습니다. 만기가 몇 년 지난 적금, 상품관리가 되고 있지 않은 개인형 퇴직연금(IRP) 통장, 납입이 중단된 연금신탁 통장 등 총체적 난국이었습니다.

필자는 해당 상품에 대한 용도와 간략한 설명, 그리고 어떻게 관리하는 것이 좋은지 말씀드렸습니다. 그리고 한 달에 한 번, 적어도 분기에 한 번은 금융기관을 방문해 보유계좌 현황을 체크하고, 비중 조정(리밸런싱)을 할 것을 권유했습니다.

수십 명에서 100여 명 이상의 고객을 관리하는 PB 팀장, 투자상담사가 가장 신경 쓰는 고객들은 어떤 분들일까요?

첫째, 본인이 관리하고 있는 고객 중 자산이 많은 고객들입니다. 적게는 몇억에서 100억 대까지, 보유한 상품들도 다양합니다. 투자상품을 보유한 경우, 시장 상황의 변동성에 따라 큰 금액이 움직이기 때문에 매일 자산현황을 꼼꼼하게 체크하고 관리합니다.

둘째, 한 달에 한 번, 분기에 한 번 등 주기적으로 방문하고 본인의 금융자산현황에 대해 세세하게 챙기고 관리하는 투자자들입니다. 상품을 신규 개설할 때나 해지할 때만 방문하는 고객은 간략하게 보유상품 현황과 평가결과에 관해서만 이야기해도 부담이 없습니다.

고객자산을 관리하는 PB 팀장, 자산관리 팀장이 최선을 다해 투자상품을 관리한다고 해도, 주식과 채권시장이 큰 폭으로 하락하는데, 투자상품의 수익률을 플러스로 만들기는 어려운 일입니다.

하지만 시장에 큰 충격이 오는 이벤트나 사건이 발생할 때, 나쁜 상황이 닥치기 전에 한발 먼저 해지하거나 시장 상황에 부합하는 상품으로 변경해 최악의 상황에 맞닥뜨리지 않게 상품관리를 하는 것은 가능합니다. 따라서 평소에 본인이 자산관리를 하지만, 시간을 정해서 주기적으로 자산관리 담당자와 의견을 교환하고 확인하는 것이 바람직합니다.

투자자 입장에서도 투자상품에 대한 관심과 노력이 필요합니다. 금융기관을 이용하면서 나의 자산관리를 위한 팁은 어떤 것이 있을까요? 우선 기본적인 경제흐름을 좇아가야 하며 금융상품에 대한 공부가 필요합니다. 주기적인 금융자산관리와 리밸런싱도 필요하겠죠.

이미지=
게티이미지뱅크

첫째, 경제와 금융상품에 대한 기본적인 지식과 시장흐름을 따라가기 위해 노력합니다. 주가지수, 환율, 금 시세 3가지 항목은 매일 휴대전화로 확인합니다. 네이버의 증권 홈에 들어가면, 한 화면에서 확인이 가능하며 항목을 클릭하면 숫자와 그래프로 3개월, 1년, 3년 등의 추이 등을 확인할 수 있습니다.

'월급만 빼고, 물가는 다 오르는데 코스피지수는 2,500선 아래로는 크게 하락하지 않네', '원 · 달러 환율은 1,300원을 넘을 때는 1,500원도 금방 갈 것 같더니 1,300원 선에서 크게 움직이지 않는구나', '금은 연초 이후 약 3% 정도 하락했지만 최근에는 변동 폭이 적구나' 하는 식으로 시장 주요지표를 파악해 가며 하루에 한 번 정도 훑어봅니다.

경제뉴스의 헤드라인을 보고 시장 상황을 머릿속에 그려가며 6개월~1년 뒤 상황을 예상해 봅니다. 최근 발표된 뉴스에 대해, 아래와 같이 생각하는 습관을 가져봅니다.

'미국의 7월 고용지표, 비농업 신규 고용 52.8만 개 증가하며 시장 예상치 대폭 상회', '미국의 CPI(소비자물가지수)는 전년 대비 8.5%(전월 9.1%, 예상 8.7%) 상승하며 피크 아웃 기대감 형성' 같은 뉴스가 나옵니다.

뉴스에 본인만의 해석을 추가해 봅니다. '물가를 잡기 위한 금리 인상은 당분간 계속되겠지만, 중요한 경제지표 중 하나인 고용지표는 안정적인 데다, 물가도 정점이 가까운 것으로 예상해 볼 수 있겠군. 연말까지 금리가 계속 올라가겠지만, 내년 상반기부터는 금리는 안정될 것 같고, 정기예금 금리도 가파르게 오르다가 최근 주춤하는 것으로 보면 경기 불황과 침체가 아주 길게 가지는 않을 것 같아. 몇 달은 관심 있게 더 지켜보고 투자 결정을 해야겠군'.

또 경제와 금융상품의 기본구조와 용어들은 내가 이해하기 쉽게 정리해 둡니다. 자산관리 수첩이나 메모지에 주요 용어와 궁금한 사항은 메모해서 궁금할 때 찾아볼 수 있게 정리합니다. 금융기관을 방문해 자산현황표를 받아, 해당 상품명 옆에 내가 알기 쉽게 구조와 운용전략 등을 메모해 두면 상품을 관리하는 데 도움이 됩니다.

둘째, 주기적인 자산관리와 리밸런싱을 합니다. 매일 또는 매주 주기적으로 나의 자산을 내가 직접 체크하는 것도 좋지만, 주기적으로 금융기관을 방문해 담당자와 나의 의견을 교환하고 리밸런싱을 검토하는 것이 바람직합니다.

금융기관 방문 시 점검사항은 다음과 같습니다. 방문 시마다, 자산현황표를 출력받아 확인하고 다음번 방문 때 이전 현황표들을 들고 가서 현재 상황과 비교한 뒤 리밸런싱할 상품을 결정합니다.

현재 시점에서 세계, 국내 경제 상황, 증시 상황, 주요 경제지표와 주요 이벤트에 대해서 알아보고 발표된 수치가 의미하는 바에 관한 내용을 들어보면서 '지난번과 이번 달은 이렇게 조금 변화가 있구나' 하고 상황을 인식합니다.

보유상품 중 투자상품의 수익률 현황, 시장지수의 변동에 대비해 투자자산의 수익률은 어떤 성과를 나타냈는지, 큰 차이가 나는 상품은 어떤 이유가 있는지 등을 확인합니다. 주가연계증권(ELS) 상품은 현재 수익률을 확인하고 다음번 차수에는 상환이 가능한지 알아봅니다.

방문 시 이전 자산현황표를 가져와서 지난번과 지금의 상품 수익률이 차이가 나는 이유를 알아보고, 리밸런싱을 할 상품이 있는지 점검하고, 해지 · 신규상품도 알아봅니다.

자산현황표 이용 팁을 부연하자면, 금융기관을 방문할 때마다 자산현황표를 출력받아 순서대로 바인더나 파일에 정리하는 게 좋습니다. 현황표의 투자상품 옆에 상품의 간략한 구조와 운용전략을 메모해 둡니다. 궁금할 때 현황표를 꺼내어 보고, '내가 이런 상품에 투자했구나' 하고 확인합니다. 방문 시, 지난번 현황표를 가지고 이번에 투자상품의 수익률이 차이가 나는 이유를 시장 상황의 변동과 연동해서 원인을 알아보고 설명을 듣습니다. 두세 번의 시점이 지났음에도 불구하고, 시장의 수익률을 계속해서 하회하는 상품은 해지나 다른 상품으로의 재투자를 검토합니다.

PB 고객 중 70세 넘게 기업을 운영하시는 고객분은 방문 시마다 파일에서 지난번 현황표를 꺼내어 금번 현황표와 비교하고 차이 나는 부분에 대해서 질문을 합니다. 수익률이 많이 하락했을 때보다, 왜 그런지에 대한 시원한 답변이 나오지 않으면 언짢아하는 모습이 기억이 납니다. 투자자로서 바람직한 자산관리 방법이라고 생각합니다.

나의 금융자산 결과는 나의 책임이라는 것을 마음속에 꼭 명심해야 합니다. 지인이 금융기관에 있어서, 권유하는 상품에 가입할 수도 있고, 광고에 나온 상품에 가입할 수도 있습니다. 그러나 중요한 것은 투자성과에 대한 결과는 온전히 나에게 있다는 것입니다.

기존에 가입하고 있는 상품은 어떤 특징이 있고 어떻게 관리하면 좋은지에 대해 공부해야 합니다. 거래 금융기관을 방문해 자산현황표를 출력해 달라고 요청하고, 현황표의 해당 상품에 간략하게 특징과 관리 방법을 메모하는 것부터 시작해 봅니다. 그리고 궁금증이 생기면 관련 책자를 살피거나 인터넷에서 해당 상품을 검색해 대략적인 내용을 이해합니다.

내가 정말 궁금한 상품과 경제이슈에 대해 완벽하게 설명을 해주는 책자는 시중에 없습니다. 따라서 초보자가 읽을 수 있는 쉬운 경제 관련 책자부터 읽습니다. 경제신문을 구독하거나 인터넷 · 모바일의 경제 관련 뉴스를 하루에 30분 정도 꾸준히 보면 이해의 폭이 넓어집니다. 때때로 본인이 거래하는 금융기관의 담당 팀장을 찾아서 물어보고 상담하면서 궁금증을 해소합니다.

나의 금쪽같은 금융자산을 잘 관리하려면 기본적인 금융상품 공부와 경제시장의 흐름에 관심을 가져야 합니다. 또 내가 보유한 자산에 대한 주기적인 확인과 리밸런싱이 필요합니다.

어떠한 경로로 가입했든 간에 투자상품의 투자결과는 온전한 나의 책임입니다. 힘들게 벌어서 어렵게 투자한 금융상품, 관심을 가지고 잘 관리해서 시장 평균 이상의 수익률을 올릴 수 있도록 합시다.

04

PB에게 "자산관리 알아서 해달라"고 했다간…

(2022.2.11 기준금리 1.25% KOSPI지수 2,747.71)

– '알아서 잘해주세요'보다는

– 내 의견 말하고 조언 적극적으로 구해야

– 주기적 자산 점검 · 리밸런싱도 필요

이미지=
게티이미지뱅크

머리를 깎으러 갈 때나, 식당에 갈 때 "어떻게 해드릴까요?"라는 질문에 "알아서 해주세요"라고 이야기하는 경우가 많습니다. 헤어 디자이너나 식당 사장님의 경험과 안목을 믿고 굳이 구체적으로 말하지 않아도 나에게 맞게 알아서 잘해주겠거니 생각하거나 구체적으로 설명하는 게 귀찮은 경우에 그렇게 이야기합니다.

'알아서 잘해주세요'의 결과가 때로는 생각보다 꽤 괜찮은 결과가 나오기도 하지만, 더러는 예상 밖으로 안 좋은 결과가 나와서 눈살을 찌푸릴 때도 있습니다.

일반적으로 PB 팀장이나 자산관리상담사가 담당해 관리하는 고객은 200명 안팎입니다. 이 중 50여 명은 정기예금 등 원금보장상품을 선호하고 위험을 극단적으로 회피하는 고객이 차지합니다. 다른 50여 명은 투자상품을 선호해 투자상품 비중이 50% 이상 되는 고객으로 시장의 변동 상황에 관심을 가지고 본인의 투자수익률에도 많은 관심을 가지고 있습니다. 나머지 100여 명은 투자상품을 10~50% 내에서 투자하는 고객입니다.

자산을 관리하는 입장에서 보면, 원금보장 선호 고객은 만기일 관리와 상품 신규 시 0.1%라도 금리를 더 받을 수 있도록 노력합니다. 관리에 큰 어려움이 없습니다. 반면 투자상품이 금융자산 중 10% 이상 되는 고객이면 비중이 크지 않아도 경제시장의 변동성에 주의를 기울이고 투자상품의 수익률 추이, 해지 시점 등 상품관리에 대해 부담을 가지고 좀 더 신경을 쓰게 됩니다.

고객을 처음 만나서 투자상담을 할 때 여러 유형의 고객들을 만납니다. 자산관리상담사 입장에서 보면 어떤 고객이 관리에 부담이 되고 더 잘 관리해야 하겠다고 생각이 들까요?

"기존에 가입했던 상품 스타일대로 관리해 주세요"라든가 "팀장님이 알아서 잘해주세요"라고 요청을 받는 경우 자산관리 팀장은 기존의 상품 신규 · 해지 내역을 분석합니다. 그리고 기존의 상품 라인업을 보고 그에 맞춰 상품을 권유하고 관리할 생각을 가지게 됩니다. 다시 말해 더 나은 수익률을 위해 노력하기보다는 기존의 틀에 맞춰 보수적인 상품관리를 하게 됩니다.

이에 반해 "제가 보기에는 올해 주식시장이 변동성이 크고 경제도 좋지 않을 것 같은데, 조금 더 안정적으로 투자해야 하지 않을까요?" 라고 자기 의견을 피력하고 자산관리 팀장의 의견을 묻는 경우에는 어떻게 받아들이게 될까요? 좀 더 투자자의 자산과 수익률에 관심을 가지게 되고, 다른 투자자보다 더 집중하게 됩니다.

분기에 한 번, 한 달에 한 번 보유자산의 현황과 비중 조정(리밸런싱) 등에 대해 의견을 물어보거나 주기적으로 직접 방문해 상담하는 투자자라면 최우선 관리대상에 포함될 확률이 높습니다. 물론 관리대상에 포함되는 게 높은 수익률의 상품관리로 꼭 연결되는 것은 아닙니다. 하지만 투자상품에 문제가 발생하거나 적정 수익이 발생할 경우 먼저 통보받고 조치를 받을 수 있는 확률이 다른 고객들보다 높아집니다. 일시적으로 특판 상품이 나올 때도 먼저 연락받을 수 있는 확률이 높아집니다.

투자자산 고객 150여 명 중 30여 명이 PB 팀장과 자산관리상담사의 주요 관리고객이 됩니다.

이러한 주요 관리고객에 들어가려면, 투자자산의 금액 크기도 중요하지만 투자자산의 관심과 자기관리 목표가 필요합니다. 그리고 자산관리 담당자와의 주기적인 접촉도 중요합니다.

말이 나온 김에, 바람직한 투자자산관리 방법을 소개해 보겠습니다.

먼저 자기 자신만의 구체적인 목표와 방향이 있어야 합니다. 현재까지의 투자경험과 향후의 투자 목표에 따라서 해당 금융기관을 거래할 때 필요한 투자자산의 범위와 목표 수익률을 정하는 것이 첫걸음입니다. 자산관리 팀장은 고객의 투자를 도와주는 사람이지 결정하는 사람은 아니라는 사실을 투자자산관리의 바탕에 둬야 합니다.

그러면 어떻게 나만의 투자상품 자산 비중과 투자수익률 목표를 정하는 게 좋을까요?

금융상품 중 투자상품 비중을 정하는 기초적이고 일반적인 방법은 다음과 같습니다. 금융자산 중 투자상품의 비중을 '100－본인 나이'로 해서 연령이 늘어날수록 투자상품 비중을 줄이는 방법입니다. 즉 30대에는 70%의 투자상품 비중을(100－30＝70), 60대에는 40%의 투자상품 비중을(100－60＝40) 두고 투자하다가 70대 이후에는 투자상품 비중을 30% 이내로 줄이거나 0으로 만들고 연금상품으로 전환하는 것입니다.

투자상품 경험이 있는 고객은 투자자 자신의 과거 투자경험을 토대로 투자상품 비중과 목표 수익률을 정하고 관리합니다. 투자상품 비중을 10% 안팎에서 투자하다가 투자수익 경험을 쌓아가며 점차 비중을 20~30%대까지 확대하고, 50%까지 늘립니다. 이렇게 하는 동안 때때로 원금손실이 발생할 테고, 그러한 경험이 투자상품의 종류와 비중을 결정하게 합니다.

투자자산관리 방법의 예를 들어봅니다.

1. 올해의 물가상승률은 3%이고 정기예금 1년 이율은 2%가 채 안 되니, 투자상품에서 이보다 나은 4~6%대의 수익률을 목표로 한다.
2. 전체 금융자산 2억 원 중 1년 뒤에 아들 대학 입학금과 전세보증금 상환에 대비해서 1억 원은 안전한 정기예금에 두고 나머지 1억 원은 시장 상황을 고려해 5% 내외의 상품 가입을 자산관리 상담사와 상담 후 결정한다.
3. 투자상품은 거래 금융기관의 앱을 휴대전화에 설치해 하루에 한 번 정도 확인한다. 그리고 투자상품마다 목표 수익률, 위험 수익률을 설정해 목표한 수익률이 달성되면 메시지를 받게 설정한다.

4. 그리고 한 달에 한 번이나 분기에 한 번은 자산관리 팀장과 면담을 통해 투자상품의 리밸런싱에 대한 의견을 공유한다.

바람직한 투자상품관리 방법을 짧게 정리해 보겠습니다.

먼저 자신만의 자산관리 방향과 목표, 비중, 목표 수익률 등을 정합니다. 그런 뒤 경험 있는 자산관리상담사와 자신의 자산관리 방향에 대해 의견을 나누고 결정합니다. 더불어, 주기적으로 자기자산을 점검합니다. 자기자산을 확인하는 방법으로는 목표 수익률, 위험 수익률을 자산관리 앱에서 정하고 정기 수익률을 통보받는다든가 주기적으로 자산관리상담사와 의견을 교환하는 방법이 있겠습니다. 그리고 분기 또는 반기별로 투자자산을 분석하고 리밸런싱합니다.

앞으로 투자자산관리는 "알아서 해주세요!"보다는 "나는 이렇게 생각하는데, 어떻게 하는 것이 좋을까요?" 하고 본인 의견을 제시하고 상품을 신규 하거나 상담을 합니다. 그리고 주기적으로 자산현황을 체크하고 관리하는 것이 바람직한 투자자산관리 방법입니다.

05 은행을 제대로 이용하는 방법

(2022.3.15 기준금리 1.25% KOSPI지수 2,621.53)

– 대출, 잘 이용하면 자산관리에 도움돼

– 은행, 금융자산관리 베이스캠프로 활용

– 평소 거래실적 · 신용등급 잘 관리하는 게 관건

이미지=
게티이미지뱅크

올해 금융시장은 여전히 지속되는 신종 코로나바이러스 감염증(코로나19) 여파와 우크라이나 침공으로 인한 대내외 정세 불안으로 안정감을 찾지 못하고 있습니다. 우리 주변에 친숙하게 봐온 은행을 잘 활용해 개인의 자산관리에 도움을 받을 수 있는 방법에 대해 알아봅니다.

일반 고객이 은행을 거래하면서 가장 중요하게 생각하는 기능과 업무는 무엇일까요? 은행은 안전한 금융기관이라는 인식이 대부분입니다. 예금하는 고객도 있고 급여가 이체되다 보니 공과금이나 세금을 내거나 현금을 찾으러 방문합니다.

필자가 생각하는 고객 입장에서 가장 필요하고 중요한 기능은 대출 업무입니다. 세상 돌아가는 일에 민감하다고 평가받는 분 중에서도 "은행대출은 위험하고 대출은 가급적 사용하지 않는 것이 좋다"고 말하는 것을 들으면 답답하기도 하고 안타까운 마음이 들기도 합니다.

연말이나 은행 실적 발표 시즌이 되면 언론에서 '○○은행은 예대마진으로만 ㅁㅁ원의 이익을 올렸다' 등의 기사들을 접할 수 있습니다. 일반인들의 시각에서 보면 은행이 다른 사업분야에서보다 예금과 대출 금리 차이인 예대마진으로만 손쉽게 수익을 올린다고 생각할 수 있습니다. 하지만 일반 시중은행의 가장 기본적이고 중요한 업무가 예금과 대출 업무입니다. 다수의 고객으로부터 예금을 모아서 자금이 필요한 개인이나 기업에게 자금을 공급해 자금을 순환시키는 기능입니다.

무분별한 대출이나 부실한 대출은 하지 않아야 합니다. 신용카드도 일부 대출 기능이 있기 때문에 만들지 않거나, 체크카드만 사용하는 것을 권하는 전문가도 있습니다.

그러나 대출을 현명하게 잘 이용하면 이용하지 않는 사람보다 자산관리에 더 나은 도움을 받을 수 있습니다.

먼저 주택담보대출입니다. 매매가 10억 원의 주택을 구입하려고 할 때 대출이 없으면 온전히 10억 원이 다 필요합니다. 그러나 은행담보대출을 이용하여 5억 원 안팎의 자금이 있으면 해마다 올라가는 물가, 주택가격을 현재 가격으로 고정시켜 매입할 수 있습니다. 아파트의 경우 감정가격과 대출한도가 공산품처럼 정해져 있어 추가적인 대출이 쉽지 않지만, 주거래은행의 경우 금리조건이 더 좋아질 수 있습니다. 아파트가 아닌 일반 주택의 경우에는 한도나 금리조건이 더 좋아질 수 있습니다.

둘째, 신용대출입니다. 사회생활을 하다 보면 갑자기 자금이 필요할 때가 있습니다. 가족 중에 아픈 사람이 생기거나, 경조사가 생기고 가전제품이 필요하다거나 등등 통장에 있는 잔고 외에 1,000만~1억 원 정도의 자금이 필요할 때가 있습니다. 이럴 때 필요한 게 신용대출입니다. 이 가운데 대출한도를 설정하고 필요할 때마다 사용하고 사용한 만큼 이자를 내는 것을 마이너스 대출(한도 대출)이라고 합니다.

은행과 거래하는 고객 중 상당수는 대출이 막상 필요할 때 한도가 부족하고 금리가 높다고 불만을 이야기하는 경우가 많습니다. 그러나 생각을 달리해 '언제든 사용해야 할 은행대출을 좋은 조건에서 이용하기 위해선 은행을 거래할 때 어떻게 이용하는 것이 좋을까?' 하는 질문을 품어보는 게 바람직합니다.

직장인이면 급여이체를 주거래은행으로 하고 공과금 자동이체와 예 · 적금 등을 꾸준히 해 거래실적과 신용등급을 좋게 만들어 나갑니다. 자영업자의 경우, 사업자 주거래통장으로 거래실적을 유지하고 여러 가지 금융거래를 꾸준히 쌓아갑니다. 이렇게 쌓아놓은 금융거래실적으로 개인이 필요한 시점에 필요한 한도와 좋은 조건의 금리로 대출할 수 있습니다.

요약하면, 언제든 꼭 필요한 담보대출이나 신용대출의 조건을 더 좋게 받기 위해 평소에 은행거래를 잘 이용하고 실적을 쌓아가는 것이 현명합니다. 미리 준비하지 않으면 필요한 시기에 은행이 아닌 2금융권에서 적은 한도와 높은 이자를 내면서 후회할 수 있습니다.

은행을 잘 이용하는 또 다른 방법은 은행을 금융자산을 관리하는 베이스캠프로 활용하는 것입니다. 은행은 예금, 대출 업무 외에 외환과 신용카드, 신탁, 펀드, 보험 등 증권 매매를 제외하고 거의 모든 영역의 금융자산을 취급하고 있습니다.

즉, 은행은 증권회사와 신용카드 회사, 보험회사, 캐피탈 등 특화된 분야의 금융회사보다 폭넓은 업무 분야를 담당하고 있습니다. 특히 개인적으로 금융자산을 관리하는 기본 금융기관으로 정하고 활용하면 자산관리 하기에 용이합니다.

펀드상품과 금융자산관리에 있어서 은행거래는 다음과 같은 장점이 있습니다.

먼저 펀드와 투자상품 관련 인프라 지원이 좋습니다. 2금융권보다 많은 고객과 큰 자산을 바탕으로 일반 고객에게 IT 지원이 원활하고 오프라인 지점도 몇 배 더 많기 때문에 필요시에 방문해 대면상담 하기 쉽습니다. 또한, 일반 은행 영업점에서 할 수 있는 업무의 90% 이상을 손안에 있는 은행(모바일 뱅킹)에서 손쉽게 처리할 수 있습니다.

둘째, 백화점식 상품 구성으로 다양한 상품을 기반으로 한 포트폴리오를 구성할 수 있습니다.

금융시장에 있는 거의 모든 자산운용회사, 보험회사, 증권회사의 상품을 선택해 매입할 수 있습니다. 규모가 적은 금융기관에 없는 전체적인 상품 구색이 가능합니다. 공산품을 동네 마트에서 사는 것과 백화점에서 사는 것을 비교해 보면 쉽습니다. 다양한 상품 구매가 가능하고 매입한 상품에 문제가 발생할 때, 애프터서비스(AS)와 사후관리에서 큰 차이가 있다는 것을 경험할 수 있습니다.

단점은 투자상품에 대한 전문성 부족입니다. 은행직원은 특정 분야 업무를 전문적으로 취급하기보다는 원스톱 뱅킹(한자리에서 모든 업무를 처리하는 것)이 일반화돼 있습니다. 한 직원이 예금, 대출, 투자상품 업무까지 취급하는 경우가 많아서 증권회사 대비 투자상품의 전문성이 떨어지는 것이 일반적입니다.

그러나 최근엔 일반적인 업무는 모바일 또는 비대면에서 처리하고 상담전문창구와 여신전문창구로 나눠서 전문성을 강화하는 방향으로 은행들이 변화하고 있습니다. 물론 은행에서 좀 더 전문적인 투자상품 상담과 관리를 원하는 경우는 프라이빗 뱅킹(PB) 팀장이나 일반지점의 프리미어 팀장에게 관리를 요청하면 됩니다.

은행에서 투자상품 분야의 업무영역이 확장되다 보니, 간혹 개별 주식투자업무에 대해서도 상담을 요청하는 고객이 있습니다. 개별 주식투자, 채권 매매는 증권회사의 영역입니다. 24시간 유가증권 시장에 시간을 할애해 연구하고 투자하는 전문가들이 근무하고 있습니다. 따라서 주식 · 채권투자 매매분야는 증권회사의 투자상담사 또는 PB 팀장에게 문의하는 것을 권해드립니다.

요약하면, 고객 관점에서 은행을 거래할 때 아래 2가지 업무와 기능은 꼭 활용하기를 권해드립니다.

첫째, 은행대출입니다. 대출은 꼭 필요합니다. 언제이고 향후에 필요한 대출의 한도와 금리조건을 잘 받기 위해 주거래은행과의 거래를 평소부터 잘 쌓아가시기 바랍니다.

둘째, 투자상품 자산관리입니다. 은행에서는 다양한 투자상품이 판매 · 관리되고 있습니다. 주거래은행을 정한 후 금융자산들을 세팅합니다. 보다 전문적인 분야의 투자 · 관리가 필요할 경우 증권회사나 2금융권 등 다른 금융기관을 이용, 확대해 나간다면 보다 안정적인 자산관리가 가능해집니다.

06 MZ세대 자녀에게 자산관리 조언하는 방법

(2022.5.17 기준금리 1.50% KOSPI지수 2,620.44)

- MZ세대 자산투자, 기성세대와는 다르다
- 자녀 투자성향에 맞게 투자해야
- 목돈과 적립식 투자방법은 달리 접근해야

이미지=
게티이미지뱅크

직장생활로 바쁜 20 · 30세대는 자산관리 하는 데 신경을 잘 쓰지 못합니다. 사회 초년생을 비롯해 대기업과 중소기업, 전문직 종사자 등 젊은 세대가 바쁜 시간을 쪼개서 금융기관을 방문하거나, 보유자산 포트폴리오를 주기적으로 관리하는 경우는 드뭅니다. 아직 세대 독립을 하지 않은 자녀를 대신해 부모가, 특히 엄마가 은행 업무를 포함한 자산관리를 해주는 경우가 많습니다.

엄마가 자녀를 대신해서 만기가 된 기존 상품을 해지하고 원금과 수익이 발생한 부분을 더해 새롭게 상품을 신규로 만듭니다. 매달 일정 금액을 넣는 적립식 상품도 만기 해지한 뒤 대신 가입합니다. 참고로 상품 해지는 본인이 해야 하는 업무지만, 상품을 해지한 뒤 재신규하는 것은 가족관계증명서와 본인의 인감으로 부모가 대리해 업무가 가능합니다.

엄마가 대신 관리하는 경우 상품 구성은 정기예금, 적금상품이 대부분입니다. 투자상품을 하는 경우는 10%도 되지 않습니다. 부모로서는 자녀가 힘들게 벌어들인 돈을 안전하게 관리해야 한다는 생각이 투자상품을 적절하게 분산 투자 해 최소한 물가상승률 이상의 수익을 거둬야 한다는 생각보다 크기 때문입니다.

반면 젊은 세대의 생각은 다릅니다. '내 인생에 자력으로는 집을 살 수 없다'는 비관적인 생각이 많습니다. 미래를 위해 금융자산을 모으고 투자하기보다는 나를 위해 제대로 소비해 보자는 성향이 강합니다.

특히 MZ세대의 경우, 투자하는 방식에 있어서 교과서적이고 이론적인 방식보다는 돈 되는 곳이면 형식과 방법에 구애받지 않습니다. 주식을 비롯해 가상자산(암호화폐)과 조각투자, 운동화 리세일 등 전통적인 투자방법보다는 다른 사람들이 큰돈을 벌었다고 소문난 곳에 망설임 없이 투자합니다.

이미지=
게티이미지뱅크

이러한 젊은 세대의 생각과 투자방식, 그리고 부모님의 안전선호 자산관리 방식은 서로 괴리가 발생합니다. 어떻게 접근하는 것이 성인 자녀의 금융자산관리에서 합리적이고 올바른 방법일까요?

자산관리에 투자상품 넣고 적립식 포함해야

첫째, 20 · 30세대는 투자할 기간이 10년 이상 많이 남아있기 때문에 적정 수준의 투자상품으로 포트폴리오를 구성합니다. 또한 3년, 10년 등 중장기로 나눠 투자합니다. 연령에 맞는 투자상품 비중은 100의 법칙(투자상품 비중=100−자신의 나이)을 준용하고 본인의 상황에 맞게 조정합니다. 현재 나이가 35세라면, 나의 투자상품 비중은 65% 수준으로 하고 나머지 35%는 정기예금 등 안전한 상품으로 분산하는 식입니다.

둘째, 목돈 투자와 적립식 투자에 있어서 투자상품의 종류와 비중을 달리 적용하는 게 좋습니다. 어렵게 모은 목돈은 수익률이 확정된 상품으로 위험도, 투자 기간을 고려해 분산 투자 합니다. 정기예금 금리를 넘어서 물가상승률에 근접하는 수익률을 목표로 상품의 만기도 고려해 포트폴리오를 구성합니다.

현재의 물가상승률인 5% 수준을 넘어서기 위해서는 정기예금(2% 안팎), 채권(은행 신종자본증권 4% 내외), 파생상품(지수형 ELS 7% 안팎)을 적절하게 분산해 예상수익률을 맞춥니다. 비중의 경우 언제든지 원금 이상으로 해지할 수 있게 정기예금 비중은 30% 수준으로, 3년 안에 상환 가능한 ELS 상품과 5년 시점에 원금을 받을 수 있는 은행 신종자본증권에 나머지를 투자합니다. 이렇게 하면 필요시에 투자금의 70% 수준(정기예금 30%, ELS 해지 시 중도상환수수료 발생)에서 자금을 활용할 수 있고 3개월마다 이자를 받아서 재투자(은행 신종자본증권)도 가능합니다.

100% 완벽한 상품은 없습니다. 정기예금은 원금과 이자가 확정되지만, 금융기관별 5,000만 원까지만 원금과 이자가 법적으로 보장됩니다. 은행 신종자본증권은 영구채이고 발행금융기관이 부실금융기관

으로 지정되거나 파산되면 원금과 이자를 받을 수 없습니다. 그러나 원금과 이자 지급이 안 되려면 수십조 원의 손실이 발생해야 하기 때문에, 필자는 비교적 안정적인 투자상품으로 생각합니다.

이미지=
게티이미지뱅크

일반적인 지수형 ELS 상품의 경우, 가입 시점의 지수보다 35% 이상 하락하면 원금손실이 발생합니다. 지금부터 과거 10년 동안 지수형 ELS 상품이 미상환된 경우는 거의 없습니다.

공격적인 투자,
전체의 10% 이내로 제한해야

상품마다 장단점이 반드시 있습니다. 위 상품 외에도 상품 가입 시 본인의 투자성향과 향후 자금 소요 일정을 체크하고, 상품별 자세한 설명을 자세하게 확인한 뒤 가입해야 합니다. 차곡차곡 모아가는 적립식 상품은 1년 투자를 반복하는 것보다는 3년 정도 중기 이상 투자해 시장수익률 이상 목표로 운용하는 것이 좋습니다.

적립식 투자는 목돈 투자보다 조금 더 공격적으로 운용합니다. 매월 불입하는 금액의 70% 내외는 주식형펀드 등 고수익 · 고위험 상품으로, 30% 수준은 안정형 상품으로 투자합니다. 만기가 없는 청약저축은 매월 10만 원 이상 꾸준히 불입합니다. 때때로 청년희망적금 등 정부기관에서 발표하는 상품들은 세제 혜택이 있고 추가금리가 제공되므로 빼먹지 않고 가입합니다.

여기에다 주식형 적립식 펀드는 수익률이 하락하더라도 꾸준히 불입합니다. 요즘처럼 주식시장이 하락하는 장세에서는 손실 폭이 커지지만, 경제가 회복되고 주가가 오르게 되면 그 폭만큼 수익이 쌓이게 됩니다. 성장형, 가치형, 배당형 등 펀드 스타일별로 분산해서 일정 금액을 자동이체로 꾸준히 3년 정도 불입하는 것을 권해드립니다.

셋째, 자녀가 자유롭게 투자하는 비중은 금융자산의 10% 이내로 제한합니다. 가상자산과 조각투자, 운동화 리세일 등의 투자방법은 기존 제도권 외의 투자방식입니다. 하지만 앞으로의 세상은 어떻게 바뀔지 누구도 모릅니다. 이익이 발생하든, 손실이 나든 값진 경험을 할 것이고 기존 금융상품과의 비교공부도 될 것으로 판단합니다. 투자 한도를 제한해서 어렵사리 모은 금융자산 전체가 큰 변동성에 노출되는 것을 사전에 막는 것이 바람직합니다.

필자는 20대 중반인 자녀들에게 다음과 같이 조언합니다. "목돈을 모으는 것이 중요하다. 3년 이상 기간으로, 연 7%대의 수익을 예상할 수 있는 국내외 주식형펀드에 상당 부분을 투자해라. 장기저축상품인 청약에 꾸준히 적립해라. 투자 기간 중 궁금하거나 필요사항이 있으면 언제든지 아빠에게 물어보고!"

요즘 경제 상황이 좋지 않아, 아이들의 펀드수익률이 부진해져서 필자에게 상품 내용을 가끔 물어봅니다. 저는 "투자상품이 성장형인지, 가치형, 배당형 상품인지에 따라 수익률의 편차가 있다. 현재 경제 침체기인 상황에서 투자금을 매월 정액으로 적립하면 추후 경제 상황이 회복될 때 그만큼의 수익이 누적되어 기록된다. 또한 매일 펀드 평가금액이 주식시장의 등락에 따라 변화를 보이는 것을 경험하는 것이 하나의 공부"라고 이야기합니다.

자녀가 독립하기 전까지 성인 자녀의 금융자산을 부모가 단독으로, 혹은 자녀와 공동으로 관리하는 것은 우리나라의 독특한 금융문화 중 하나입니다. 부모의 안전선호 관리와 자녀의 즉흥적이고 자유로운 자산운용 방법의 절충점을 알아보고 합리적인 대안을 찾아서 관리한다면, 안정성과 수익성 두 마리 토끼를 같이 잡을 수 있습니다.

자녀가 시간적 여유가 없더라도 자산관리에 대해 주기적으로 의견을 공유하는 것이 좋습니다. 매달은 아니더라도 최소 분기에 한 번 정도는 꼭 필요합니다. 그리고 1년에 한 번 정도는 부모가 자녀와 같이 금융기관을 방문해 대면상담을 통해 본인과 부모의 생각, 그리고 자산관리 팀장의 객관적인 의견을 들어보고 자산관리 방향을 결정하는 것이 바람직합니다.

요즘은 금융기관을 방문해 오프라인으로 신규 · 해지가 가능한 상품의 90% 이상은 인터넷 뱅킹과 스마트폰 뱅킹을 통해 업무가 가능합니다. 자산관리 팀장과 대면상담을 통해 포트폴리오의 큰 분류를 결정하고 주기적으로 전화상담을 통해 의견교환을 합니다. 그리고 본인이 필요할 때 휴대전화 금융기관인 스마트폰 뱅킹을 통해 상품을 신규 · 해지 · 변경하면서 금융자산을 관리하면 됩니다.

부모가 너무 안정성에만 치우쳐 자녀의 금융자산을 관리하는 것보다는 금융자산운용에 대한 자녀의 의견을 물어보는 게 좋습니다. 그리고 금융기관 담당자의 객관적인 의견을 더한다면 보다 합리적인 금융자산관리가 가능합니다. 자녀의 나이와 투자성향, 재산 상황과 자금 소요 일정 등을 확인하고 주기적으로 포트폴리오를 조정합니다. 이를 통해 향후 자녀가 독립하더라도 본인이 스스로 금융자산을 관리하고 합리적인 기준과 경험으로 상품을 결정할 수 있는 경쟁력이 만들어집니다.

07 "출제자 의도를 파악하라"… 경제정책 결정자가 진짜 원하는 것은?

(2022.10.20 기준금리 3.0% KOSPI지수 2,218.09)

– "아무도 경제 장기침체 원치 않아"

– 시장 참여자가 신뢰하는 정책 필요

– 보수적 정책 대비 중장기적 관점에서 대응해야

이미지=
게티이미지뱅크

최근의 경제 상황은 한 치 앞이 보이지 않을 정도로 암울합니다. 치솟는 물가를 잡기 위한 금리 인상과 이로 인한 이자 부담으로 가계와 기업 모두 한계 상황에 다다르고 있습니다. 경제가 회복되기 위해서는 물가 안정, 긴축 완화, 경기 연착륙의 순서가 필요한데, 현 상황으로는 쉽지 않아서, 당분간은 경제의 변화추이를 지켜보며 현 상황을 인내해야 합니다.

필자는 대학에서 '증권시장의 이해'라는 과목을 강의하고 있습니다. 그동안의 실무경험과 이론을 학생들에게 전달할 수 있어 많은 보람을 느낍니다. 다음 주는 중간고사 기간이어서 시험문제를 출제하고 있습니다. 그간 수많은 시험을 잘 봐야 하는 입장이었지만, 지금은 시험문제를 내야 하는 입장이다 보니 많은 생각을 하게 됩니다.

첫째, 공정하게 문제를 내야 한다는 것입니다. 출제한 문제에 대해 정답과 오답에 논란이 발생하면 곤란할 것입니다.

둘째, 수업시간에 배우지 않은 내용은 출제하지 않아야겠다는 것입니다. 수업시간에 언급하지 않은 내용이 시험이 나온다면 학생들의 원망을 들을 겁니다. 무엇보다도 시험 전체에 대한 시험문제나 성격, 난이도 등의 신뢰가 무엇보다도 중요하다고 생각합니다.

이와 마찬가지로 한 나라의 중요 경제정책을 결정하는 미국 연준과 한국은행의 금융통화위원회의 금리정책 결정 과정을 보면서, '내가 그 자리에서 정책을 결정한다면 어떤 자세와 의도를 가지고 의사 결정을 내릴까?' 하고 생각해 봤습니다.

이미지=
게티이미지뱅크

첫째, 보수적인 정책 결정을 합니다. 공무원 조직의 일원인 그들은 이제까지 없었던 획기적인 정책이 실패할 경우 받게 될 책임과 비난의 정도가 크기 때문에 과거의 경험과 이미 알고 있는 정책 중에 선택하는 것이 안전하다고 생각할 것입니다.

둘째, 누가 보더라도 예상 가능한 정책으로 결정합니다. 금리 인상이나 통화, 환율의 경우 선제적인 정책 결정보다는 먼저 예상 정책의 방향을 시장에 흘린 다음 시장 반응을 살펴볼 겁니다. 그리고 최종 결정에 반영하면서 예상을 벗어나는 정책 결정은 지양하는 것을 볼 수 있습니다.

셋째, 정책에 대한 신뢰가 중요합니다. 시행되는 정책의 효과성보다는 '그럴만하다'고 시장이 인정할 수 있는 보수적인 정책을 시행함으로써 시장의 혼란을 주기 싫어할 것입니다. 크리스탈리나 게오르기에바 국제통화기금 IMF 총재는 전 세계적인 인플레이션 문제를 두고

"중앙은행은 필요하면 결정적 조치를 취해야 한다"고 말했습니다. 또한 "금리 인상이 성장에 비용을 초래하지만 인플레이션을 잡을 정도로 충분히 조이지 않을 경우 금리가 더 높고 길게 유지되면서 성장에 더 큰 피해를 야기한다"고 했습니다.

취임 6개월을 맞은 이창용 한국은행 총재 역시, 빅스텝(0.5% 기준금리 인상)을 2번 단행하고 여러 가지 노력을 기울였지만, 미국의 금리 인상을 따라갈 수밖에 없는 한계점을 보여주기도 했습니다. 금리가 계속 가파르게 올라가고 세계의 경제 수장들이 매파적 발언을 이어나가는 것을 보고, 필자는 반대로 이들이 경제회복에 대한 관심과 열의가 더 커지고 있다는 것으로 해석하고 있습니다.

경제정책을 결정하는 사람들은 과연 경기침체가 길게 이어지는 것을 원할까요? 경기침체를 원하는 경제 당국자는 아무도 없습니다. 다만 이런 문제를 풀어내는 데 있어 미칠 수 있는 파장과 책임 때문에 획기적이고 신선한 대책을 내놓기가 어렵다는 것이 문제입니다. 이렇듯 한 나라의 금리정책이든지, 국제간 경제정책이든지, 획기적인 정책은 시장에 나오기 어렵습니다.

또 하나 중요한 것은 시장에 신뢰를 줄 수 있는 정책이 결정되어 적절한 시기에 시행되느냐입니다. 그러나 과거를 돌이켜 볼 때, 위기를 미연에 예방하거나 나쁜 경제를 단시간에 회복시키는 정책은 찾아보기 어렵습니다.

노벨경제학상 수상자 폴 크루그먼은 그의 저서 《불황의 경제학》에서 "1997년 한국은 선진국의 문턱에 거의 이른 상태였다. 그러나 태국에서와 마찬가지로 말레이시아와 인도네시아, 한국에서도 시장의 신뢰가 꺾이면서 금융 및 경제 붕괴의 악순환이 시작됐다. 이 나라들이 물리적 상품의 흐름이라는 측면에서 크게 밀접한 관계를 맺고 있지 않다는 사실은 중요하지 않았다. (외국)투자자들의 머릿속에서 서로 연결된 나라들이라는 점이 중요했다. 투자자들은 한 아시아 국가의 곤란을 다른 아시아 국가들에 대한 나쁜 뉴스로 간주했다"고 이야기했습니다. 즉 외국인 투자자의 입장에서는 경기침체기에는 태국이든 한국이든 똑같이 아시아의 불안한 나라로 간주했다는 말입니다.

시장이 침체되고 악화일로에 있으면 개별 국가에 대한 세세한 정보에는 관심이 없어집니다. 한국의 투자자가 유럽에 있는 개별 국가가 좋은지 나쁜지 잘 알 수 있을까요? 경제가 이렇게 침체돼 있을 때는 관심이 없겠죠. 유럽이 나쁘다고 하는 소식이 들리면 국내 투자자는 유럽펀드를 간단하게 해지하면 되는 것인데 말입니다. 이렇듯, 외국 투자자의 관점에서 보면 1997년 IMF 외환위기 때에 한국도 태국에서 촉발된 위기의 유탄을 정면으로 받아 엄청난 고통의 시간을 감내했어야 했던 이유 중 하나입니다.

시간은 또 흘러서 우리나라는 좋지 않은 경제흐름의 시기에 고통스러운 시간을 경험하고 있습니다. 한국은 아직 완전한 선진국으로 인정받고 있지 않습니다. 외국인 투자자로부터 다른 이머징 국가와 같이 취급돼 투자의 대상에서 제외되지 않으려면 '한국시장에 대한 정책적 신뢰'가 필요합니다.

그런데 지금 보이는 정부의 정책과 정치권의 행동을 보면 우리 국민에게조차 신뢰를 주기 어려운 상황입니다. 고구마를 물 없이 먹을 때처럼 답답한 상황입니다. 여전히 정책 담당자들이 시장 참여자와 일반 국민이 정말 원하는 정책을 합당한 시기에 시행하기를 바라지만, 지켜지기를 기대하는 것은 현실적으로 어렵습니다. 그보다는 달도 차면 기울듯이 경제의 흐름이 침체의 터널을 지나 바닥을 다지고 다시 회복기에 접어드는 것을, 자연스러운 과정의 하나로 기다리고 견디는 것이 합리적인 자세라고 생각됩니다.

과거의 경험으로 볼 때 '정부의 유효하고 시기적절한 정책을 기대하기는 어렵다. 그러나 시장은 시간은 걸리지만 주기적으로 회복이 돼 왔다'는 보수적이고 중장기적인 시장관점이 필요합니다. 따라서 최악의 시장 상황을 예상하고, 최소 6개월에서 1년 정도는 견딜 수 있는 유동성 자금 준비도 필요합니다. 그리고 과거의 경기흐름에서 볼 수 있듯이 침체는 지나가고 이보다 더 긴 경기상승 시기가 온다고 보고 지금의 힘든 상황을 담담하게 견뎌내야 합니다.

08 유튜버 믿었다가 망했다?… 현명한 투자자 되는 법

(2022.12.28 기준금리 3.25% KOSPI지수 2,280.45)

– 자산 리밸런싱 땐 월별 · 분기별 자료 살펴봐야

– 유튜브 등 미검증 전망에 현혹돼선 안 돼

– 전문가 맹신 말아야…투자자 본인의 중심잡기 필요

이미지=
게티이미지뱅크

많은 사람이 매년 초에 토정비결로 한 해의 길흉화복을 점쳐봅니다. 연말 시즌에 김난도 서울대학교 교수가 발행하는 《트렌드 코리아》가 베스트셀러 순위에 이름을 올려놓습니다. 다가오는 한 해의 이슈가 무엇이고 어떤 키워드가 있는지 알고 싶은 거죠.

매년 12월이 되면, 지나간 한 해를 잘 정리하고 다가오는 새해의 결심을 세워보곤 합니다. 투자자들은 올해의 성과를 분석해 내년도 시장이 활황일지, 불황일지 전문가들의 예상자료를 보고 거기에 맞추어 포트폴리오 구성을 어떻게 해야 할지 고민합니다.

증권사 등 금융기관뿐만 아니라 내로라하는 전문가들도 매년 다음 해의 경제시장에 대한 전망을 내놓습니다. 그 전망이 맞을지 틀릴지는 아무도 모릅니다만, 2023년의 전망은 대부분 비관적인 전망이 차지하고 있습니다.

"경기는 불황에서 침체로 들어가고 기업의 실적도 하락할 것이며 불확실성이 커질 것이다. 때문에 주식시장에서 이익을 기대하기는 어렵다"는 식의 이야기입니다. 내년 코스피지수 예상 밴드를 2,000~2,600포인트로 보는 곳이 많습니다. 현재보다 지수가 더 하락할 가능성에 무게를 두는 것 같습니다.

그렇다면 지난해 연말 즈음에 나왔던 올해 주식시장전망자료는 어땠을까요? 대부분 코스피지수 예상치를 3,000포인트 이상으로 잡았고 3,600포인트까지 전망한 자료도 있었습니다. 가장 부정적으로 전망했던 증권사의 하단치도 2,600포인트 정도였습니다. 결과적으로 지금의 주가 수준을 비슷하게라도 맞춘 증권사 리포트는 한 군데도 없었다는 이야기입니다. 어떻게 보면 현재 경제시장의 흐름이 1년 뒤에도 유사하게 갈 것이라고 예측하는 것이 더 이상한 일일지도 모르겠습니다.

사람들은 심리적으로 무엇이든 좋다고 하면 계속 좋아질 것이라 생각하고, 뉴스 중에서도 좋은 뉴스만 선별해서 듣습니다. 마찬가지로 상황이 나빠지면 나쁜 뉴스만 들리고 아무리 좋은 뉴스가 나와도 참고하지 않습니다. 시장의 흐름을 바꿀만한 큰 이벤트가 나오거나 누가 보더라도 흐름이 바뀐 것이 확인되어야 '아 이제 바뀌었구나' 하고 인식하는데, 그때는 투자 시기가 늦어버리게 됩니다.

이미지=
게티이미지뱅크

시황을 전망하는 사람 중 주의해야 할 유형에 대해 알아보겠습니다.

첫째, 일관되게 시장을 부정적이나 긍정적으로 보고 설명하는 전문가들입니다. 특정 관점을 견지하는 전문가는 언젠가는 전망이 맞을 수밖에 없습니다. 틀릴 때는 여러 가지 이유로 틀린 이유를 설명합니다. 흐름이 맞아서 시황이 맞게 떨어지는 경우에는 그 부분을 과장해서 설명해 명성을 얻습니다. 봐라, 내가 이야기한 것이 정확하게 맞지 않았느냐고요. 그러나 고장 난 시계도 하루에 두 번은 맞습니다.

둘째, 검증되지 않은 내용을 자극성 있는 멘트로 투자자들을 현혹하는 사람들입니다. 유튜브와 인스타그램 등은 검증되지 않은 내용을 올려도 제재를 받지 않는 채널들입니다. 이를 이용해 자극성 있는 멘트로 구독자를 늘리는 데에만 관심 있는 사람들이 만든 내용입니다. 쇼킹한 멘트로 섬네일을 만들고 다른 사람들이 만든 내용보다 더 자극적인 내용을 만드는 것으로 경쟁합니다. 그러다 보니 '유튜버를 마냥 믿으면 안 된다'는 얘기도 나옵니다.

반면, 증권사 리포트, 경제신문 기사의 내용은 예측이 틀리고 맞고를 떠나서 숫자, 그래프, 기록 등은 최소한 검증을 하고 내보냅니다. 때문에 기본적인 자료는 인정하고 볼 수 있는 것에서 차이가 납니다.

시장의 전망은 최소 분기, 반기를 기본으로 1년으로 리포트가 나오는데, 실제의 시장은 예상처럼 그렇게 움직이지 않는다는 것을 알 수 있습니다. 시장에는 변동성을 일으키는 예상된 요인, 예상하지 못한 요인이 존재하기 때문입니다. 원 · 달러 환율이 그렇고, 시중은행의 정기예금 금리변화도 그렇습니다.

미 중앙은행(Fed)의 공격적인 금리상승에 따라 원 · 달러 환율이

1,300원을 지나 1,400원을 넘어설 때만 해도 곧 1,500원이 될 것처럼 보였지만, 현재는 1,300원을 기준으로 안정세를 보이고 있는 상황입니다.

시중은행 정기예금 금리도 연 1%대부터 시작하여 연 5%가 넘어가고, 이제 6%를 바라보겠구나, 했습니다. 그런데 연 5%를 주는 시중은행은 찾아볼 수가 없습니다. 미국이 공격적으로 금리를 올려도 가계부채가 많은 한국은 그만큼 공격적으로 금리를 올릴 수 없는 상황인 겁니다.

그럼 이렇게 매년 나오는 연말 시장전망자료에 대해 일반 투자자는 어떻게 받아들여서 본인의 투자 포트폴리오 구성에 참고하는 것이 좋을까요?

첫째, 매년 나오는 연간 시장전망은 주요 경제 이벤트에 대해 참고하며 방향성에 대해 생각해 봅니다. '지금의 시장 상황과 흐름이 1년 뒤에도 비슷한 흐름으로 이어지겠구나'라는 생각보다, '내년에는 이러저러한 주요한 이슈들이 있구나' 하고 참고합니다. 그리고 그 사건들에 대하여 부정적인 전문가, 긍정적인 전문가의 의견을 참조한 뒤 나의 생각을 정리합니다.

둘째, 자산의 리밸런싱은 연간 리포트보다 월별 또는 분기단위의 시황 리포트를 보고 투자자산 포트폴리오를 검토하며 리밸런싱을 실시합니다. 자산운용사, 증권사에서 주기적으로 발행하는 월별 · 분기별 리포트는 전월 · 전분기와 비교해 내용이 기술돼 있으므로 내가 보유한 자산을 리밸런싱하는 데 좋은 기초자료가 됩니다.

셋째, 내년에 올 수도 있는 경기침체와 최악의 경제 상황에 대비해 자산의 30% 수준은 유동성 자산으로 비중을 구성합니다. 정기예금, 3개월 내 단기채권, 머니마켓펀드(MMF) 등에 운용해 만약에 있을지도 모르는 최악의 경기침체에 대비하면 전체적인 자산운용이 심리적으로 편안해집니다.

손흥민의 아버지 손웅정 씨는 그의 저서《모든 것은 기본에서 시작한다》에서 "공은 둥글다. 축구 경기에서 원하는 대로 공이 잘 날아오는 경우는 드물다. 상황이 계획대로 펼쳐지는 경우도 드물다"고 이야기했습니다.

경제시장에서도 앞으로 일어날 일이 예상하는 대로 발생하는 경우는 매우 드뭅니다. 현명한 투자자는 많은 전문가가 예상하는 시나리오는 염두에 두고, 최악의 경우를 바닥으로 보고 자산 포트폴리오를 구성하며 주기적으로 상황에 맞게 리밸런싱하는 사람입니다.

경제시장에서 수시로 일어나는 각종 이벤트와 뉴스에 일희일비하지 않고 투자자 본인이 자기만의 중심을 가지고, 한두 발 떨어진 관점과 객관적 시각으로 시장을 바라보고 대응하는 자세가 바람직합니다.

II.

금융상품 투자 어떻게, 올바른 투자관리 방법은?

01 "마땅한 곳 없는데"…지금 1억 투자한다면 어디에 해야 할까

(2022.1.30 기준금리 1.25% KOSPI지수 2,663.34)

– 목돈 투자 기간 구분…수익률 확정 상품 우선
– 과거 10년간 수익과 위험이 검증된 상품 골라야
– 정기예금, ELS 등에 금융자산 상당 부분 투자하고 조정해야

이미지=한경DB

연초부터 조정받기 시작한 주식시장에 좋은 뉴스는 없고 매일 부담을 주는 뉴스만 추가되고 있습니다. 빠른 속도의 물가상승(인플레이션), 금리 인상으로 인한 가계, 기업들의 부담 증가, 미 · 중 분쟁뿐만 아니라 러시아의 우크라이나 개입문제에다 이어지는 코로나 팬데믹 상황도 여전합니다.

고구마를 물 없이 먹을 때처럼 답답한 형국입니다. 그러나 사이다처럼 시원한 해결책이나 전망은 보이지 않습니다.

시장은 이렇게 어려운데, 시중 자금을 싹 쓸어담은 LG에너지솔루션의 청약열기를 보면서 몇 가지 생각을 해보게 되었습니다.

'시중에 유동자금은 생각보다 많다', '마땅히 투자할 곳이 없다', '시장은 여전히 불투명하지만, 높은 수익을 원하고 있다' 등입니다.

지금 1억 원을 갖고 있는 투자자라면 어떻게 상품 포트폴리오를 구성하는 것이 좋을까요? 목돈은 1년, 2~3년, 5년 정도로 투자 기간을 구분하고 투자수익률이 확정되는 상품으로 투자합니다. 그리고 과거 10년간 수익과 위험이 검증된 상품으로 선택합니다. 정기예금과 지수연계증권(ELS) 상품, 은행 신종자본증권으로 원금의 80%를 투자합니다.

투자 기간	상품	내용 및 방법	수익률	비중, 금액
1년	정기예금	원금 보장, 언제든지 해지 가능, 금리 상승기로 6개월 단위 투자	1.5~1.7% 내외	30%, 3,000만 원
2~3년	ELS	지수형 ELS 투자, 6개월 단위 수익 확정, 신규 후 2년 내 90% 이상 상환 확정	4~6% 내외	30%, 3,000만 원
5년	신종자본증권	은행 신종자본증권 투자, 3개월 단위 이자 받음, 5년 만기 미상환 확률 거의 없음	3.5% 내외	20%, 2,000만 원

정기예금을 제외하고 ELS, 신종자본증권은 투자상품입니다. ELS는 파생상품(주식, 채권 등 본연의 상품이 아니고 원래 상품에서 한 번이나 두 번 이상 형태를 바꿔서 운용하는 상품)이어서 가입자의 나이와 상관없이 30분 이상 녹취를 하는 등 가입절차가 까다롭지만, 신한은행 판매를 기준으로 과거 10년 동안 KOSPI200, S&P500, EUROSTOXX 등 대표지수로 투자해 상환이 안 된 경우는 없습니다.

은행 신종자본증권은 3개월마다 확정금리를 제공하는 장점이 있는 반면, 은행이 부실한 경우가 발생하면 이자 지급과 상환이 불가능한 채권입니다. 그러나 국내에서 신종자본증권을 발행하는 은행 또는 은행권 금융지주회사는 대부분 신용등급이 최상위인 AAA 등급이고, 부실 상황이 되려면 수조 원에서 수십조 원의 손실이 발생해야 하는데 현실적으로 발생하기 어렵습니다. 그리고 최근 10년 동안 채권 발행 후 5년 시점에 원금상환이 되지 않은 경우는 없습니다.

목돈에 투자하고 남은 20%인 2,000만 원은 국내외 주식형펀드에 적립식으로 투자해서 정기예금과 물가상승률 대비 2배 이상의 수익률을 목표로 투자합니다.

아래는 필자가 20여 년간 펀드상품을 개발 · 마케팅 · 상담한 경험을 바탕으로 현시점에서 추천하는 '매일 1만 원 이상 소액 투자할 만한 상품' 예시입니다. 개인적인 경험을 기반으로 작성한 것이며 투자에 참고만 하고 실제 상품을 신규 개설할 경우는 투자상담사와 충분한 상담을 하시기 바랍니다.

펀드매니저의 운용경험이 풍부하고 3년 이상 장기성과가 펀드 중 상위 성과를 기록한 데다 펀드 고유의 특징을 가지고 운용하는 펀드상품을 고르면 좋습니다.

구분	상품명	특징	투자 금액, 투자 기간	3년 수익률 (1/3 기준)
국내	신한 뉴그로스 중소형주 증권투자신탁 [주식] 종류A1	· 중소형 가치주 운용 20년 경력 · 중소형주 60%, 대형주 40% 시장 트렌드에 맞게 투자	월 20만 원, 3년 투자	94.86%
해외	유리 글로벌거래소 증권자투자신탁1 [주식] C/A	· 세계 증권거래소 상장주식에 투자 · 뉴욕/런던 거래소 등 독점 지위 보유 기업에 투자	월 20만 원, 3년 투자	52.53%
미국	AB 미국 그로스 증권투자신탁 (주식-재간접형) 종류형A	· 미국 대표 성장기업에 투자 · 30년 이상 운용경험, 시장대비 우수한 성과	월 20만 원, 3년 투자	116.22%

* 수익률 : 제로인 펀드리포트 참조

이처럼 목돈은 유사시에 원금을 찾을 수 있는 정기예금을 30% 비중으로 두고 나머지 50%는 만기를 2~5년 정도 분산해서 투자합니다. 그리고 원금의 20%는 유동성 통장(언제든지 인출해 찾을 수 있는 보통예금 등)에 두고 매월 100만 원 안팎의 금액을 적립식 펀드로 투자하면 3년 정도 뒤에 좋은 수익을 기대할 수 있습니다.

올해 경제시장의 전망은 여전히 어둡고 그 터널이 언제 끝날지 예측하기 어렵지만, 시장이 좋아질 때까지 마냥 기다리는 것은 적절한 대응방법이 아닙니다. 현재의 시점에서 경기상황과 투자자가 처한 여러 상황을 고려하여 투자하고 적정 수익을 기대하는 것이 합리적인 투자방법입니다.

02 부부 공동 금융자산, 1억 원이 넘는다면?

(2022.5.5 기준금리 1.50% KOSPI지수 2,677.57)

– 공동 금융자산 1억 원 넘는 경우, 운용결정 과정 부부가 함께해야
– 주기적으로 배우자 간 금융상품 정보공유 필요
– 금융기관 자산관리 팀장과 부부가 공동상담 받는 것이 좋아

이미지=
게티이미지뱅크

얼마 전 대기업 임원으로 퇴직한 선배와 배우자가 금융자산운용 방법에 대해 상담하기 위해 방문했습니다. 30년 넘게 열심히 회사 일만 하다가 이제 조금 여유를 가지고 인생 후반전을 준비하는데, 부부가 같이 머리를 맞대고 준비하는 모습이 좋아 보였습니다.

70~80대 고객들은 몸이 불편한 배우자를 부축하며 두 사람의 통장을 들고 노후자금운용 상담을 위해 방문합니다. 50~60대 고객들은 조금 더 건강한 모습으로, 방문할 때 서로의 의견을 활발하게 이야기하는 경우도 있습니다. 70대 이상 고령의 경우에는 운용하고자 하는 금융자산도 줄어들게 되고 선택할 수 있는 금융자산의 폭도 줄어듭니다.

반면 50~60대는 그동안 모으고 관리한 여러 자산을 어떻게 운용할지에 대한 고민과 관심이 큰 시기입니다. 따라서 단독으로 금융자산에 대한 의사 결정을 하기보다는 부부가 공동으로 알아보고 결정하고자 하는 경향이 큽니다.

그런데 40대 이하의 경우는 부부가 같이 방문하는 경우보다 배우자 혼자 방문하는 경우가 많습니다. 직장 일을 하는 배우자를 대신해서 방문하거나, 맞벌이의 경우 상대적으로 시간 여유가 있는 배우자가 부부의 금융자산을 결정하는 경우가 많은 비중을 차지합니다.

일반적으로 연령대에 상관없이 큰 목돈이 들어가는 부동산, 즉 아파트나 상가를 구입할 때는 부부간에 서로 의견을 공유하고 현장에 발품을 팔아서 여러 번 방문하며, 전문가의 의견도 구하는 등 신중하게 상황을 검토한 뒤 결정을 내립니다. 부부 가운데 일방의 의견에 전적으로 결정되는 경우는 거의 없습니다.

그런데 부부가 노력해 모은 일정 금액 이상의 금융자산(보통의 경우, 1억 원 이상의 현금)을 운용하고 결정할 때에는 부동산 거래처럼 서로의 의견을 공유하고 관리하고 결정하기보다는 시간 여유가 많은 상대방에게 맡기는 경우가 상대적으로 많습니다.

이미지=
게티이미지뱅크

필자는 1억 원 이상의 부부 공동 금융자산은 부부가 같이 관심을 가지고 운용의 결정, 과정과 흐름을 같이 공유할 것을 권합니다(공부, 운동, 취미생활 등 개인이 별도로 사용하기 위한 자금운용은 별도입니다). 부부 중 한쪽의 금융투자경험이 축적돼 있고, 금융지식도 많은 경우 금융자산의 운용결정을 주도적으로 할 수도 있습니다. 이런 경우에도 배우자는 부부 공동 금융자산이 어떤 상품으로 투자되고 있고 현재의 수익률과 현황은 어떻게 되고 있으며, 자금이 필요할 때 어느 정도의 비율로 자금을 찾을 수 있는지 등 기본적인 정보는 알고 있어야 합니다.

간혹 불의의 사고로 배우자를 잃고 은행을 방문해 배우자의 금융자산을 조회하고 상속업무를 하는 경우가 있습니다. 황망한 상황을 경험한 데다, 본인의 예상과는 다르게 금융자산이 운용되고 있거나 예상한 금액이 금융기관에 없는 경우도 있어 당황해하는 사례가 있습니다. 반면 부동산 현황은 구입할 때와 매각할 때에도 대부분 배우자와 협의하고 결정하기 때문에 기존에 알고 있는 상황과 크게 다르지 않습니다.

필자는 오랜 기간 투자상담을 하며 부동산과 금융자산을 관리하고 매매를 결정하는 데 관심도가 다르게 적용되는 것을 알게 됐습니다. 부동산은 언제, 어느 지역에 어떻게 투자하느냐(대출 활용 등)에 따라 성패가 달라집니다. 금융자산도 언제, 어떤 상품으로 어떠한 방식으로 투자하느냐에 따라 고수익이 될 수도, 투자원금의 상당 부분을 잃을 수도 있습니다.

물론 부동산은 내가 원하는 시기에 매매하기 쉽지 않아 유동성이 떨어지고 가계에서 가장 큰 목돈이 투자되는 자산입니다. 대출 등 레버리지를 상당 부분 사용하기 때문에 더 신중하게 접근해야 하는 자산이어서, 부부 입장에서는 더 열심히 알아보고 의사 결정 하는 부분이 있습니다.

금융상품도 파생상품 등 고난도 위험의 상품을 선택하거나 만기 전에 해지되지 않는 상품에 가입하는 경우에는 필요할 때 자금을 활용할 수 없는 등 제약사항이 발생합니다. 그리고 주식투자의 경우 변동성이 크기 때문에 나와 배우자의 공동 자금계획에 맞는 적절한 상품 포트폴리오의 비중 내로 운용돼야 합니다.

'원금과 이자가 보장되는 정기예금만으로 운용하면 배우자도 크게 문제 삼지 않겠지'라고 생각할 수도 있습니다. 하지만 현재 연 2% 안팎의 정기예금 금리와 물가상승률이 5% 수준인 것을 감안하면 실질금리는 마이너스입니다. 투자상품 비중을 적정하게 유지하면 위험은 통제하면서 물가상승률 이상의 수익을 기대할 수 있습니다. 배우자가 생각하는 금융자산의 예상수익률도 의견을 물어서 같이 결정하는 게 맞습니다.

내가 생각하는 자금 필요 계획과 배우자가 생각하는 자금의 소요 예상 일정이 항상 일치하는 게 아니기 때문에 주기적으로 배우자 간 금융상품 정보공유가 꼭 필요합니다. 따라서 부부 공동의 금융자산은 운용 규모, 운용 상품, 상품 만기 등 전체적인 상황을 주기적으로 공유하고 새로운 상품의 신규 개설 시에는 서로의 의견을 감안해 결정합니다. 때때로 불가피하게 단독으로 상품을 결정하더라도 빠른 시일 내에 상황을 배우자에게 공유하는 것이 바람직합니다.

부부간 금융자산의 운용에 이견이 발생할 수 있습니다. 이런 경우에는 부부가 금융기관의 자산관리 팀장과 주기적인 상담을 통해 객관적인 의견을 청취하고 의사 결정 하면 일방에 치우치지 않고 합리적인 의사 결정을 하는 데 도움을 받을 수 있습니다.

결혼 29년 차인 필자의 사례입니다. 금융전문가인 필자와 달리 필자의 배우자는 미술을 전공한 예술방면 전문가입니다. 자산의 운용은 매우 보수적입니다. 집을 사거나 상가를 매입하려고 하면 각종 자료와 전문가의 의견을 제시하는 등 시간을 들여서 의견을 교환하고, 진중하게 설득합니다. 여러 번의 검토를 거쳐서 매입한 부동산은 이후에도 서로에게 큰 불만이 없습니다.

필자의 배우자는 금융자산운용도 원금과 이자가 보장되는 정기예금을 제일 좋아합니다. 한 달에 한 번 30만~50만 원 정도의 적립식 펀드를 권유하려면 상품의 주요 전략, 시장전망을 곁들여 알기 쉽게 설명해야 겨우 허락을 받고 상품을 신규 개설할 수 있습니다. 필자의 퇴직금도 금융자산의 운용에 대해 서로 심도 있는 논의가 이어지고 서로 간의 합의에 의해 운용자산이 결정될 것입니다.

부부의 공동 금융자산을 관리할 때도 부동산 거래처럼 서로의 의견을 공유하여 공동으로 결정하고 관리하는 것이 바람직합니다. 내가 보지 못한 상품의 장단점, 가족의 자금계획 등을 부부가 주기적으로 체크하고 관리해 나간다면 합리적인 금융자산관리를 통해 인생 후반전을 좋은 조건으로 맞을 수 있을 것입니다.

03 3억 원의 자산이 있다면 3곳에 나눠 투자하세요

(2022.3.22 기준금리 1.25% KOSPI지수 2,710.00)

– 본인의 자금 상황과 투자 기간 고려, 자산을 배분하고 관리해야
– 정기예금이든 ELS든 몰빵은 하지 않는 것이 좋아
– 감당 가능한 금액으로 투자경험 하는 것이 첫출발

이미지=
게티이미지뱅크

극단적인 투자의 두 사례가 있습니다. 어떤 투자가 바람직할까요?

1) 70세를 넘긴 고령의 고객이 주가연계증권(ELS) 상품을 신규 가입하기 위해 방문합니다. 고위험 상품이고 녹취가 필요해 1시간가량이 소요되며, 가입 이후 2번이나 신규 확인 절차를 진행하는 까다로운 절

차가 있다고 말씀드립니다. 하지만 번거롭고 까다로운 절차임에도 불구하고 7% 안팎의 지수형 ELS 상품에 가입하고 갑니다.

자산 내역을 보니 금융자산 전체가 모두 ELS 상품입니다. 조금 더 안전한 상품도 나눠서 하는 것이 어떨지 여쭤봤습니다. 그는 본인이 과거 10년 동안 그 상품에 가입해 예외 없이 정기예금 2배 이상의 수익률로 상환을 받아서, 연 2%도 안 되는 정기예금은 하지 않는다고 답합니다.

2) 수억 원의 금융자산이 있는 40대 고객은 정기예금으로만 금융거래하고 있습니다. 10% 안팎의 금액은 투자자산으로 분산하라고 권유해도 과거 경험 때문에 꺼립니다. 과거 적립식 펀드로 10만 원씩 6개월을 투자했는데, 수익률이 마이너스 10%를 기록해 환매하고 그 이후로 투자상품은 거들떠보지도 않았다는 것입니다. 납입원금 60만 원의 마이너스(-) 10%면 6만 원 손실입니다. 기간을 더 두고 투자했더라면 원금은 물론이고 더 좋은 수익률을 기대할 수 있었지만, 안 좋은 투자기억만 남기고 투자상품 투자를 그만뒀습니다.

첫 번째 사례는 수익률 측면에서만 보면 좋은 투자입니다. 하지만 갑자기 목돈을 써야 하는 경우라면 ELS 상품을 중도해지하면서 높은 중도해지 수수료가 발생하고 소기의 투자수익률을 달성할 수 없습니다. 따라서 공격형 투자성향의 투자자라도 전체 금융투자금액의 일정

비율 약 30% 정도는 언제든지 원금으로 해지 가능한 상품에 투자하는 것이 바람직합니다.

두 번째 사례는 적정한 포트폴리오로 시장수익률 이상의 기대수익을 올릴 수 있음에도 불구하고 물가상승률에도 미치지 못하는 정기예금으로 운용해 실질투자수익률은 마이너스를 기록하는 사례입니다.

결국 두 사례 모두 바람직하지 않습니다. 일반 투자자의 경우, 필자는 다음과 같이 권유합니다. 3억 원의 금융자산이 있다고 하면 1억 원은 정기예금, 1억 원은 채권투자(은행 신종자본증권), 1억 원은 펀드(ELS 상품) 등의 투자상품으로 분산 투자 합니다. 이 경우 목돈이 필요할 때 정기예금을 해지해 사용할 수 있고 투자상품에서 시장수익률의 2~3배 수익률을 거둘 수 있습니다. 투자하는 상품의 금액과 기간을 적절히 배분하면 유동성도 확보하면서 투자수익률도 거둘 수 있습니다.

투자상품을 상담할 때 가장 어려운 일은 생애 첫 투자상품을 권유하는 일입니다. 원금손실에 대한 막연한 불안감과 처음 접하는 상품에 대한 불편함이 첫 투자를 가로막습니다.

해법은 생각보다 간단합니다. 투자할 때 전체 원금의 일정 비율, 즉 감당할 수 있는 투자금액과 투자 가능한 기간을 정하면 됩니다. 목돈 1억 원이 모였으면 10% 수준인 1,000만 원을 거치식 투자상품으로 투자해 보고, 매달 불입하는 적립식 투자가 100만 원이면 10만 원은 적립식 펀드로 투자해 봅니다. 기간은 최소한 2~3년 이상으로 투자합니다. 이렇게 하면 투자 기간 동안 금융시장에 큰 이벤트가 발생하더라도 일상생활을 해나가는 데 문제가 발생하지 않습니다.

투자한 1,000만 원으로 수익률을 경험하고 적립식 펀드 투자로 은행 적금에서는 나올 수 없는 수익률을 보려면 적정한 투자 기간이 필요합니다. 3년 정도는 이 투자금은 당장 쓰지 않을 것이고, 추이만 지켜보겠다는 생각으로 관리합니다. 어떤 때는 10%의 이익이 났다가 어떤 때는 10%의 손실이 날 겁니다. 하지만 적정 투자 기간으로 생각하는 3년이 가까워져 목표한 수익률이 달성되면 과감하게 환매합니다. 이런 경험이 필요합니다.

필자는 1993년 은행에 첫발을 내디디고 1997년 IMF, 2008년 금융위기, 2020년 사모펀드 사태 등 일련의 크고 작은 금융 이벤트를 경험했습니다. 2007년 펀드가 투자원금의 2배 수익을 기록해 펀드 투자가 확 늘어났는데, 2008년에는 반대로 반 토막 수익률을 기록해 많은 투자자가 어려움을 겪었습니다. 2020년 사모펀드 사태에서는 투자자가 퇴직금 전부를 사모펀드에 투자해 투자원금을 거의 잃고 소송하는 등 안타까운 모습도 봤습니다.

30년간의 금융회사 생활에서 자산관리에 대해 배운 교훈은 다음과 같습니다.

첫째, 큰 위기이든 작은 위기이든 위기가 닥쳤을 때 수습하고 대처할 수 있는 금융 포트폴리오 구성이 필요합니다. 둘째, 감당할 수 있는 금액으로 투자 기간을 정해 투자상품을 경험해 봅니다. 투자경험이 쌓이면 본인의 자금 상황과 투자 기간을 고려해 자산을 배분하고 관리합니다.

이러한 금융자산관리가 3년, 5년, 10년 누적이 되면 투자상품을 적정하게 투자한 투자자와 그렇지 않은 사람과의 차이는 시간이 갈수록 벌어져, 금융격차가 생기게 됩니다. 감당할 수 있는 범위 안에서 투자경험을 쌓고 금융자산을 본인만의 포트폴리오로 관리 · 운용해 투자상품 투자의 좋은 경험을 겪어보실 것을 권해드립니다.

04

은퇴 앞둔 50대, 자산관리 이렇게 해보세요

(2022.7.14 기준금리 2.25% KOSPI지수 2,322.32)

– 은퇴 앞두고 보수적 자산관리 필요
– 1년은 버틸 유동성 자금, 목적별 자금 준비해야
– 거주용 부동산 활용해 부가수익 검토

이미지= 게티이미지뱅크

필자가 매일 아침 헬스장에서 하루를 시작한 지 20년이 넘었습니다. 50세를 넘긴 뒤부터는 아침 운동을 한 뒤 가끔 근육과 뼈가 뻐근하다는 느낌을 받았는데, 초반에는 대수롭지 않게 여겼습니다. 우연한 기회에 서울대병원 재활의학과 정선근 교수의 유튜브와 책을 보면서, 50대 중반인 필자는 신체 건강한 젊은 청년들과 똑같은 운동방식으로 운동하면 안 된다는 것을 알게 됐습니다.

근육과 뼈가 20 · 30대의 건강한 신체와는 다르기 때문에 50대 중년의 몸에 맞는 운동을 해야 건강한 몸을 유지할 수 있다는 의사 선생님의 주장에 공감하고 운동방식을 바꿨습니다. 무거운 중량을 들기보다 가벼운 중량을 여러 번 들고, 프리 웨이트 운동보다는 기구를 이용해 몸에 무리를 적게 주는 방식 등입니다. 걷기와 가벼운 러닝도 좋다고 합니다.

20~30년간의 치열한 직장생활을 해온 50대 직장인들은 은퇴를 앞두고 생각이 많을 겁니다. 임원으로 승진하거나 더 길게 직장생활을 이어가는 경우도 있지만, 대부분 긴 커리어를 마감하고 두 번째 직업이나 새로운 직장을 구합니다.

이러한 시기에 있는 사람들의 자산관리는 20~40대 등 다른 연령대의 자산관리와 몇 가지 차이가 있는데, 이런 차이점을 잘 파악하고 본인의 상황에 맞게 운용하는 전략이 필요합니다.

먼저 50대가 당면하고 있는 자산관리 상황과 대응전략은 다음과 같습니다.

첫째, 공격적인 투자보다는 지키면서 투자해야 하는 전략이 필요합니다. 둘째, 자녀취업과 독립, 결혼 등 목적별 목돈을 마련하고 준비하고 있어야 하는 시기입니다. 셋째, 무엇보다도 위기 상황에 대비해 1년 정도 생활할 유동성 자산을 보유 · 준비해야 합니다. 넷째, 주거용 부동산을 활용한 자산운용 · 관리가 필요합니다.

서울의 아파트 단지들
이미지=한경DB

세부사항은 아래와 같이 준비하는 것을 권해드립니다.

첫째, 투자상품의 전체 투자비율과 중장기 비중을 줄입니다. 목돈은 3년, 5년 이상 투자되는 중장기투자상품 비중을 금융자산의 30% 이내로 줄이고, 어떤 상황에서도 70% 이상은 현금화될 수 있도록 포트폴리오를 조정합니다. 적립식 상품도 원리금 보장상품과 펀드 등 투자상품의 비중을 50대 50 정도로 하고, 점차 투자상품 비중을 줄여나갑니다.

둘째, 사용 목적별로 자금을 분류해서 준비합니다. 은퇴가 임박할

수록 수입은 줄어들기 시작하는데, 반대로 목돈이 들어가는 일이 많아집니다. 자녀들은 대학 졸업과 독립을 하고 결혼도 하는데 이 과정에서 부모의 도움이 절실합니다. 영끌로도 내 집 마련은 물론 전세 구하기도 쉽지 않은 상황입니다. 그리고 연로한 부모님과 관련한 병원비와 요양원 비용 등 자식으로서 부담해야 하는 항목들이 늘어납니다. '나중에 어떻게 되겠지' 하는 막연한 생각을 하기보다는 큰 항목별로 은행계좌를 만들고 자금을 준비하는 것이 좋습니다.

셋째, 1년간 생활하고 버틸 수 있는 유동자금을 마련합니다. 경제불황이 침체로 이어지는 요즘과 같은 시기에 갑작스럽게 구조 조정의 칼날이 닥치게 되면 마음뿐만 아니라 가정경제에도 큰 문제가 발생할 수 있습니다. 최소한 1년은 기본적인 생활을 할 수 있는 생활비가 언제든지 해지 가능한 금융상품(정기예금, 머니마켓펀드 등)에 유지되고 있어야 합니다. 월 300만~500만 원을 기준으로 적게는 3,000만 원에서 5,000만 원, 조금 여유가 된다면 1억 원가량을 준비해 둡니다. 경기불황과 다음 직장을 구할 수 있을 때까지 경제적인 어려움을 견딜 수 있을 것입니다.

넷째, 주거용 부동산을 부동산투자로 활용합니다. 아파트 등 주거용 부동산이 개인 소유로 되어있는 경우에는 계속 거주하는 것보다 이를 매도하거나, 전 · 월세로 전환하고 투자로 활용하는 방법도 검토합니다.

아파트에 거주하고 있는 경우, 주거의 안정성은 있지만, 목돈을 깔고 앉아 무수익 자산으로 방치하는 것은 바람직하지 않습니다. 부동산이 지금 하락세이지만 향후 상승 여력이 있다고 판단되면 거주 부동산을 전세로 주고, 본인은 시세가 더 싼 인근 지역에 전세나 반전세로 옮기고 남는 금액을 수익형 부동산에 투자하는 것을 검토해 봅니다.

예를 들어 10억 원 수준의 아파트를 6억 원에 전세를 주고 3억 원 전세로 옮겨가면 3억 원을 투자할 수 있습니다. 이 3억 원을 가지고 상가에 투자하는 경우 대출을 포함해 10억 원 안팎의 물건을 살 수 있습니다. 이 경우 월 200만~300만 원 정도의 임대수익을 기대할 수 있습니다. 상가를 구입하는 것은 6개월~1년 정도 시간적 여유를 가지면서 가능한 많은 지역에 발품을 팔고 안목을 넓힌 다음 매입하는 것이 바람직합니다.

이렇게 거주 부동산을 매각하지 않고 상가를 매입하는 경우의 장점은 무엇일까요? 현재가 부동산 하락기라고 할지라도 추후 경기가 활성화될 즈음 아파트와 상가의 가격상승을 동시에 기대해 볼 수 있다는 것입니다.

다른 방법은 거주 부동산을 매각한 뒤 그 자금 중 일부를 거주용으로 사용하고, 나머지는 투자하는 방법입니다. 이는 필자의 사례입니다. 필자는 거주하던 아파트를 팔고 반전세로 옮긴 다음, 상가투자로 월세 수익을 올리고 있습니다. 상가를 매입하기 위해 1년 정도 수도권을 주말마다 방문하면서 대상 부동산의 여러 장단점을 파악하고 최종 2~3개의 물건 중 매입 결정을 했습니다. 매월 임대수익이 들어오고 있는데, 대체로 만족합니다. 그리고 추후 부동산 가격 추세를 보면서 거주할 부동산 매입을 알아볼 생각인데 자녀들이 대학을 다 졸업했기 때문에 지역선택의 폭이 넓은 편입니다.

중년은 한자로 '가운데 중(中)'을 쓴다지만 자산운용은 '무거울 중(重)'을 써서 무게감 있고 안정감 있게 관리하는 것이 바람직합니다. 자녀들이 대학 재학 중이거나 사회 초년생이라면 아직 부모의 지원이 필요하기 때문에 자금 수요가 계속 일어날 수 있고 연로한 부모님에게도 자금이 추가적으로 들어갈 수 있습니다. 본인도 인생 후반기를 맞아 커리어를 새롭게 시작해야 하는 중요한 시기인 만큼 신중하고 보수적인 자산관리로 대비하시기 바랍니다.

05 물가 · 금리상승기엔 OO에 투자하라…프라이빗 뱅커의 조언

(2021.11.6 기준금리 0.75% KOSPI지수 2,969.27)

– 저성장 · 고물가 '스태그플레이션' 우려

– 목돈은 정기예금, 신종자본증권, ELS 등 확정금리 상품으로

– 가치주 펀드, 금 투자 등 고려해야

시내 한 대형마트에서 시민들이 장을 보고 있다
이미지=한경DB

'물가 3%대 상승'이라는 제목의 기사가 신문의 1면을 장식하고 있습니다. 필자도 프라이빗 뱅커(PB) 팀장 동료들과 시장 상황에 관해 이야기를 나누곤 합니다. 최근 주요 주제 중 하나는 가파르게 오르고 있는 물가와 금리에 관한 이야기입니다. 정기예금에 투자하는 고객에게는 예금 만기 주기를 1개월, 3개월 등으로 짧게 가입하도록 안내하고

있습니다. 향후 금리가 더 오를 것으로 예상되기 때문입니다.

2020년부터 코로나 위기 상황에 대응하기 위하여 천문학적으로 공급된 유동성의 양과 지속된 저금리 상황으로 인해 주식시장은 단기간에 급등했으며, 주식형펀드는 좋은 성과를 거두었습니다. 주식형 상품만큼은 아니지만, 채권 및 채권형펀드상품도 무난한 성과를 보여줬습니다.

투자상품의 만기가 돌아오는 투자자나, 투자상품을 신규로 가입하고자 상담하는 고객에게는 최근 2년여 동안 보여준 양호한 수익률을 당분간 보여주기가 쉽지 않아 상담에 앞서 고민하는 시간이 길어지고 있습니다.

한국은행 금융통화위원회에서 지난 8월 기준금리를 0.5%에서 0.75%로 인상했고, 연말까지 한 차례 추가 인상이 예상됩니다. 시장에 공급되는 유동성의 양과 속도가 조절되는 테이퍼링이 미국뿐만 아니라 세계 각국에서 추진되고 있고, 물가상승에 기인한 금리상승도 예상되어, 투자상품 투자자에게 어려운 상황입니다.

스태그플레이션(경기 불황, 물가상승) 또는 슬로우플레이션(경기 둔화, 물가상승)이 예상된다는 시장전문가의 견해가 많습니다. 이제는 이러한 저성장, 고물가 상황을 가정해서 자산관리 및 상품 투자에 대응해야 하겠습니다.

금리가 올라가면 내가 투자하는 상품에는 어떤 영향이 미칠까요?

주식 및 주식형펀드 투자자 입장입니다. 금리가 올라가면 돈을 빌려서 운영하는 기업은 이자상승분만큼 비용이 발생하고 이로 인하여 이익이 감소하게 됩니다. 빚을 내어 투자하는 개인투자자들은 이자비용만큼 주식시장이 상승하는 것이 쉽지 않기 때문에 투자액이 감소합니다. 기관투자자들은 보수적 투자정책으로 방향을 전환하고, 자산운용사들은 펀드 투자자들이 환매하는 것을 받아줘야 하기 때문에 시장하락에 힘을 보태게 됩니다.

즉, 기업이익 감소/개인투자 감소 → 주식투자 수요 감소 →
수요<공급 → 주식시장 하락의 나쁜 고리가 계속 이어지면서 투자이익도 감소합니다.

채권 및 채권형펀드 투자자 입장입니다. 금리가 올라가면 보유채권의 평가손실이 발생하기 때문에 채권보유자는 금리가 올라갈수록 손실 폭이 커집니다.

$$\text{채권 평가금액} = \frac{\text{채권금액}}{(1+\text{시장금리})}$$

채권가격 1만 원이 금리가 5%일 때는 9,500원으로 평가되는데, 금리가 10%로 오르면 9,000원으로 평가돼 투자자는 500원만큼 평가손실이 발생합니다. 따라서 금리가 오르면 채권투자자는 평가손실이 발생한다고 쉽게 이해하면 됩니다. 대신 채권을 만기까지 보유하는 경우라면 만기 시 경과이자와 액면금액을 받기 때문에 손실이 발생하지 않습니다.

금리상승으로 주식과 채권 관련 상품에 변동성과 손실 가능성이 커집니다. 따라서, 금리 하락기보다 보수적인 투자전략이 필요한 시점입니다. 그렇다면, 지금 어떤 투자상품을 가입하고 관리하는 것이 좋을까요?

● 금리상승기, 추천 투자상품 요약 ●

구분	내용	추천상품
신종자본증권	3%대 수익률, 5년 투자	은행권 금융지주 상품
ELS	4~6%대 수익률, 3년 투자	종목형보다 지수형 ELS 상품
가치주 펀드/신탁	저평가 가치주 투자, 1년 이상 투자	3년 이상 수익률 검증된 상품
골드 투자	인플레이션 헷지 투자상품	골드바, 금통장(골드뱅킹)

* 위의 상품군은 1년 이내의 단기 운용보다 2~5년 중장기 운용에 적합합니다.

첫째, 수익률이 확정된 상품을 가입합니다. 지수형 ELS 상품, 은행 신종자본증권을 추천합니다.

ELS 상품 중 지수로 구성된 상품은 만기 내 상환확률이 높고, 수익률도 연 4~6%대로 구성되어 판매되고 있습니다. 3개 지수, 2개 지수,

1개 지수로 구성되어 선택의 폭이 넓어졌습니다. 1년 이내 조기상환을 원하면 1개 지수, 2년 내외 상환을 예상하면 2개, 3개 지수를 선택하면 확률이 높아집니다. 지수형 ELS 상품은 개별 주식 종목에 투자하는 ELS 상품보다 변동성이 적고 상환확률이 높습니다(주요 구성 지수는 KOSPI200, S&P500, HSCEI, EUROSTOXX50, NIKKEI225 등입니다).

채권상품 중에는 수익률과 위험도를 감안하여 은행 신종자본증권을 추천합니다. 3%대 초중반 수익률(현 기준금리 0.75%)로 3개월마다 이자를 지급받고, 5년 시점에 원금을 받는 구조입니다(발행사인 은행 지주회사의 신용등급 및 구조는 확인이 필요합니다).

둘째, 주식 관련 상품은 가치주 펀드에 가입합니다. 주식시장이 횡보를 보이거나 하락세에 접어든다고 해서 주식투자액의 절대량이 급속하게 줄어들지는 않습니다. 개인투자자는 시황에 맞는 주식 분야를 찾아 포트폴리오를 재조정하고, 기관투자자는 사전에 정해진 투자원칙에 따라 투자 한도와 수익률을 관리합니다.

금리가 오르면 수혜를 받는 금융주, 물가상승과 경기 둔화에 영향을 덜 받는 소비재, 경기민감주를 주로 편입하는 가치주 펀드는 경기하락 및 주가 하락 시에도 방어력이 좋고, 성장주에 비해 상대적으로 좋은 성과를 보여줍니다.

이미지=로이터

셋째, 금 투자입니다. 실물을 바탕으로 투자자산이 없어지지 않고 인플레이션, 즉 물가상승에 위험을 헤지할 수 있는 투자상품입니다. 가격의 변동성이 있지만, 부동산과 같이 투자자산이 물리적으로 없어지지 않고 장기적으로 우상향하는 특성이 있습니다.

필자는 요즘 같은 금리상승기에 투자상품 상담고객이 오면, 위의 4가지 상품군에서 투자자의 투자성향 및 현재 보유한 포트폴리오를 보고, 부족한 부분을 채우며 비율을 조정하는 방향으로 상담하고 있습니다.

변동성에 대비하여 확정적인 금리를 제공하는 상품(ELS, 은행 신종자본증권), 경기방어주식투자(가치주 펀드), 인플레이션을 헤지하는 상품(금 투자) 등으로 포트폴리오를 조정하는 것이 필요한 시장 상황입니다. 본인의 투자상품 포트폴리오를 점검해 보고, 투자상담사 또는 PB 팀장과의 상담을 통하여 현 상황에 맞는 상품으로 조정할 것을 권해드립니다.

06 인플레 · 금리 인상 '비상'… "분산 관리만이 살길"

(2022.1.12 기준금리 1.0% KOSPI지수 2,972.48)

– 경제주체 부담 가중, 보수적 자산운용 필요

– 금융자산별로 분산한 포트폴리오 구성해야

– 경기변화 추이 지켜보며 비중조절 하는 전략이 유효해

이미지=
게티이미지뱅크

2022년 한 해가 시작됐습니다. 필자는 매일 아침 6시에 회사 건물의 헬스장에서 하루를 시작합니다. 매년 그렇지만 연초에는 운동을 시작하는 사람들이 평소보다 20~30%가량 늘어납니다. 자산관리의 관심도 마찬가지입니다. 1월이 시작되면서 올 한 해는 어떻게 포트폴리오를 구성하고 어느 자산에 무게를 더 주면 좋을지에 대한 문의가 많습니다.

"올해 글로벌 경제 성장률은 둔화될 것이고 유동성 긴축, 금리상승으로 인한 경제주체 부담은 늘어납니다. 이에 따라 보수적 자산운용이 필요합니다" 제 답변은 이렇습니다.

미국을 비롯해 세계 각국이 치솟는 인플레이션과 이에 따른 금리 인상을 고민하고 있습니다. 적당한 물가상승, 즉 인플레이션은 경제에는 긍정적이나 빠른 속도로 올라가면 나쁜 영향이 나타납니다.

미국 중앙은행(Fed)은 2021년 11월 자산매입 축소를 결정한 이후 정책금리 인상을 예정하고 있습니다. Fed는 금리를 결정할 때 물가와 고용지표 2가지를 확인하는데, 물가는 1982년 이후 2021년 11월 6.8%로 최고 수준을 기록했고 고용 실업률도 조금씩 떨어지고 있습니다. 지난 5일 공개된 2021년 12월 미국 연방공개시장위원회(FOMC) 의사록에서, 인플레이션을 조절하기 위한 금리 인상과 자산매입 축소(테이퍼링), 양적 긴축 등의 조치가 시장의 예상보다 빨리 진행될 것이라는 전망에 글로벌 주식시장은 급락세를 보였습니다.

최근 글로벌 경제는 통제하기 힘든 물가 인상(인플레이션)이 지속되고 있고 이에 대응하기 위해 금리 인상 시기를 저울질하고 있는 상황입니다. 이미 한국은 작년 하반기 금리를 먼저 올렸고 올해도 3차례 정도 금리 인상을 예정하고 있습니다. 미국은 올해 3월부터 첫 번째 금리 인상을 할 것으로 보입니다.

인플레이션과 금리와의 관계, 경제에 미치는 영향에 대해 알아보겠습니다. 인플레이션은 물건의 가격이 계속해서 상승하는 것을 말합니다. 인플레이션은 꼭 나쁜 것도 아니지만 좋은 것도 아닙니다. 경제 환경에 따라 의미가 달라집니다.

먼저 '좋은 인플레이션'은 경기 호황에 따른 수요증가 → 상품가격 상승 → 기업실적 호전 → 직원소득 · 가계소비 증가 → 기업생산 확충, 공장 증설, 직원 채용 → 소비 증가 → 물가상승 순으로 나타납니다.

'나쁜 인플레이션'의 경우 경기 불황, 원자재 가격 폭등 → 상품가격상승→ 소비 축소 → 기업실적 하락 → 직원소득 · 가계소비 감소 → 기업생산 축소 → 원가상승으로 인한 물가상승 순입니다.

경기가 호황일 때 소득 및 수요가 증가하고 제품의 가격상승으로 인해 물가가 올라가는 인플레이션은 선순환의 인플레이션, 즉 좋은 인플레이션입니다. 반면 경기가 불황일 때 원자재 가격상승 등의 이유로 물가가 오르는 인플레이션은 수요를 만들지 못하고 소비를 축소시키는 나쁜 인플레이션이 됩니다.

물가가 오르는 속도와 비례해서 소득이 오르는 것은 쉽지 않습니다. 때문에 빠른 속도로 인플레이션이 되면 가계경제가 살아가는 것이 팍팍해집니다. 한 달 동안 의식주를 해결하는 데 200만 원의 비용이 들었는데, 물가상승으로 소요비용이 300만 원으로 늘어나는 경우, 소득이 그만큼 올라가지 않으면 소비를 줄이거나 돈을 빌려서 충당해 살아갈 수밖에 없습니다. 따라서 급격한 인플레이션, 즉 물가상승은 경제환경을 흐린 날씨로 만듭니다.

신종 코로나바이러스 감염증(코로나19) 팬데믹으로 재화와 인력의 국가 간 이동이 장기간 제한되면서 글로벌 공급망에 차질이 발생했습니다. 이로 인해 물가가 올랐고 국제 원자재 가격상승도 한몫해 당분간 인플레이션 상승은 이어질 것으로 보입니다.

물가를 잡는 방법 중 가장 효과가 크고 빠른 방법이 금리를 올리는 것입니다. 금리 인상으로 시중에 유통되는 돈의 양이 줄어야 돈의 가치가 올라가고 상대적으로 물가가 내려가기 때문입니다. 그래서 정부 입장에서는 인플레이션을 진정시키기 위하여 금리를 올리고 통화량을 줄이는 긴축정책을 써야 합니다.

금리를 올리면 물가를 잡는 데 직접적인 효과가 나타나고 통화량도 동시에 줄이는 정책으로 인플레이션을 조절할 수 있습니다. 하지만 금리상승은 가계부채의 부담을 동시에 늘게 만들어서 소비가 어려워집니다. 시장에 돈의 공급이 줄어들고 순환이 잘되지 않으면 경기침체가 따라오기 때문입니다.

필자가 우려하는 부분은 이러한 정책의 대응 방향이 아니라 속도입니다. 시장 참여자 모두가 금리 인상을 예상하고 마음의 준비를 하고 있는데, 예상보다 이른 시기에 빠르게 금리가 오른다면 주식시장과 자산시장에 예상보다 큰 충격이 옵니다.

예를 들어, 바다에서 파도를 타는 서퍼가 멋진 파도타기를 준비한다고 가정해 봅니다. 서퍼는 2m의 파도가 1분 간격으로 오는 것을 예상하고 훈련했습니다. 그러나 갑자기 5m의 파도가 예고 없이 닥치는 위험한 상황에 직면합니다. 이때 서퍼는 큰 충격으로 생명을 잃을 수도 있습니다. 금리 인상도 이와 마찬가지입니다.

결국 인플레이션을 막기 위해 금리 인상이라는 카드를 쓸 수밖에 없는 상황에서는 돈의 공급이 줄어들고 돈의 흐름도 원활하지 못할 것으로 예상됩니다. 아무리 건강한 사람이라도 혈액이 잘 돌지 않아 일시적으로 혈액 흐름이 멈추게 되면 생명이 위태로운 상태가 되는 것처럼 말입니다. 경제도 돈의 흐름이 제대로 흐르지 않거나 막혀버리면 위험한 상황이 발생합니다. IMF 때가 그랬고, 2008년 금융위기 때가 그랬습니다.

장바구니 물가상승과 스타벅스 커피값의 인상 소식은 연초부터 가계의 부담이 늘어나는 것을 체감하게 합니다. 그동안 무한정 제공됐던 유동성이 줄어들고 금리 인상으로 소비가 위축되어 경기 둔화가 예상됩니다. 그러나 코로나 변이 바이러스인 오미크론의 치명률이 낮다는 발표가 꾸준히 나오고 있고, 글로벌 물류가 정상화될 것이라는 희망이 실현된다면 견조한 경기상승도 기대해 볼 수 있습니다.

"계란을 한 바구니에 담지 말라"는 증시 격언이 있습니다. 그런데 여러 바구니에 담은 계란이 한 선반에 같이 있어서 그 선반이 흔들린다면 계란은 모두 깨지게 됩니다. 따라서 계란을 선반에도 두고, 냉장고에도 두고, 창고에도 두어 분산 관리 해야 한 곳에 문제가 발생하더라도 버틸 수 있습니다.

● 올해 자산별 전망과 주요 투자전략 ●

구분	전망	전략
주식	전년대비 성장율 둔화 소비재, 가치주 산업 투자 유효	미국 대표주식 펀드, ETF 투자 중소형주, 가치주 펀드
채권	채권 투자상품 수익률 악화	3~6개월 단위 단기 재투자
부동산	금리인상 및 대출규제로 어려움 리츠는 대체투자 수단으로 한 축	리츠펀드, ETF 투자
금	유동성 축소로 박스권 장세	실물투자 - 장기 골드통장 - 적립식

자산가격의 결정에서 가장 중요한 부분은 수요와 공급입니다. 인플레이션과 금리 인상으로 경제에 돈의 공급이 원활하지 않고, 경기부진으로 수요 또한 증가할 가능성이 낮습니다. 하지만 앞에서 언급한

내용은 시장 참여자 모두 이미 인지한 내용이며 상당 부분이 시장가격에 반영돼 있습니다.

시장은 항상 우리가 예상한 대로 움직이지는 않습니다. 시장을 보수적으로 예상하고 대비하면서, 호전될 가능성을 열어두고 자산을 배분하고 변화를 지켜보며 대응할 필요가 있습니다.

주식과 채권, 부동산 · 리츠, 금, 원자재 등 자산을 분산해 포트폴리오를 구성하고 금리 인상에 따른 경기변화 추이를 지켜보면서 비중 조정을 해나가는 보수적인 투자전략이 필요한 한 해입니다.

07 변동성 커지는 시장, 포트폴리오 조정하는 방법

(2022.5.26 기준금리 1.75% KOSPI지수 2,612.45)

– 만일의 상황 대비, 최소한의 유동성 자금 확보

– 목돈 운용은 기간은 짧게, 확정금리 상품 위주로

– 정기 불입 하는 적립식 상품은 3년 이상 중장기로 운용

이미지=
게티이미지뱅크

국내 코로나19 상황은 점차 완화되고 일상을 조금씩 되찾아 가고 있습니다. 그러나 러시아 · 우크라이나 전쟁, 중국의 코로나 봉쇄정책, 하루를 모르고 오르는 물가 인상 등으로 은행을 방문하는 고객들의 얼굴에는 그늘이 져 있습니다. 은행 문을 열기도 전에 투자상품을 보유한 고객의 걱정스러운 문의전화가 오기도 합니다.

미국에서는 치솟는 물가상승을 잡기 위해 빅스텝(0.5% 금리 인상), 자이언트 스텝(0.75% 금리 인상) 등 연말까지 연 2.5% 수준의 금리 인상을 예고하고 있습니다. 우리나라도 기준금리가 선진국인 미국보다 낮아선 안 되기 때문에 선제적으로 또는 미국을 따라서 금리 인상을 할 것으로 예상합니다.

지난주, 채권상품의 하나인 'KB금융 신종자본증권' 판매가 1,000억 원 한도로 신한은행에서 판매가 됐는데, 3일 만에 거의 전액이 판매됐습니다. 통상 하루에 100억 원, 1,000억 원이 판매되는 데 10일이 소요되는데, 이례적인 일입니다. 경제 불황과 주식시장 급락, 언제 회복될지 모르는 불안심리 때문에 안정성이 있고 조금이라도 금리를 더 주는 상품에는 자금이 몰리는 것을 확인할 수 있었습니다.

가상자산(암호화폐)인 루나코인이 10만 원대에서 가치가 제로 수준으로 하락하면서 많은 투자자가 절망하는 모습도 지켜볼 수 있었습니다. 워런 버핏 버크셔 해서웨이 최고경영자(CEO)가 "비트코인에 대해 대중의 인식이 변하고 있지만 여전히 투자할 생각이 없다. 세계의 모든 비트코인을 25달러에 준다고 해도 사지 않을 것이다"고 했던 이야기가 생각나는 한주였습니다.

이렇게 시장의 변동성이 커지는 가운데 주식시장은 하락세를 거듭하고 물가는 상승하며 시중의 금리는 오르고 있습니다. 이런 상황에서 나의 금융자산은 어떻게 관리하는 게 좋을까요?

첫째, 만일의 상황을 대비해 최소 6개월 정도 생활할 수 있는 유동성을 확보합니다. 통상적으로 사용하는 월 생활비 6개월분의 자금을 정기예금, 머니마켓펀드(MMF) 등 언제든 현금으로 쓸 수 있는 상품으로 운용합니다. 막연한 불안감은 없애면서 혹시 모르는 최악의 금융위기에도 대비하는 것입니다.

둘째, 목돈의 운용은 확정금리나 수익률이 고정돼 있는 상품으로 정하고 기간은 평상시보다 짧게 운용합니다. 고위험투자상품군 비중은 50% 아래로, 보수적인 투자자는 30% 이내로 조정합니다.

은행 정기예금은 금리상승을 대비해 1년제 상품보다는 6개월, 3개월 또는 1개월로 기간을 짧게 나눠 분산하고 상품 만기 시 오른 금리를 적용받을 수 있도록 합니다. 채권상품은 한 번에 전액을 다 투자하기보다는 이번 달 30% 다음 달 30%… 이러한 식으로 발행금리가 오르는 것을 따라가면서 연말 그리고 내년 상반기까지 나눠서 투자합니다. 5년 뒤에 콜로 원금을 상환받을 수 있고 3개월마다 확정이자를 받는 은행 신종자본증권이 해당됩니다.

신용등급이 비교적 높고 만기가 2년 정도로 비교적 짧은 채권에도 관심을 가집니다. 참고로 요즘 가입할 수 있는 채권상품의 종류를 소개합니다.

한국전력 채권 중 만기 2년 상품은, 비교적 짧은 기간으로 투자할 수 있고 신용등급도 AAA이면서 금리 수준도 연 3.1% 수준이어서 눈여겨볼 만합니다. 키움캐피탈 회사채는 신용등급이 A^{-}이고, 모기업인 키움증권이 100% 투자한 자회사입니다. 만기 2년에 연 3.9% 수준으로 이자를 지급받을 수 있어서 분산 투자 하기에 좋습니다. 하지만 이 채권들은 신규 가능한 물량이 많지 않아 거래 금융기관에 신규 가능 여부를 미리 확인해야 합니다.

셋째, 정기적으로 불입하는 적립식 투자상품은 기간을 3년 이상 중장기로 하고 상품의 포트폴리오를 분산해 투자합니다.

적립식 펀드는 정보기술(IT), 대형 성장주 펀드와 가치주, 배당주 스타일의 펀드에 골고루 투자합니다. 고점 대비 20~30% 이상 하락한 고성장주 펀드에 꾸준히 2~3년 동안 꾸준히 투자할 경우 시장이 회복기에 들어서면 원금회복에 플러스알파 수익률이 커질 것으로 예상할 수 있습니다. 더불어 시장 침체기에 하락률이 적고 꾸준히 성장하는 가치주와 배당주 펀드상품에도 자동이체를 통한 적립식 투자를 분산해 투자합니다.

본인의 투자경험과 운용 스타일에 따라 포트폴리오 비중을 조절합니다. 향후 시장이 회복할 경우 고수익을 추구하는 경우는 성장주 비중을 70% 수준으로 투자합니다. 시장수익률에 알파 수익률, 또는 상대적으로 안정적인 수익률을 기대하는 투자자라면 성장주와 가치주 투자비중을 약 50 대 50 비중으로 투자합니다.

필자의 경우는 다소 보수적인 전망의 투자자입니다. 성장주와 가치주 펀드의 투자비중을 50 대 50 수준으로 하고 매일 소액을 펀드에 불입하고 시장과 펀드의 수익률을 확인하면서 미세조정을 하고 있습니다.

한 치 앞을 알 수 없는 경제 상황입니다. 그러나 지금부터 10년 전, 20년 전을 돌이켜 보면, 경기침체는 항상 있었고 바닥을 다지면서 반등했습니다. 투자상품은 투자자에게 시장을 떠나지 않고 현명하게 투자하는 경우 시장수익률을 훨씬 초과하는 수익을 안겨줬습니다. 시장의 방향성과 회복 시기를 점치는 투자보다는 나에게 맞는 적정한 포트폴리오로 시장에 꾸준히 분산해 투자해야 하는 시기입니다.

08 답답한 금융시장, 현명하게 견디는 방법

(2022.9.19 기준금리 2.50% KOSPI지수 2,355.66)

– 최악의 상황을 늘 생각하고 준비

– 향후 1~2년은 힘든 기간, 투자상품은 여유자금으로

– 본격적인 투자 시기, 금리상승세 멈춘 뒤

이미지=
게티이미지뱅크

달콤한 추석 연휴가 끝났습니다. 이번 추석엔 100년 만에 볼 수 있는 크고 선명한 보름달이 떴습니다. 달은 크고 탐스러웠지만 일상으로 복귀하는 우리들의 마음은 편치 않았습니다.

TV와 신문, 유튜브 등 각종 매체에서 끊임없이 경기 불황, 침체에 대한 뉴스가 쏟아지는 상황에 마음이 답답한 겁니다. 호재에는 둔감하고, 악재에는 민감하게 움직이는 금융시장을 보면 경기침체가 확실하게 느껴집니다. 그러나 현재 시점에서 얼마나 더 하락하는 것이 최악의 상황이 될지 이성적으로 판단해 보고 과거의 사례로 예상하면 합리적인 투자판단을 할 수 있습니다.

아래 그림은 2000년 이후, 코스피와 미국 S&P500지수에 대해 크게 변동이 있었던 사건을 중심으로 최대 하락 폭, 하락 기간, 회복 기간을 나타낸 것입니다. 하락 폭이 수개월로 짧았던 기간은 회복 기간도 짧았던 것을 보여줍니다. 반면에 1년 이상 하락 기간이 있는 경우는 회복 기간은 2~3배 더 길게 나타났습니다.

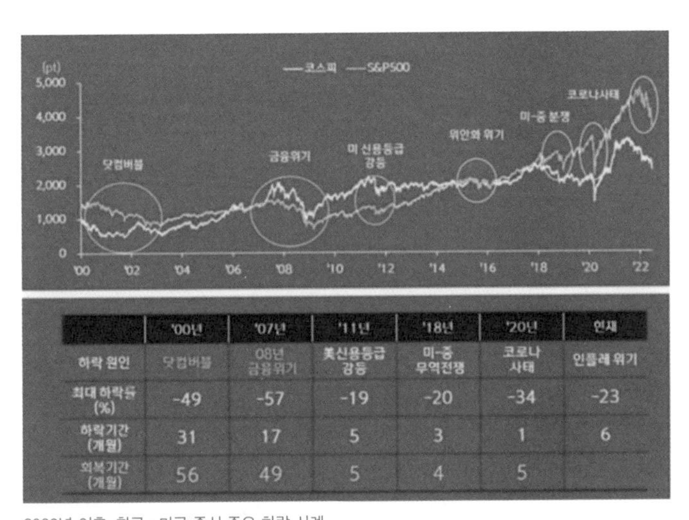

	'00년	'07년	'11년	'18년	'20년	현재
하락 원인	닷컴버블	08년 금융위기	美신용등급 강등	미-중 무역전쟁	코로나 사태	인플레 위기
최대 하락률 (%)	-49	-57	-19	-20	-34	-23
하락기간 (개월)	31	17	5	3	1	6
회복기간 (개월)	56	49	5	4	5	

2000년 이후, 한국 · 미국 증시 주요 하락 사례.
위 표는 S&P500지수 기준, 2022년 6월 현재 기준 작성/이미지=신한은행 펀드교육 자료

코로나 사태 초기의 급작스러운 주식시장 하락은 빠르게 회복됐습니다. 그러나 러시아와 우크라이나 전쟁, 원자재 가격 급등, 중국의 코로나 봉쇄 등으로 물가상승(인플레이션)이 빠르게 급등했고 이를 잡기 위한 여러 차례의 금리 인상으로 주식시장의 하락 기간은 상당 기간 지속될 것으로 보입니다.

하지만 주식시장 하락 기간이 최대 2년까지 이어질까요? 닷컴 버블 때처럼 3년간 하락 기간이 지속될까요? 필자는 그렇게 보지 않습니다. 투자자들이 알고 있는 악재에 경제의 나쁜 일들 한두 개가 더 추가되더라도 시장의 충격은 생각보다 크지 않을 것입니다. 이미 기업이나 투자자들이 더 나빠질 경제에 대해 자세를 낮추고 대비하고 있기 때문입니다.

한국의 기준금리는 연말까지 3% 수준, 미국은 자이언트 스텝을 두 차례 더 한다면 4% 수준까지 올라갈 것으로 봅니다. 내년에 금리를 더 올리더라도 1% 안팎이 아닐까요?

러시아·우크라이나 전쟁, 원유 등 원자재 수급, 중국의 코로나 봉쇄 등의 대외 여건이 지금보다 더 나빠지기는 어려워 보이는데, 내년 상반기나 하반기로 넘어서면 물가나 금리도 상승 흐름이 멈추거나 오르는 폭이 줄어들면서 경기흐름의 방향이 바뀔 것으로 예상합니다.

문제는 1년 전보다 2배 가까이 오른 대출금리, 30% 이상 오른 물가에 소득은 제자리여서 급여생활자, 자영업자들은 하루하루를 버티기 힘들다는 것이죠. 어떻게 이렇게 힘든 시기를 견뎌내며 대처해야 할까요?

먼저, 앞으로 닥칠 최악의 시기와 상황에 대해서 예상해 보고 거기에 어떻게 대처할 수 있을지 생각해 봅니다. 쏟아지는 나쁜 경제뉴스에 답답해하기보다는, '최근 20여 년 동안의 경제위기 상황을 보더라도 3년 이상 하락기가 지속된 적은 없다. 그러면 앞으로 길어도 1~2년 정도를 견디면 되겠구나' 하면서 그 기간을 견딜 수 있는 생활비 준비와 자금관리 방식을 생각합니다.

둘째, 예상되는 금리 인상에 맞추어 확정금리 상품은 단기상품으로(3~6개월 내외), 투자상품은 분산해서 운용합니다. 올해 연말까지 한국은 0.25%씩 2번, 미국은 0.75%씩 2번 정도 금리 인상이 예정돼 있는데 정기예금, 채권 등 확정금리 상품은 만기를 짧게 운용하고 금리가 정점에 오른 분위기가 감지되면 1년 이상의 기간으로 만기를 변경해 운용합니다.

투자상품은 증권시장이 V자 또는 U자 형태로 하락하다가 상승 곡선을 그릴 것으로 예상되기 때문에 금액을 분산 투자 하는 적립식 투자가 적합합니다.

그리고 무엇보다 중요한 것은 반드시 여유자금으로 투자한다는 것입니다. 전설적인 투자자 앙드레 코스톨라니는 "내 돈으로 산 주식을 가지고 있다면 시세하락에도 편안할 수 있고 또 실제로 편안하다"고 이야기했습니다. 머지않은 미래에 주식시장은 상승할 것이지만 그때까지 견디기 위해서는 남의 돈이 아닌, 내 돈이 투자상품에 투자돼야 오르는 폭만큼 이익을 가질 수 있습니다.

추석 명절에 꽉 찬 보름달을 보았는데, 달이 초승달부터 시작해서 반달, 다시 보름달로 크기의 변화를 반복하듯이 경기의 흐름도 성장과 하락을 주기적으로 반복합니다. 경기침체가 당장 힘들고 어려운 상황을 주고 있지만 이러한 상황을 잘 견디고 반드시 다가오는 경기회복과 상승을 대비하는 준비가 필요한 시기입니다.

요약하면 다음과 같습니다.

첫째, 지금의 경기 불황과 침체의 끝을 예상하고 최악의 경우를 대비합니다. 과거 경기 하락 기간은 3년을 넘지 않았고, 더 긴 기간 동안 회복한 것을 생각해야 합니다.

둘째, 금융상품의 운용은 확정금리 상품은 3개월, 6개월 등 단기로 운용합니다. 금리가 정점의 시그널을 보여줄 때까지는 오르는 금리의 파도를 잘 이용합니다.

셋째, 투자는 여유자금으로, 투자상품은 기간을 분산해 주식형펀드에 적립식으로 투자합니다. 주식시장이 여전히 좋지 않지만, 필자는 꾸준히 주식형펀드에 소액을 적립하고 있습니다. 가입한 10개 펀드 중 대부분이 8~20% 안팎의 마이너스 수익률을 기록하고 있지만, 베트남과 인도 펀드는 3~9%의 플러스 수익률을 기록하고 있습니다. 경기가 회복될 때까지 꾸준히 적립식으로 분산 투자 한다면 시장수익률을 웃도는 수익률을 기록할 것으로 생각합니다.

그렇다면 언제 본격적으로 목돈을 투자상품에 투자하는 것이 좋을까요?

금리상승이 더 이상 논의되지 않거나, 경기진작을 위하여 금리 인하를 고려할 때가 됐다고 시장에서 인지되는 시점입니다. 주식시장이 상승하기 위해서는 돈의 공급이 필요한데, 이를 위해서는 금리의 하락 움직임과 추세가 전제돼야 하기 때문입니다.

09 고수익 원한다면… 투자전략은?

(2021.12.28 기준금리 1.0% KOSPI지수 3,020.24)

– 2022년 테이퍼링, 대선 등 빅 이벤트로 변동성 확대 예상

– 펀드 투자 보수적으로…목돈은 ELS, 롱숏 펀드, TDF 등으로

– 잃지 않고 적정 수익 확보하는 전략 필요

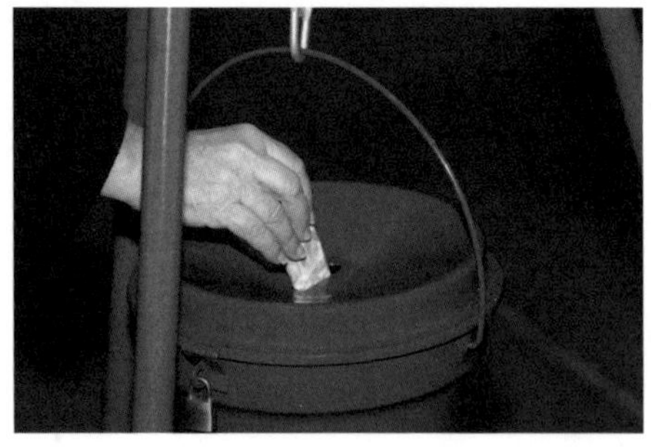

이미지=
게티이미지뱅크

12월은 한 해를 마무리하고 내년을 준비하는 중요한 시기입니다. 지나온 한 해 동안 어떤 사건과 이슈가 있었고 내년에는 어떤 상황이 예상되고 어떻게 대응하는 것이 좋을지를 생각해 보겠습니다. 특히 2022년을 전망하면서 어떤 펀드상품 투자가 새해에 유망한지 같이 알아보겠습니다.

아래 그림은 통계청에서 1년 동안 뉴스에 많이 언급된 경제 분야 주요 키워드를 정리한 내용입니다. 먼저 2021년 뉴스에서 제일 많이 언급된 톱5 키워드를 살펴보겠습니다.

첫째, 신종 코로나바이러스 감염증(코로나19) 입니다. 어느 누구도 2년여 넘게 마스크를 계속 쓸 거라고 예상하지 못했습니다. 얼굴을 가리는 답답한 마스크만큼 사람 간의 소통도, 경제의 활력도 떨어지는 한 해였습니다.

둘째, 금리입니다. 제로 금리와 유동성 공급으로 경제가 숨을 좀 쉬었는데, 하반기부터 시작된 한국은행의 금리 인상은 경제에 부담을 주고 있습니다. 그러나 이제 시작이라 앞으로의 추이를 잘 지켜보며 대응해야 하겠습니다.

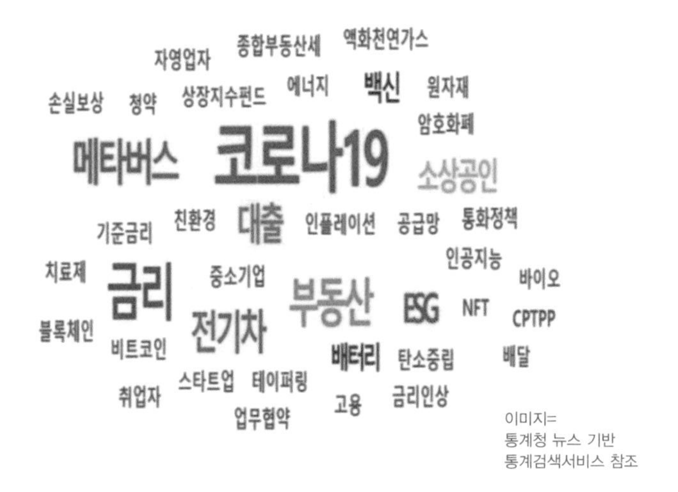

이미지=
통계청 뉴스 기반
통계검색서비스 참조

셋째, 부동산입니다. 부동산 투기를 잡으려고 한 많은 대책들이 결과적으로 부동산 가격을 급등하게 만들었습니다. 대출로 마련한 내 집이 대출제한과 금리상승으로 떨어질까 불안한 요즘입니다.

넷째, 메타버스입니다. 3차원 가상공간에서 업무, 쇼핑, 관광, 사무실 운영까지 가능해졌습니다. 코로나19로 메타버스의 도입, 확산 속도가 빨라졌습니다. 인터넷, 핸드폰이 전 세대에서 사용하게 됐듯이, 메타버스도 사용자 범위가 확대될 것으로 예상합니다.

다섯째, 전기차입니다. 현대차에서 내연차 엔진개발 조직을 폐지할 정도로 전기차가 대세입니다. 전기차에 빠르게 대응하는 기업, 관련 산업, 주식에 관심을 가져야 하겠습니다.

순위	2021 키워드	의미	2022 키워드	의미
1	코로나19	경제,사회,개인심리 위축	금리 인상	경제상황 위축
2	금리	경제를 움직이는 중요한 도구	인플레이션	물가상승의 여파 대비
3	부동산	개인생활의 기반으로 전국민 관심	테이퍼링	유동성 부족으로 경제흐름 제약예상
4	메타버스	코로나로 인해 빨라진 미래세상	대통령 선거	새로운 정책 기대
5	전기차	배터리 산업과 경제 견인 예상	코로나 치료약	일상과 정상으로의 복귀 기대

다가오는 2022년은 어떤 일들이 우리를 기다리고 있을까요? 키워드로 알아봅니다.

첫째, 금리 인상입니다. 돈의 가격이 올라가면 돈의 흐름이 좋지 않고, 주식시장에 공급이 원활하지 않습니다. 2022년은 주식시장과 경제에 상승보다는 횡보 혹은 어려움이 예상됩니다.

둘째, 인플레이션입니다. 물가가 올라가면 상품의 제조원가가 올라가 부담이 되지만, 올라가는 가격에 회사들의 수익성이 좋아지는 면도 있습니다. 물가상승에 잘 대응하는 기업과 잘 대응할 수 있는 산업에 관심을 가져야 합니다.

셋째, 테이퍼링입니다. 경기 불황에 대비해 천문학적으로 풀어준 유동성을 정상으로 회귀하려고 합니다. 경제가 최악의 시기를 지났다는 면도 있지만, 급격하게 유동성을 줄이면 경제시장에 안 좋은 영향과 충격이 올 수 있습니다.

넷째, 대통령 선거입니다. 3월에 있을 대선은 누가 당선되는지에 따라 정책의 기조나 방향이 달라질 수 있기 때문에 중요한 변곡점이 될 수 있어 관심을 가져야 합니다.

다섯째, 코로나 치료약입니다. 먹는 코로나 치료약의 공급이 잘되고, 효과가 예상대로 잘 나타난다면 비정상에서 정상으로 회귀, 즉 평범한 일상생활로의 복귀가 기대되고 경제여건에도 청신호를 줄 수 있습니다.

이러한 키워드로 내년 펀드 투자전략은 어떻게 접근해야 하는지에 대해 알아보겠습니다. 돈의 흐름과 공급이 원활하지 않고 코로나19의 끝이 예측되지 않습니다. 대통령 선거 등 각종 이벤트도 예정돼 있어 불확실성이 예년보다 커질 것으로 예상됩니다. 이에 따른 보수적인 상품 투자전략이 필요합니다. 수익을 많이 올리는 것보다, 잃지 않고 적정 수익을 확보하는 전략이, 단기투자보다 장기투자 관점이 필요합니다.

주가연계증권(ELS) 상품, 롱숏 펀드, 타깃 데이트 펀드(TDF) 상품, 은행 신종자본증권 등 변동성을 줄이고 수익을 쌓아가거나 확정수익을 예상할 수 있는 상품군을 추천합니다.

ELS 상품은 고위험 상품이지만 그중 지수로 투자하는 ELS 상품은 연 4~6% 안팎의 수익을 제공하고 최근 10년 내 미상환 상품이 거의 없을 정도로 안정적인 운용이 되고 있습니다.

롱숏 펀드는 시장이 하락하거나 횡보하는 장세에서도 일정 수익을 꾸준히 쌓아가는 전략을 추구하는 상품으로 변동성을 줄이고 일정 수익을 추구하는 투자자에게 적합합니다.

TDF 상품은 자산배분, 글로벌 분산 투자, 장기 관점으로 운용되고 있어 퇴직연금뿐만 아니라 일반 투자에도 영역이 확장되고 있습니다. 투자자산 중 중장기로 적정수준의 이익을 기대하고 투자하고자 할 때 적합한 투자상품입니다.

은행 신종자본증권은 장기채권이지만 발행사의 콜조건이 5년이며, 3개월마다 3%대의 확정금리를 제공하는 반면 신용위험은 크지 않아 보수적 투자자에게 적합한 상품입니다.

보다 고수익을 원하는 투자자는 투자자산의 10% 이내에서, 또는 적립식으로 일정금액을 이머징마켓에 투자하거나 전기차, 배터리, 메타버스 등 신사업과 섹터펀드에 투자해 변동성을 잘 관찰하면서 수익을 추구해 나가면 좋겠습니다.

내년을 보수적 상품전략으로 투자하는 것으로 예상했지만, 경제여건이 예상과 달리 좋은 일들만 발생하고 코로나19도 사라져 평범한 일상과 활기찬 경제시장이 오기를 기대해 봅니다.

10

베트남, 직접 가보고 얻은 투자 아이디어

(2022.11.28 기준금리 3.25% KOSPI지수 2,408.27)

– 주식시장 흐리지만 회복 기대돼

– 부동산 시장 견조한 상승세

– 한국 진출기업 성장 만만치 않아

베트남 호찌민 시내
이미지=
게티이미지뱅크

필자는 지난 11월 중순에 국내 유명사립대학교의 자산관리 최고위 과정의 연수과정으로 베트남 호찌민시를 방문했습니다. 3박 4일 일정이었는데 자료로만 보던 베트남 경제를 제대로 이해하는 데 큰 도움이 됐습니다.

현지에 진출한 한국 제조기업, 해외은행 중 1위인 신한은행 베트남 본점을 방문했습니다. 베트남 현지에서 펀드를 운용하는 운용사 대표로부터 베트남 경제와 주식시장에 대한 브리핑을 들었습니다. 그리고 현지 부동산 전문가로부터 부동산 현황 소개와 현장을 방문하는 기회를 가졌습니다.

베트남은 한반도 면적의 1.5배 면적의 영토와 약 1억 명의 인구를 가지고 있습니다. 40대 이하 양질의 젊은 인구가 많아 이머징마켓 중 매력적인 투자처로 각광받고 있습니다. 국내에서도 삼성전자를 비롯해 많은 국내 회사가 진출해 있고, 개인투자자들은 주식 · 펀드 투자와 현지 부동산에 관심을 가지고 있습니다.

먼저 호찌민시 공단지역에 위치한 JS 코퍼레이션 공장을 견학했습니다. 명품 핸드백을 주문자 상표부착생산(OEM)으로 만드는 공장이었습니다. 축구장 3~4개의 면적에 수천 명의 현지 직원이 질서정연하게 열심히 작업하고 있었습니다. 몇 년 전 20만 원대의 월 임금이 50만 원 수준까지 올라가고 원자재 가격의 상승으로 어려움이 있다고 합니다. 그렇지만 건실하게 운영이 되고 있다고 하는 현지 법인장의 얘기를 들으니 한국인으로서 뿌듯함을 느꼈습니다.

호찌민시 공단지역에 위치한 JS 코퍼레이션의 공장 내부/이미지=하준삼 현지 촬영

두 번째, 베트남 신한은행 본점을 방문했습니다. 신한베트남은행은 외국계 1위 은행으로 46개 지점에서 총 2,125명의 직원이 근무합니다. 해외에 진출한 한국은행이 현지 진출 한국기업과 교민영업을 대상으로 하는 데 비해 신한베트남은행은 현지 기업과 베트남 국민을 주력으로 영업하면서 고속성장을 기록하고 있습니다.

다음, 현지에서 베트남 펀드를 운용하고 있는 피데스(베트남)자산운용의 김광혁 대표로부터 베트남 경제 매크로와 증권시장에 대한 소개를 들었습니다. 국내에서 뉴스로만 접하던 경제 상황을 현지 펀드 운용사로부터 생생한 정보를 들을 수 있는 소중한 시간이었습니다.

베트남은 올해와 내년 세계에서 가장 높은 경제성장률이 전망된다고 합니다. 올 10월 기준 IMF는 베트남 국내총생산(GDP)을 2022년

7%, 2023년 6.2%로 전망했습니다. 베트남 정부는 내년 GDP 6.5% 성장을 목표로 했습니다.

올해 증시 하락은 증권시장의 내부 불안 요인들을 정리해 가는 과정에 변동성이 커진 것으로 김 대표는 봤습니다. 증권시장 불법 단속과 회사채 시장 안정화 정책으로 인해 주식 · 채권시장이 하락했다는 겁니다. 올해 주가지수 손실률이 36%인 만큼 장기투자자에게 좋은 매수 기회가 될 수 있다고 전했습니다.

호찌민 고급 아파트에 있는 풀에서 본 리버 뷰 전경/이미지=하준삼 현지 촬영

마지막으로 호찌민에서 20년 넘게 거주하며 현지 부동산을 운영하는 최영애 대표로부터 부동산 현황 · 제도에 대한 설명을 듣고 현지 부동산 몇 군데 현장을 둘러봤습니다. 베트남에서 부동산 매매의 경우, 매수자는 세금과 비용이 없고 매도자만 일정 수수료를 내게 돼있어 매

매가 활발한 편이라고 합니다. 외국인과 자산가들이 선호하는 고급 아파트의 경우 3.3㎡당 분양가가 2,000만 원 이상이라고 합니다. 분양 후 4,000만 원까지 올라가는 등 우리나라처럼 입지에 따라 많은 차이가 있다고 합니다.

직접 방문해 내부 시설을 살펴봤는데 국내 고급 아파트와 비교해도 손색이 없었습니다. 고층 중간에 있는 풀에서 바라보는 리버 뷰는 마치 휴양지에 있는 고급 호텔처럼 느껴졌습니다.

이번 베트남 현지 연수를 다녀와서 느낀 점이 많았습니다. 베트남은 질 좋은 젊은 인구가 많고 외국인 직접투자(FDI)가 꾸준히 늘고 있어 고속성장이 기대되는 시장입니다. 과거보다 인건비 상승이 높아지는 것은 부담이 되고 있으나 향후 10~20년 이상 꾸준한 경제성장이 기대되는 시장입니다.

주식 · 펀드 투자는 향후 다른 지역 대비 더 좋은 상승을 기대할 수 있습니다. 올해 30% 넘게 하락한 것이, 글로벌 경제침체와 물가상승보다 내부 경제질서와 제도 정비 차원 부분이 더 큰 부분을 차지하고 있기 때문입니다. 지금부터 적립식으로 분산해 투자해 볼 것을 권해드립니다.

부동산 시장은 부동산 매매거래에 큰 제약이 없고 수요도 꾸준해 한국 투자자들이 현지 부동산에 투자해 임대 · 시세 차익을 볼 수 있는 기회는 당분간 이어질 것으로 봅니다. 다만 부동산투자, 임대수익을 국외로 인출하는 것을 매우 엄격하게 감독하고 있어서 이 부분에 대한 이해가 전제되고 투자돼야 할 것입니다.

이미지=게티이미지뱅크

현지에 있는 동안 매일 아침 호텔 근처에 있는 스타벅스를 방문했습니다. 근처 맥도널드, 뚜레쥬르 등을 방문해서 커피값을 봤는데, 한국 돈으로 맥도널드와 뚜레쥬르는 1,800원 정도였고, 스타벅스는 3,000원 수준이었습니다. 가격을 떠나서 매장의 형태와 맛이 한국의 스타벅스와 거의 똑같아서 글로벌 표준이 되는 것이 중요하다는 것을 느꼈습니다.

현지에 GS25 편의점이 여러 개 있는 것을 봤는데, 내부가 깔끔하게 운영되는 데 비해 물건가격이 현지 마트보다 조금 비싼 편이어서 아직 활성화돼 있지는 않다고 현지 가이드가 귀띔을 해주었습니다.

베트남 펀드는 올해 큰 폭의 손실이 있었지만, 내부 제도 정비 후 하락 폭을 만회하고 견조한 상승을 기대할 수 있어 적립식 분할 투자가 유망해 보입니다. 부동산은 임대 · 매매 수익을 현지에 재투자한다면 좋은 투자처인 데 비해 국내로 투자수익 반출이 어렵다는 점을 감안하고 투자 결정이 돼야 하겠습니다.

해외증권 · 펀드 투자 시 매번 그 나라를 직접 방문해 조사하고 투자하는 것은 현실적으로 어려운 일입니다. 그러나 관광이나 출장으로 그 나라를 방문할 기회가 있다면, 현지의 글로벌 프랜차이즈 가게나 주유소의 휘발유 가격, 현지 물가 등을 비교해 보면서 투자 팁을 가져 보는 것도 좋겠습니다.

III.

핵심 금융상품, 모르면 나만 손해

01 금(金) 투자, 나에게 맞는 투자방법 따로 있다

(2021.6.13 기준금리 0.50% KOSPI지수 3,249.32)

– 금 투자, 한정된 자원으로 인플레 헤지 가능
– 단기투자라면 금융상품 고려… ETF, 펀드, 골드뱅킹 등
– 장기적으로는 골드바 등 실물투자 유리

이미지=
게티이미지뱅크

최근 몇 년 동안 국내 부동산 시장은 젊은 세대가 감당하기 힘들 정도로 급격하게 가격이 상승했습니다. 필자는 직장 내 젊은 부부들에게는 부동산 시세와 상관없이 감당할 수 있는 범위 내에서 내 집 마련을 빨리하라고 이야기합니다. 부동산으로 이익을 올리라고 하는 것이 아닙니다. 꾸준히 상승하는 부동산을 조기 매입해서 가격 리스크를 없애

라고 조언을 하는 것입니다. 주식, 채권 등 금융상품과 달리 주거용 부동산은 이자, 배당이 없습니다. 하지만 부동산이라는 실체가 존재하기 때문에 안정적인 자산으로 인식되는 겁니다.

금(金)도 부동산과 같이 실물자산으로 오랜 시간 꾸준한 수요를 가지고 있는 상품입니다. 우리나라 집집마다 반지, 목걸이를 비롯한 장신구를 포함해서 금이 없는 가구는 거의 없을 정도입니다. 이처럼 친숙한 귀금속 중 하나인 금과 아파트와 같은 부동산을 비교하면 어떤 차이점이 있을까요?

부동산과 금은 모두 한정된 자원으로 인플레이션 헤지 자산(물가상승 시 이를 보완해 주는 자산)입니다. 가격 추이를 비교해 보겠습니다. 주택 가격이 꾸준히 상승한 반면, 금은 10년 주기로 상승과 하락하는 주기를 보여줍니다. 주택은 사람이 거주하기 위한 필수재의 성격을 가지고 있지만, 금은 산업 수요를 제외하면 실생활에 꼭 없어도 되는 기호 상품에 속합니다. 따라서 현재 전 국민이 주거용 부동산 가격에 초미의 관심을 가지고 있는 반면, 금은 선물용으로 접근하는 것이 일반적인 상황입니다.

금을 투자하는 여러 가지 방법에 대해서 알아보겠습니다.

국제 금 거래단위는 트로이온스(t.oz) 단위로 거래됩니다. 1t.oz는 31.1g이고, 국내의 전통적인 거래단위인 1돈은 3.75g입니다. 국제 금

가격은 1oz당 달러화로 거래되고 현 시세는 1,900달러 내외(1oz당), 국내 금 가격은 국제 금 가격을 1g당 원화 가격으로 환산해 고시하고 거래합니다. 1g당 6만 5,000원 안팎(2023년 3월 기준, 8만 원 내외)에서 거래되고 있습니다.

금 투자는 다른 금융상품처럼 이자와 배당이 없고, 수요와 공급에 의해서 가격이 결정됩니다. 때문에 메인 투자자산보다는 포트폴리오 분산차원에서 5년 이상 장기투자로 접근하는 것이 좋습니다. 단기투자로 접근하는 경우 골드 ETF, 금 펀드, 골드뱅킹 등으로 투자할 수 있습니다. 3년 이상 중장기투자를 생각하는 투자자라면 골드통장, 골드바를 매입하는 방법이 있습니다.

구분	금 ETF	금 펀드	골드바	금 통장(골드뱅킹)
세금	이익금의 15.4% 원천징수	이익금의 15.4% 원천징수	매입 시 부가가치세 10% 매도 시 비과세	이익금의 15.4% 원천징수
장점	실시간 거래 레버리지 투자 가능	분산 투자, 적립식 투자 가능	금 실물 보유	소액으로 투자가능
단점	괴리율 발생	금 가격과 수익률 직접 연동 안 함	상대적 장기투자	거래누적에 따른 수수료 증가

금 가격은 수요와 공급, 달러화의 가치, 원자재 상품가격 등 변동요소에 의해 주로 영향을 받습니다. 대표적인 안전자산인 미 달러화와 비교하여 달러화 가치가 올라가면 금 가격이 떨어지고, 달러화 가치가

내려가면 금 가격이 올라가는 것이 일반적인 현상입니다. 최근에는 시장의 변동성 증가와 인플레이션 헤지 수요가 몰리면서 미 달러화와 골드 가격이 동반 상승하기도 했습니다. 여기에 보태 금을 거래하는 사람들의 심리에 큰 영향을 받기도 합니다.

금 가격에 연동해서 거래하는 방법으로는 ETF와 금 통장(골드뱅킹) 거래가 있습니다. ETF는 주식시장에 상장되어 있는 금 인덱스펀드를 시가대로 매입과 매도를 합니다. 금 가격에 연동되지만 펀드로 운용됩니다. 일정 부분 괴리가 발생할 수 있습니다. 금 ETF는 주식매매처럼 실시간으로 거래 가능합니다. 주식투자를 병행하는 공격형 투자자나 시장 상황을 예측해서 적극적인 수익을 추구하는 투자자에게 적합합니다.

금 통장으로 금을 사고파는 것은 그램(g) 단위(소수점 단위도 가능) 또는 원화 금액을 입력하면 금액에 해당하는 금을 그램으로 환산해 매입할 수 있습니다. 적립식으로 주기적으로 금을 매입할 수 있고, 필요할 때마다 자유롭게 매입하는 것도 가능합니다. 적립된 금은 일부 또는 전부 매도가 가능하고, 실제 금으로 인출하려면 10%의 부가가치세를 부담하면 됩니다. 금 실물을 은행통장으로 꾸준히 모으고자 하는 직장인에게 적합합니다.

골드바 투자는 주로 100g, 1kg 단위로 판매하고, 매입 시에는

10%의 부가가치세를 부담해야 합니다. 매도 시에는 세금이 별도로 발생하지 않습니다. 국제 금 가격 및 원 · 달러 환율에 따라 매일 매매 시세가 달라집니다. 시간을 두고 증여 · 상속 차원에서 골드바를 매입하는 경우도 있지만, 자산 포트폴리오 분산차원에서 골드바 투자를 고려하는 것이 바람직합니다. 자산의 일정 부분을 분산 투자 하고자 하는 자산가들에게 적합합니다.

금 펀드의 가장 큰 차이점은 금에 직접투자 하는 상품이 아니라는 것입니다. 금 관련 산업, 금광회사 등의 주식에 투자하는 상품입니다. 금 실물가격의 변동에 따라 같은 흐름을 보이지만 100% 금 가격에 연동하지 않습니다. 국제 반도체 가격이 상승하면 그 상승 폭만큼 삼성전자나 하이닉스의 주식가격이 따라가지 않는 것과 같은 이유입니다. 대신 보유주식의 주가 상승과 배당금의 이익을 기대할 수 있습니다. 장기, 분산 투자를 하고자 하는 펀드 투자자에게 적합합니다.

필자는 아침에 업무를 시작할 때 스마트폰 뱅킹을 이용해 골드통장에 0.2g(1만 3,000원 내외)과 실버통장에 10g(1만 원 내외)을 매입합니다. 그러면서 매일의 골드, 실버 시장 상황과 수익률 체크를 합니다. 골드바를 매입 또는 매도하고자 하는 고객분들과 상담을 위해서 매일 반복하는 일정입니다.

금은 변동성이 있는 자산이지만, 실물을 바탕으로 거래하는 상품입니다. 대상 자산이 한정되어 있고, 물리적으로 없어지지 않는 특성이 있습니다. 10년을 적립식으로 꾸준히 사 모아서 투자한다면 시장 수익률 이상의 수익을 기대할 수 있습니다. 내가 투자한 자산이 없어지지 않고, 꾸준히 장기투자가 가능한 금을 투자자산의 일정 부분으로 투자하는 것을 추천드립니다.

02 직장인 필수 금융상품, 딱 2가지만 알려드립니다

(2021.7.21 기준금리 0.50% KOSPI지수 3,215.91)

– 직장인이면 청약과 IRP 필수가입 해야

– 청약저축, 내 집 마련 디딤돌…소득공제, 세제 혜택

– IRP, 노후자금 준비에 세제 혜택까지

이미지=
게티이미지뱅크

필자는 "은행에서 꼭 가입해야 하는 상품은 어떤 상품인가요?"라는 질문을 많이 받습니다. 이때마다 첫 번째로 꼽는 상품이 '청약저축'입니다. 청약저축은 일정 자격 요건을 갖추면 주택청약을 할 수 있습니다. 요즘처럼 아파트 가격이 급격히 오르는 상황에서 위치가 좋은 지역에 청약이 당첨되면 로또에 당첨되는 것만큼의 수익이 발생하는

경우도 있습니다.

그러나 필자가 생각하는 청약저축의 장점은 다음과 같습니다. 자유롭게 불입하면서 만기가 없고 원금과 이자가 보장되는 상품이라는 것입니다. 덤으로 소득공제의 세제 혜택까지 있어, 대한민국 국민이라면 꼭 하나씩 가입해야 하는 상품입니다.

청약저축처럼 꼭 가입해야 하는 상품 중 추천해 드릴 상품은 'IRP' 입니다. IRP는 Individual Retirement Pension의 약자로 '개인형 퇴직연금'으로 풀이되지만, 일반적으로 IRP 용어를 더 많이 씁니다. 예전에는 퇴직금을 수령한 은퇴자가 퇴직금을 넣고 운용하는 상품으로만 인식됐지만, 세제 혜택과 운용할 수 있는 상품이 확대되면서 가입자가 늘고 있습니다.

가입대상은 퇴직금을 수령한 자 외에 근로자, 자영업자, 연금 가입자(공무원, 사립학교 교직원, 군인, 경찰 등)입니다. 가입금액은 연간 1,800만원(전 금융기관 합산) 한도로 자유롭게 납입이 가능합니다.

청약저축과 IRP 상품의 간단한 요약입니다.

구분	청약저축	IRP
가입 대상	전 금융기관 1인 1계좌	금융기관별 1계좌
불입 한도	회차별 2만~50만 원 (1,500만 원까지 금액 제한 없음)	연간 1,800만 원 (1주택 고령, 1억 원) (전 금융기관 합산)
세제 혜택	연간 240만 원 소득 공제 (총급여 7,000만 원 이하 근로자로 무주택 세대주)	연간 600만 원 세액 공제 (연금저축 합산 900만 원)

IRP의 장점은 세제 혜택과 장기 자산운용 2가지입니다.

첫째, 세제 혜택입니다.

- 세액공제 : 2023년부터는 소득과 무관하게 연금저축과 합산하여 연간 최대 900만 원까지 세액공제가 가능합니다. 연금저축 600만 원이 있는 경우라면 IRP에 연간 300만 원까지 추가 납입이 가능합니다. 또한 IRP는 세제혜택 측면에서 매력적인 금융상품으로 연간 납입한도가 1,800만 원까지 제한되어 있었으나, 2023년부터는 60세 이상 1주택 고령가구가 가격을 낮추어 이사하는 경우 그 매각자금 중 1억 원 한도로 추가 납입이 가능합니다.

- 과세이연(세금부과를 특정 시점까지 연기) 효과 : IRP 내에서 발생한 이익에 대하여 인출이나 연금을 수령하기 전까지 세금을 징수

하지 않으므로 해당 금액을 운용할 수 있습니다. 즉 과세이연으로 인한 자금에 대한 추가운용이 가능하므로 추가수익이 발생합니다.

- 연금소득 저율 과세 : 세액공제 받은 원금과 여기서 발생한 수익을 향후 인출 시 소득세를 내야 하는데, 이를 연금형태로 수령하면 3.3~5.5%의 저율로 과세를 받습니다. 더불어 2023년부터는 1,200만 원을 초과하는 경우에도 종합소득으로 합산되지 않고, 16.5% 분리과세 종결 옵션을 부여하여 연금으로 수령하는 것이 더욱 유리해졌습니다.

둘째, 장기적으로 자산운용이 가능합니다. IRP는 개인부담금을 자유롭게 납입하고 개인이 자산운용을 하다가 55세 이후 연금으로 수령이 가능한 상품입니다. 따라서 30대에 가입하면 최소 20년 이상, 40대에 가입하면 10년 이상 장기적으로 자산관리가 필요한 상품입니다.

이렇게 10년 이상 장기적으로 자산관리를 하게 되면, 가입한 IRP의 수익률이 평균 주식시장의 수익률을 따라간다고 가정하면 연금을 수령하는 시기에 국민연금 등 공적연금, 개인연금을 포함한 자산에 추가하여 긍정적인 보탬이 될 것입니다.

몇 년 전만 하더라도 IRP의 운용자산 대부분은 정기예금을 포함한 원금보장형 상품이었습니다. 그러다가 퇴직연금의 자산 규모가 커지고, 물가상승률에도 미치지 못하는 운용수익률에 불만을 가지는 투자자들이 늘어나면서, 펀드를 포함한 투자상품을 포트폴리오에 분산해서 투자하는 비중이 커지게 되었습니다.

PB센터를 거래하는 자산가분들 중 IRP 상품운용은 2가지로 나뉩니다. 첫째, 펀드 등 투자상품은 충분히 하고 있으니, IRP 내 운용 상품은 정기예금 등 안전한 상품으로 운용하겠다. 둘째, 전체 자산 대비 비중은 크지 않지만, 매년 불입하는 1,800만 원에 대해서도 수익성에 입각해서 운용하겠다는 것입니다. 최근에는 위 두 그룹 중 후자의 비중이 증가하고 있습니다.

최소 10년 이상 투자하고 자산을 운용해야 하는 IRP는 수익률이 매우 중요합니다. 10년간 1억 원을 투자한다고 하면, 안정형 자산으로 2% 남짓의 수익을 올릴 것인가, 아니면 펀드 투자로 10%의 수익을 올릴 것인가에 따라 10년 뒤에 상황은 크게 달라질 것입니다.

필자도 퇴직연금 부서에서 근무했습니다만, 몇 년 전까지만 하더라도 IRP 내에서 펀드를 신규하고 다른 상품으로 변경하는 것이 불편했습니다. 인터넷 및 모바일 앱은 물론 일반 영업점에서도 업무처리가 원활하지 않았습니다. 그리고 IRP 내에서 투자 가능한 펀드상품도 많지 않았습니다. 이러한 이유로 펀드 투자보다는 정기예금에 가입하는 경우가 많았습니다.

그러나 현재는 퇴직연금 시장이 커짐에 따라 금융기관별로 퇴직연금, IRP에 대한 전산, 인프라 투자를 많이 하고 있습니다. 인터넷 뱅킹뿐만 아니라 모바일 앱에서도 다양한 업무처리가 가능합니다. 보유상품 변경, 펀드상품 신규 및 해지, 운용현황 · 수익률 조회 업무 등이 투자자가 쉽게 접근할 수 있도록 개선됐습니다. 또한, 나이 및 투자성향에 맞는 상품추천 등의 업무도 가능합니다.

필자의 경우에도 IRP 초기 운용 시에는 모든 자산이 정기예금이었습니다. 펀드를 여러 가지 가입하여 관리하고 있는데, IRP까지 펀드로 관리하는 것이 귀찮았고 시스템도 따라주지 않았기 때문입니다. 그러나 적립금이 늘어나고 어차피 연금으로 지급받을 때까지 장기운용을 하는 상품이기 때문에 수익률이 중요해졌습니다. 현재는 운용자산의 대부분을 펀드로 운용하고 있습니다.

다음 그림은 7월 15일 기준 필자의 최근 IRP 수익률입니다. 100% 만족스러운 수익률은 아니지만, 시장의 수익률을 따라가기 위해서 운용에 신경을 쓰고 있습니다.

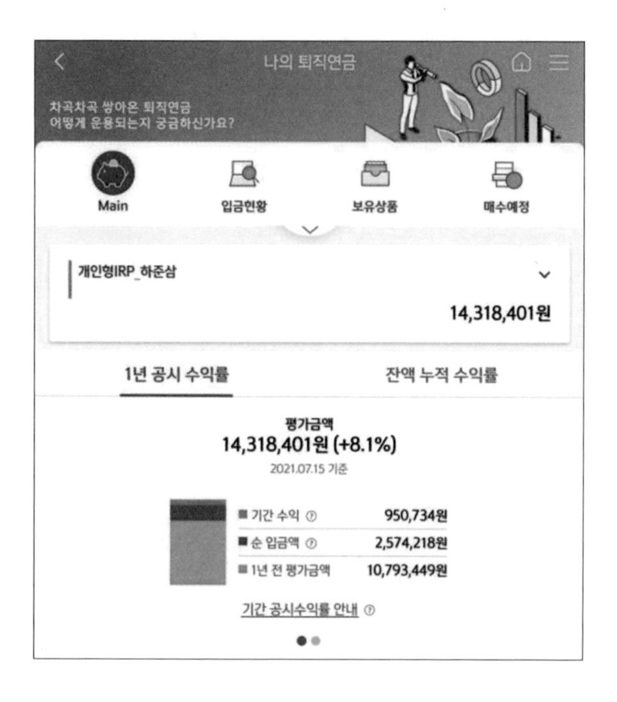

필자는 29년 차 결혼생활을 하고 있는데, 후회하고 있는 것 중 하나가 결혼 초기에 좀 더 빨리 내 집 마련을 할 걸 하는 후회입니다(다행스럽게도 최근의 부동산 가격이 급등하기 몇 년 전 내 집 마련에 성공했습니다).

IRP도 마찬가지입니다. 조금이라도 빨리 운용자산을 펀드상품으로 두고 수익률 개선에 신경을 쓰면 어땠을까 하는 후회가 남습니다. 지금은 연간 세제 혜택을 받을 수 있는 한도까지 불입하고 있는데, 최대 1,800만 원까지 불입할 수 있기 때문에 앞으로 투자 한도를 늘릴 계획입니다.

IRP는 장기로 운용을 해야 해서 운용 및 관리에 부담이 될 수 있습니다. 각 판매사에서 제공하는 추천상품을 검색해 보고, 판매 상담사와 상담을 하면서 본인의 나이와 투자성향에 맞는 펀드를 선택하고 운용해 본다면 좋은 성과를 기대할 수 있습니다.

펀드를 주기적으로 관리하는 데 부담이 된다면, TDF(Target Date Fund)를 이용하면 좋습니다. 관리의 번거로움도 덜고, 적정 수익률도 기대해 볼 수 있습니다.

요약하자면, 청약저축이 없는 분들은 주택청약을 하지 않더라도 장기적금으로 꼭 가입하시기 바랍니다. 그리고 직장생활을 하는 분이라면 세제 혜택과 장기투자가 가능한 IRP에 가입할 것을 추천드립니다.

IRP 운용은 장기운용이 기본이므로 본인의 투자성향에 맞는 펀드 선택을 하고, 꾸준한 성과를 통하여, 노후에 국민연금, 개인연금 등과 함께 노후자금으로 잘 활용할 수 있도록 관심을 가져보시기 바랍니다.

03 현금으로 세금 돌려받는 방법

(2021.10.27 기준금리 0.75% KOSPI지수 3,025.49)

– 연말까지 입금해야 세제 혜택 보는 상품

– 개인형 IRP, 연금저축 등 따져봐야

– 초보 투자자 TDF 상품 살펴볼 만

이미지=
게티이미지뱅크

"찬 바람이 불면, 내가 떠난 줄 아세요. 스쳐 가는 바람 뒤로 그리움만 남긴 채…" 1990년대 인기 있었던 가수 김지연의 노래 가사입니다. 계절이 바뀌는 시기에, 차분하고 조용한 내용의 가사여서 따라 부르곤 했었습니다. 은행에서는 연말이 다가오고, 기온이 내려가는 쌀쌀한 날씨가 되면 연말까지 입금해야 세금 혜택을 보는 상품에 대한 문의가 늘면서 가입도 증가합니다.

자산가분들은 세금에 대해 관심이 많습니다. 금융소득 종합과세의 세율에 대해서도 신경을 많이 씁니다. 연간 금융소득이 2,000만 원을 초과하는 경우, 금융소득을 다른 소득과 합산해 누진세율로 과세하는 것이 금융소득 종합과세 제도입니다. 금융소득 2,000만 원 초과 소득에 대해 최대 49.5%(지방소득세 포함)까지 과세될 뿐만 아니라, 소득이 올라갈수록 건강보험료도 추가로 발생하게 되므로 세제 혜택이 있는 상품을 대부분 이용합니다.

필자와 같은 직장인들은 개인별로 적용받는 상품을, 한도 범위 내 불입하는 것이 바람직합니다. 세제 혜택 상품에 가입하고 입금하느냐, 아니냐에 따라 월급계좌에 들어오는 현금 숫자가 달라집니다.

세제 혜택 상품은 크게 3가지로 비과세, 세액공제, 소득공제 혜택 상품으로 나눠집니다.

구분	정의	대상 상품	세제 한도
비과세	세율 0%, 과세 적용되지 않음	비과세종합저축 비과세보험 ISA	최대 5,000만 원 최대 1억 원 최대 2,000만 원
소득공제	과세표준 이전에서 세금을 줄여줌	주택청약종합저축 노란우산공제부금	최대 96만 원 최대 500만 원
세액공제	과세표준 이후에서 세금을 줄여줌	개인형IRP 연금저축	최대 900만 원 최대 400만 원

먼저 비과세 상품입니다. 비과세는 적용받는 세율이 0%로, 세금은 전혀 납부하지 않습니다. 비과세종합저축은 만 65세 이상 거주자, 장애인, 독립유공자 등을 대상으로 개인별 5,000만 원까지 가입 가능합니다. 비과세보험은 일시납 1억 원, 적립식 월 150만 원이 납입한도이며, 적립식은 5년 이상, 일시납은 10년 이상 경과해야 세제 혜택을 받습니다. 개인종합자산관리계좌(ISA) 상품은 순이익 200만 원까지 비과세(서민형은 400만 원까지), 초과분은 9.9%로 분리과세됩니다. 대신 연간 불입한도가 2,000만 원으로 제한됩니다.

세금 산출의 과정은 과세표준의 이전과 이후로 나눠집니다. 과세표준이란 세금이 적용되는 세율의 대상이 되는 금액을 말하는 것으로, 이 과세표준이 낮을수록 적용받는 세율이 줄어듭니다. 소득공제란 과세표준을 낮추기 위한 공제, 즉 감면입니다. 예를 들어 연간 소득금액을 5,500만 원을 기준으로 세율이 결정되느냐, 4,500만 원을 기준으로 과세표준이 결정되느냐에 따라 세율이 달라집니다. 아래 표에서 5,500만 원은 24%, 4,500만 원은 15% 세율로 적용된다는 것을 알 수 있습니다.

● 2023년 소득세율 ●

과세표준		세율	누진 공제액
초과	이하		
	1,400만 원	6%	
1,400만 원	5,000만 원	15%	126만 원
5,000만 원	8,800만 원	24%	576만 원
8,800만 원	1억 5,000만 원	35%	1,544만 원
1억 5,000만 원	3억 원	38%	1,994만 원
3억 원	5억 원	40%	2,594만 원
5억 원	10억 원	42%	3,594만 원
10억 원		45%	6,594만 원

세액공제는 소득공제와 달리 과세표준 이후에서 세금을 줄여주는 기능을 합니다. 과세표준에서 세율을 곱한 금액을 산출세액이라고 하며, 산출세액에서 세액공제금액을 뺀 금액이 실제로 납부해야 할 결정세액인데, 세액공제가 클수록 실제로 납부해야 할 결정세액이 줄어들게 됩니다.

소득금액
− 소득공제

과세표준

과세표준 × 세율 = 산출세액
− 세액공제

과세표준

몇 달 남지 않은 연말까지 불입하는 금액에 대해, 세금을 돌려받을 수 있는 세액공제 상품에 대해서 더 알아봅니다.

구분	개인형 IRP	연금저축
세제한도	납입금액 연 900만 원	납입금액 연 600만 원
	IRP + 연금저축 합산 최대 900만 원 한도	
공제한도	총급여 5,500만 원 이하, 최대 148만 5,000원 (900만 원×16.5%) 총급여 5,500만 원 초과, 최대 118만 8,000원 (900만 원×13.2%)	

위 표에서 총급여 5,500만 원 이하인 경우, 연간 900만 원을 개인형 퇴직연금(IRP)에 불입하면 최대 148만 5,000원을 납부한 세금에서 다음 해에 돌려받습니다(900만 원×세액공제율 16.5%=148만 5,000원).

그리고 IRP+연금저축을 합산해 연간 최대 1,800만 원까지 불입할 수 있고, 세액공제는 900만 원 납입분까지 가능합니다. 1,800만 원까지 분리과세가 되기 때문에 금융소득 종합과세에 해당되는 투자자들은 1,800만 원을 연말까지 채우는 경우가 일반적입니다. 개인형 IRP와 연금저축상품은 5년 이상 납입하고, 만 55세 이후 연금을 수령하는 상품으로 장기적인 관점에서 꾸준히 금액을 납부하고, 정기예금과 펀드, 보험 등 다양한 상품에 분산 투자를 해 수익률 관리를 하는 것이 필요합니다.

연금수령 시기가 5년 이상 충분히 남아있는 경우에는 펀드 등 투자 상품을 적절하게 자산배분하여 투자하면 세금이연 효과와 장기투자성과를 같이 기대할 수 있습니다. 펀드 투자에 자신이 없거나 경험이 부족한 초보 투자자들은 타깃 데이트 펀드(TDF) 상품을 포트폴리오에 일정 부분 배분해 투자하는 것도 좋은 대안입니다.

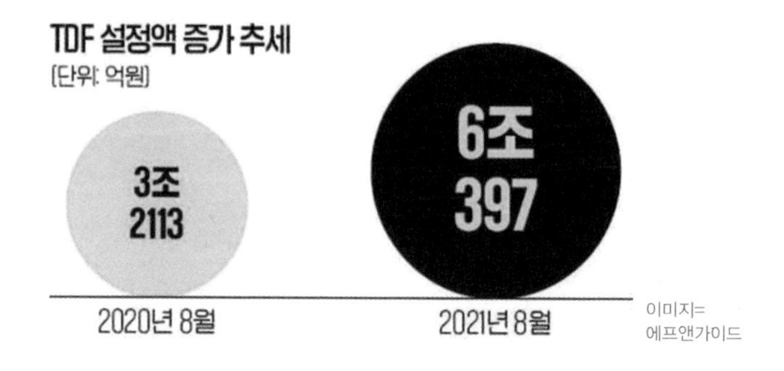

필자는 그동안 700만 원 한도에 맞게 IRP 상품에 입금하고 50세 이상에 해당 되어 200만 원을 추가 입금했습니다. 2023년부터는 나이와 상관없이 900만 원까지 가능하므로 기존과 동일하게 세액공제 한도까지 입금할 예정입니다. 그리고 TDF 펀드를 포함해 다양한 국내, 해외펀드상품에 분산하여 투자하고 있습니다.

날씨가 차가워지고, 연말이 다가오면 연초에 계획했던 일들에 대해서 잘 진행이 되고 있는지 확인도 하고, 마무리를 잘하기 위해 관리가 필요한 시점입니다. 이와 더불어 조금만 신경 쓰면 세금 혜택을 받을 수 있는 상품을 체크해 납입한도만큼 불입하면 2024년에 세금을 더 돌려받을 수 있습니다. 옆의 동료는 세금을 현금으로 돌려받는데, 나는 소외되지 않도록 잘 챙겨보시기 바랍니다.

매년 찬 바람이 부는 계절이 되면, 세제 혜택 상품에 대해 점검해 보고, 한 해를 잘 마무리할 수 있도록 다른 일들도 함께 점검하는 시기가 됐으면 좋겠습니다.

04 안전성+수익성 '은행 신종자본증권'을 아시나요

(2021.10.13 기준금리 0.75% KOSPI지수 2,944.41)

– 공격투자형 상품으로 분류되지만, 은행 금융지주 신종자본증권은 안정적

– 은행 정기예금 대비 수익률 2배, 신용등급 등 신용도 잘 살펴야

– 원금상환 미뤄질 수도, 중도에 환매하여 유동성 확보하기는 어려워

이미지=
게티이미지뱅크

신종 코로나바이러스 감염증(코로나19) 사태 이후 유동성 공급, 백신 보급에 힘입어 약 1년 반 가까이 이어져 온 주식시장의 강세장이 조정기를 보이고 있습니다. 미국 중앙은행(Fed)의 긴축전환 시사에 따른 금리상승, 원자재 가격상승, 중국 정부의 규제 강화 등 불확실성이 확대되고 있습니다.

시장전문가들은 추세의 하락보다는 당분간 박스권 내에서 등락을 보일 것이라는 데 무게를 두고 있습니다. 60km로 달리던 경제 자동차가 위기극복을 위해 100km로 조금 과속하다 다시 정상속도인 60km로 가속 페달을 바꾸고 있는 것입니다. 글로벌 정상화라는 큰 흐름은 보이겠지만, 시장의 변동성은 커지면서 제한된 하방과 상승 속에서 지루한 양상을 보일 것으로 예상됩니다.

고액 자산가들의 자산을 관리하는 PB(프라이빗 뱅커) 팀장으로서 만기가 돌아온 자금에 대해, 신규로 투자할 자금운용에 대해 문의를 받을 때, 요즘은 좀 더 보수적인 관점에서 권유할 수 있는 상품을 안내하고 있습니다. 투자자들은 최근 변동성이 확대된 시장 상황에선 만기와 금리는 확정돼 있으면서, 적정한 수익률의 상품을 요구하고 있습니다.

여기에 부합하는 상품이 금융지주회사 신종자본증권입니다. 정기예금보다 높은 금리는 받으면서, 주식이나 펀드보다 안정적으로 투자하길 원하는 투자자에게 적합합니다. 특히, 은행권 금융지주회사가 발행하는 신종자본증권을 추천합니다.

신종자본증권은 만기가 정해져 있지만 발행하는 회사의 결정에 따라 연장할 수 있어 회계상 자본으로 인정되는 채권입니다. 대신 회사가 금융당국으로부터 부실금융회사로 지정되면 채권이자 지급을 중단할 수 있고 청산 때 상환순위도 후순위여서 금리가 높은 편입니다.*

* 한경 경제용어사전, https://dic.hankyung.com/

대부분의 은행권 금융지주회사가 신종자본증권을 발행하는 이유는 동 채권이 자기자본으로 인정받아 각종 규제기준의 대상이 되는 BIS 기준 자기자본비율을 유지하는 데 활용할 수 있기 때문입니다.*

은행권 금융지주회사가 발행하는 신종자본증권의 주요 사항에 대해서 알아보겠습니다.

● 금융지주회사 신종자본증권의 일반적 내용 ●

구분	내용	비고
상품명	○○금융지주 신종자본증권	주요은행 지주회사 발행
투자위험	1등급(매우 높은 위험)	
신용등급	AA	발행사 신용등급 AAA
예상금리	연 2.8~3.5% 내외	
만기	영구채(콜조건 5년)	
수수료	1~1.5% 내외	연 0.2~0.3% 수준

* BIS 자기자본비율 : 국제결제은행(BIS, Bank for International Settlement)이 정한 위험자산 대비 자기자본비율로 최소 8% 정도의 자기자본을 가지고 있어야 위기 상황에 대처할 수 있는 것으로 보며, 국내 시중은행의 경우 대부분 12% 이상을 상회하고 있음

은행 정기예금 대비 수익률 '2배'…
신용등급 잘 살펴봐야

장점입니다. 첫 번째는 은행 정기예금 대비 약 2배의 수익률로, 3개월 단위 확정금리 이자를 지급받는다는 것입니다. 현재 정기예금 1년 금리 수준이 약 1.4% 내외인데, 금융지주회사 발행 신종자본증권의 수익률은 약 2.8~3.5% 내외로 상대적으로 높은 수익률을 제공합니다.

둘째, 발행사인 금융지주회사의 신용등급이 AAA, 발행되는 채권의 신용등급은 AA로 높은 신용등급의 채권에 투자하게 됩니다. 회사채의 적격 투자등급이 BBB 이상이니까, 국내 최상위등급의 회사채에 투자하는 것입니다.

● 회사채 등급별 정의 ●

등급	내용	적격등급 여부
AAA	채무상환 능력이 최고 수준임	적격 투자
AA	채무상환 능력이 매우 높지만, AAA 등급에 비하여 다소 낮은 요소가 존재함	적격 투자
A	채무상환 능력이 높지만, 장래의 환경변화에 다소 영향을 받을 가능성이 존재함	적격 투자
BBB	채무상환 능력이 인정되나, 장래의 환경변화에 따라 저하될 가능성이 내포됨	적격 투자
BB	채무상환 능력에 당면문제는 없으나, 장래의 안정성 면에서는 투기적인 요소가 내포됨	투기 등급
B	채무상환 능력이 부족하여 투기적임	투기 등급
CCC~D	채무이행의 불확실성이 매우 높음	투기 등급

이렇게 신용도도 높고, 적정 수준의 이자도 지급하는 좋은 상품인데, 투자 리스크는 없을까요?

신종자본증권의 상품설명서를 보면, "원금 비보장, 원금 전액 손실 가능, 예금자보호상품 아님, 운용자산 위험도 1등급-매우 높은 위험"으로 돼 있어, 주식투자처럼 매우 위험하고 변동성이 큰 상품으로 설명돼 있습니다.

이러한 사항은 위험의 발생 가능성, 즉 확률이 높은지에 대한 것이 아닙니다. 해당 조건이 있는지, 없는지에 대한 표현입니다. 하나씩 내용을 살펴보면 1등급 위험의 상품이지만, '상대적으로 안정적 투자를 할 수 있겠구나' 하는 생각이 들 것입니다.

최근 발행한 KB금융지주 신종자본증권을 예로 들어서 발생 가능한 위험과 내용에 대해서 알아보겠습니다.

● 은행권 금융지주 신종자본증권의 위험별 내용 ●

위험 요인	내용	비고
원금 전액 손실 가능성	부실금융기관으로 지정 시 손실 가능	
이자 미지급 가능성	경영개선 권고 등 감독기관 조치받을 경우	
파산 시 변제 후순위	파산 시 채권 중 제일 후순위로 배당받음	
조기상환 미실행 가능성	발행 후 5년 시점에 원금 미상환	

위 표에서 보면 금융지주회사가 부실금융기관으로 지정받거나, 경영개선 권고 등 감독기관으로부터 조치를 받는 경우 이자 지급이 정지되고, 원금손실이 발생할 수 있습니다.

KB금융지주의 경우 올해 6월 말 기준 자본금이 45조 7,000억 원인데, 45조 7,000억 원의 손실이 발생하거나 금융지주회사 감독 규정에 의해 21조 7,000억 원의 손실이 발생하는 경우 이자 미지급, 원금손실 등의 위험요인이 현실화합니다. 그러나 KB금융지주는 올해 6월 기준 약 2조 5,000억 원의 순이익을 기록하고 있어, 위험조건이 현실화되기는 매우 희박합니다.

신종자본증권을 발행하는 금융지주회사의 신용등급은 AAA, 발행채권은 AA 등급입니다. 이 정도의 신용등급을 유지하기 위해서는 BIS 자기자본비율은 적정 수준 이상으로 유지하고, 이익과 배당도 상당 부분 발생하는 등 안정적인 회사 운용이 필요합니다. 따라서 본 상품 가입 시 신용평가회사에서 작성한 금융지주회사의 신용평가 리포트를 보고 재무지표를 일일이 확인하는 것도 필요하지만, 발행회사와 발행채권의 신용등급이 AAA, AA인 것을 보면 동 채권의 투자위험 발생 가능성을 예상할 수 있습니다.

그리고 신종자본증권의 투자위험은 1등급(매우 높은 위험)인데, 채권의 부실위험의 가능성 등 위험도 요인보다는 상품구조상 5년 후 원금

상환의 연기 가능성이 있고, 발행사의 콜옵션 조항, 파산 시 후순위라는 내용 등 변동성 사항이 여러 가지 있어 1등급을 받은 것으로, 발행회사의 신용도와는 별개 사항입니다.

단점에 대해서도 알아보겠습니다.

첫째, 신종자본증권은 만기가 없는 영구채로 발행되고, 발행 후 5년이 되는 시점에 발행사인 금융지주회사에서 채권을 되사주는 콜옵션을 행사하지 않는 경우 원금상환이 미뤄질 수 있습니다.

둘째, 5년 시점에 원금상환이 된다는 것을 감안해도 중도에 상품을 환매해 유동성을 확보하는 것이 어렵습니다. 채권시장에서 매수자를 찾아서 시장가격으로 매도하는 것이 가능하지만, 적정 수익을 확보하면서 매도하는 것은 쉽지 않습니다. 따라서 5년 동안 투자해 분기마다 이자를 꾸준히 받는 상품으로 이해하는 것이 좋습니다.

발행사인 금융지주회사에서 채권 발행 후 5년 시점에 콜옵션을 행사하지 않으면 어떻게 될까요? 금융지주회사 입장에서 대외신용도가 하락하여 해외채권 발행, 외화자금 차입 등의 거래에 제한을 받을 수 있습니다. 따라서 특별한 사유가 없는 경우에는 5년 시점에 상환하고 동액 또는 증액하여 신종자본증권을 발행합니다.

요약하면, 은행권 신종자본증권은 안정성과 수익성을 동시에 확보할 수 있는 상품입니다. 만기가 5년으로 중기투자에 적합합니다. 조건부자본증권은 상품구조상 1등급인 고위험 상품으로 분류돼, 가입 시 충분한 설명을 듣고 신규 가입을 하면서 세부내용 체크가 필요합니다.

그러나 위에서 살펴봤듯이 은행권 신종자본증권은 주요 리스크에 대한 위험을 확인하고 가입한다면 지금과 같이 변동성이 확대된 시장 상황에서 5년 동안 안정적인 현금흐름을 확보할 수 있는 좋은 투자 대안입니다.

05 청년이라면 이 금융상품 반드시 가입하세요!

(2022.4.6 기준금리 1.25% KOSPI지수 2,735.03)

– 정부가 출시한 상품은 무조건 가입이 유리

– 최소금액으로 만들고 입금액 늘리기

– 목돈 목표액 설정한 뒤, 월 자동이체 설정

– 목표액 달성 시 금융전문가와 상의해 운용

이미지=
게티이미지뱅크

최근 정부에서 청년들을 대상으로 판매한 청년희망적금은 보조금 지원과 세제 혜택으로 엄청난 인기를 끌고 마감했습니다. 가입 연령과 소득에 제한이 있었지만 해당되는 대상자는 거의 가입을 한듯하고 판매 기간 동안 신청자가 너무 몰려 전산장애가 발생하기도 했습니다. 청년희망적금이 이렇게 선풍적인 인기를 끈 이유는 무엇일까요?

저축장려금 36만 원과 연 5% 금리를 계산하면 연 9%대 금리가 되고, 은행별로 거래조건에 따라 추가금리 1%가 적용될 경우 최대 연 10%대의 금리를 세금 없이 받을 수 있기 때문입니다. 안전한 데다 금리도 높고 세금도 없기 때문에 거의 모든 대상자가 가입했습니다.

30년 전을 뒤돌아보면 필자의 경우도 금융기관인 은행에 입사했지만 입사 초반에 금융상품 가입과 운용에 서툴렀던 것 기억이 있습니다. 필자가 30년 전 청년세대로 돌아가서 상품에 가입한다면 어떤 상품을 들까 생각해 봤습니다.

먼저, 정부기관에서 정책적으로 만든 상품은 우선적으로 가입을 고려합니다. 청약저축이나 개인종합자산관리계좌(ISA), 개인형 퇴직연금(IRP) 상품 등입니다.

필자의 자녀 2명은 20대 중반으로 청약저축의 잔고가 각각 1,000만 원이 넘습니다. 매월 10만 원씩 넣은 것이 10년이 넘다 보니 목돈이 됐습니다. 예전에는 필자가 자녀들의 계좌에 자동이체로 입금했지만, 지금은 본인들이 계좌에 입금합니다.

청약저축의 장점은 만기가 없는 적금이면서 소득공제의 세제 혜택도 있고 나중에 주택청약은 덤인 필수가입 상품입니다. 처음 은행거래를 시작하는 경우에 첫 번째로 권유하는 상품입니다. 주변에 젊은 부부들이 자녀의 100일, 또는 첫돌 기념으로 주택청약을 가입해 주는 걸 보면 흐뭇합니다.

ISA는 개인종합자산관리계좌로 이자 · 배당소득이 발생하는 금융상품을 하나의 바구니에 넣어 관리할 수 있는 계좌입니다. 연간 납입한도 2,000만 원, 의무 가입 기간이 3년이지만, 연간 비과세 한도가 최대 400만 원인 것이 장점입니다.

5년간 최대 1억 원, 전년도 미납금액은 이월납입이 가능합니다. 펀드와 주가연계증권(ELS), 상장지수펀드(ETF) 등 투자상품도 가입 가능하지만 금리가 높은 저축은행 정기예금 가입도 가능합니다. 적금식 투자에도 좋지만, 목돈이 모이는 경우 상품운용에 적합합니다.

IRP는 퇴직 후 자금 마련을 위해 금융상품운용을 하기 위한 하나의 바구니입니다. ISA와 마찬가지로 다양한 금융상품운용이 가능합니다. 연간 세액공제가 최대 900만 원까지 가능하고, 장기간 운용하기 때문에 과세이연(연금지급 시까지 이자를 계속 원금에 더해 투자하므로 복리효과가 있음)의 장점이 있습니다. 연간 세제 혜택 한도를 고려하고 매월 일정 금액을 자동이체 합니다. 상품운용에 자신이 없으면 타깃 데이트 펀드(TDF) 상품을 은퇴시점과 운용성과를 보고 선택하면 큰 무리가 없겠습니다.

위 상품에 더해, 적립식 펀드는 3년 정도 주식형펀드로 가입해 물가상승률의 2배 정도의 수익을 기대하면서 투자하는 것이 좋습니다. 원금손실이 투자 기간 중 일어나지만, 2년 이상 3년 정도 투자하고 목돈이 모이고, 연 7% 내외의 수익이 발생할 때 해지하는 경험을 한번 해보는 것을 권해드립니다. 월 10만 원씩 한 계좌로 시장을 따라가는 인덱스펀드로 시작해 보십시오.

표로 나타내면 아래와 같습니다.

구분	상품 특징	적정 투자기간
청약저축	. 만기 없는 적금통장 . 연 240만 원 소득공제 . 주택청약 기능	5년 이상
ISA	. 연간 400만 원까지 비과세 . 다양한 상품 투자 가능(예금, 펀드 등)	3~5년
IRP	. 연간 900만 원까지 세액공제	10년 이상
적립식펀드	. 시장금리 이상 투자수익 기대 . 주기적인 투자상품 관리 필요	3~5년

월 50만 원을 투자한다면 청약저축 10만 원, ISA 10만 원, IRP 10만 원, 적립식 펀드 10만 원, 1년제 적금 10만 원으로 투자를 시작합니다. 3개월, 6개월 기간이 경과한 뒤 금융소득과 운용수익에 따라 포트폴리오를 조정합니다.

목돈을 만드는 과정에 일시적으로 자금을 사용해야 하는 이벤트가 발생하면 상품을 중도해지 하기보다는 은행의 상품담보대출을 사용합니다. 부담해야 하는 이자는 상품의 금리+1~2% 수준으로 대출을 상환할 때까지 일할 계산하므로 부담이 크지 않습니다. 따라서 중도에 포기하지 않고, 목표 금액을 이룰 때까지 계속 불입을 하고 자금이 단기간 필요할 때에는 은행대출을 이용하는 것이 합리적입니다.

요약하면 다음과 같습니다.

첫째, 금융당국에서 새로 출시된 상품은 무조건 가입합니다. 가입기한이 있거나 자금지원 한도가 있는 경우가 많아서 일단 최소금액으로 만든 뒤 추후 본인의 자산사정을 고려해 입금액을 늘려갑니다.

둘째, 청년세대의 경우 목돈을 만드는 게 중요한 목표 중 하나이므로 1,000만 원, 1억 원 등 목표 금액을 완성할 때까지 월 자동이체로 금융상품에 입금 후 생활비로 사용합니다.

셋째, 중간에 자금이 일시적으로 필요한 경우 상품 해지보다는 상품담보대출을 이용합니다.

넷째 목표 금액이 완성되면, 상품 구성을 금융전문가와 상의해 새롭게 조정해 운용합니다(적립식 운용과 목돈 운용은 상품의 구성과 목표 수익률 등에서 차이가 있습니다).

치솟는 물가, 녹록하지 않은 경제환경으로 인해 청년세대는 금융 자산을 만드는 일이 쉽지 않습니다. 하지만 한 걸음 한 걸음 검증된 방법과 본인만의 금융 경험으로 보다 나은 미래를 준비하면 좋겠습니다.

06 10년 안에 새 아파트에서 사는 확실한 방법

(2022.6.5 기준금리 1.75% KOSPI지수 2,670.65)

– 사는 집과 살 집 구분해 관리

– 주거와 미래 자산성장 위해 아파트로 결정해야

– 10년 정도 장기계획 세워야

이미지=
게티이미지뱅크

천정부지로 오르던 집값이 금리 인상과 경기 불황으로 하락세를 보이고 있습니다. 강남 일부 지역을 제외하고는 거래량도 줄었고 호가도 많이 내려갔습니다. 직장에서 신혼부부나, 결혼을 준비하는 젊은 친구들과 이야기를 해보면 집 사는 것을 포기했다고 하는 것을 자주 듣습니다. 부부가 맞벌이해 10년 이상 자금을 꼬박 모아도 이미 올라버린

비싼 집값을 감당하기 힘들고, 물가상승률 이상 오르는 부동산 가격을 충당하기도 어렵다는 것입니다.

금융전문가인 필자가 보기에는 주거 안정이 돼야 금융투자도 안정적으로 할 수 있다고 생각합니다. 집을 살 때 '부모님 찬스'를 이용할 수 있는 경우는 흔치 않습니다. 금융자산이 많지 않은 젊은 직장인이나 소상공인들이 비교적 적은 금액으로 내 집 마련을 하는 방법에 대해 이야기해 보겠습니다.

먼저 **'사는 집'과 '살 집'을 구분해 결정하고 관리합니다.** 20 · 30세대, MZ세대는 아파트를 살 수 있는 재정적 여건이 충분하지 않습니다. 그렇다고 마냥 자금이 모일 때까지 기다리면 내 월급 이상으로 올라가는 아파트 가격을 따라가기는 어렵습니다. 따라서 미래에 아파트가 될 수 있는 부동산 물건을 전세를 끼고 매입합니다. 그리고 내가 사는 집은 직장에서 1시간 내로 출근할 수 있는 주거용 건물을 전세, 또는 월세로 거주합니다. 이렇게 하면 향후 오르는 집값은 일단 멈추어 놓고, 주거도 비교적 좋은 환경에서 할 수 있습니다.

필자는 결혼해 10년이 지날 때까지 살 집과 사는 집을 동일시해 부동산 매입을 검토하다 보니 주거환경이 좋은 집은 살 형편이 안 되고, 보유한 금융자산에 맞추다 보니 수도권의 작은 평수 아파트도 살 수 없었습니다.

그래서 생각을 바꿔봤습니다. '지금은 아파트가 아니지만 5년 뒤, 10년 뒤에 아파트가 될 지역의 부동산을 내가 감당할 수 있는 범위에서 매입하자. 그리고 내가 거기에서 꼭 살 필요는 없다. 전세제도를 활용하면 부동산 가격의 50% 수준으로도 매입 가능하다. 그리고 직장과 자녀교육을 생각해 거주하는 부동산은 주거여건이 양호한 지역에 전세로 들어가자'입니다.

이렇게 부동산 매입을 결정하고 전세를 몇 번 옮기는 10여 년이 지나고 나서, 30년 이상 낡았던 빌라가 아파트로 재개발됐습니다. 그렇게 전용면적 85㎡ 아파트에 입주할 수 있었습니다. 만약 그때, 사는 집(Living)과 살 집(Buying)의 구분을 두고 의사 결정을 하지 않았다면 지금도 아파트를 사는 데 어려움이 있었을 것입니다.

이미지=
게티이미지뱅크

두 번째, 부동산을 사는 데 **현재 상황보다 미래의 그림을 그리는 상상력이 필요**합니다. 현재는 오래됐고 기반시설이 좋지 않은 주거환경이지만, 10년 뒤에 개발이 진행돼 아파트촌으로 바뀔 수 있는 지역이라면 비교적 싼 가격에 부동산을 매입할 수 있습니다.

GTX(수도권 광역급행철도)나 지하철역이 들어설 예정 지역이거나, 신설 도로 발표가 돼있는 호재지역은 현재도 사기에 너무 비쌉니다. 3년 내 단기 호재보다 5년 또는 10년 정도 중장기 호재를 보고 지역을 선택합니다. 지하철 호선 연장 예정 지역이나 혐오시설 이전이 예상되거나 대형병원 등 공공시설이 들어설 것으로 예상되는 곳 등입니다. 중장기 호재뉴스가 나오는 지역에 주목해 관심을 가집니다. 이런 정보는 그 지역에 거주하는 사람들은 대부분 아는 정보지만, 현실화되려면 5년 내지 10년 이상 걸리는 장기 프로젝트로 부동산 가격에 제대로 반영돼 있지 않아, 상대적으로 저렴한 가격에 매입할 수 있습니다.

이 조건에 맞는 부동산을 매입하는 가운데 실수를 줄이고 좋은 조건에 매입하고자 한다면 첫째, 본인이 거주하는 지역을 먼저 살펴보고, 지역을 점차 확대해 검토합니다. 둘째, 부동산 앱으로 먼저 지역과 물건을 검토하고 현장을 여러 번 방문합니다. 셋째, 부동산 중개사무소는 한 곳만 방문하지 말고 반드시 여러 곳을 방문합니다. 이렇게 방문해 보면 부동산을 보는 안목이 좋아지고 믿을만한 부동산 사장님도 만날 수 있습니다.

필자의 경우 약 15년 전에 경기도 안양지역의 대단위 주공아파트

단지를 눈여겨보고 있었습니다. 세대수가 크고 지은 지 30년 정도 됐기 때문에 나중에 재건축하게 되면 좋은 아파트에 거주할 수 있다고 판단했습니다. 그러나 그때 보유한 금융자산이 많지 않아 선뜻 매입할 수 없는 형편이었습니다. 그래서 이 아파트와 인접한 2층짜리 다세대 연립주택을 봤습니다. 건물이 지어진 연도도 비슷하고 주공아파트 단지와 담 하나로 붙어있어서 '재건축을 하게 되면 같이 묶어서 재개발할 수 있겠구나' 하고 그림을 그려봤습니다. 그리고 주공아파트의 반 가격에 전세를 안고 매입했습니다. 결국 이 다세대 건물은 주공아파트와 재개발을 같이 했고 필자는 10여 년이 훨씬 지나 대기업이 건설한 새 아파트에 입주할 수 있었습니다.

요즘은 저층의 오래된 아파트 단지가 좋아 보입니다. 기반시설이 좋지 않은 주거지역에서 건축한 지 얼마 되지 않은 새 아파트보다 말이죠. 이미 가치가 상당 부분 반영된 새 아파트보다, 오래된 주거지역의 부동산은 미래가치가 더 크다는 것을 경험했기 때문입니다. 주거를 목적으로 하더라도, 미래가치가 상승하면 더 좋습니다. 따라서 내가 보유해야 하는 부동산의 첫 번째는 아파트가 돼야 합니다.

박원갑 국민은행 부동산 수석전문위원은 "MZ세대는 대부분 콘크리트로 만든 아파트에서 태어났고 자연의 물소리보다는 도심의 차 소리에 익숙한 세대"라고 얘기했습니다. MZ세대가 선호하는 부동산은 아파트이고, 따라서 앞으로의 부동산투자의 첫 번째는 아파트가 돼야 한다는 겁니다.

필자는 **내 집 마련이 되고, 그때부터 안정적으로 금융자산을 모으고 운용하는 것이 가능**해졌습니다. 지금 당장 새 아파트가 아니지만, 내 이름으로 주거용 부동산 매입을 빨리하면 심리적 안정감과 금융자산운용 및 계획을 체계적으로 할 수 있습니다.

금융자산이 많지 않은 MZ세대가 당장 새 아파트를 사는 것은 불가능에 가깝습니다. 거주할 부동산에 대한 꾸준한 관심을 가지고 현명하게 부동산을 빨리 사게 되면, 금융자산의 투자도 안정적으로 시작할 수 있습니다. **10년 이상의 장기간 계획과 미래에 내가 들어갈 아파트의 그림을 그려보고 지금 현명하게 주거용 부동산을 매입**하도록 하십시오. 10년 뒤 자녀들과 확 바뀐 좋은 주거환경의 아파트에 입주할 수 있을 것입니다.

07

미국 달러화, 바람직한 투자방법은?

(2022.6.29 기준금리 1.75% KOSPI지수 2,377.99)

– 경제 · 환율 관계 이해하고 투자해야

– 여유자금으로 투자는 기본

– "나눠 사고, 나눠 팔아야 한다"

이미지=
게티이미지뱅크

원 · 달러 환율이 지난주 2008년 글로벌 금융위기 이후 13년 만에 처음으로 종가 기준 1,300원을 넘겼습니다. 미국 중앙은행(Fed)이 기준금리를 28년 만에 75bp(0.75%) 인상하면서 환율 인상은 예상했지만, 막상 1,300원을 넘어서니 1,350원을 걱정해야 하는 시장 분위기입니다.

일반적으로 환율 상승(미국 달러 강세, 원화 약세)의 상황이 닥치면 수출 기업은 유리합니다. 똑같은 100달러 상품을 수출하는 데 1달러당 1,200원을 받다가 환율이 1,300원으로 오르면 1달러당 100원을 더 벌어들이기 때문입니다. 반대로 수입하는 기업은 똑같은 물량을 수입하더라도 1달러당 100원씩을 더 주어야 해 환율로 인한 손해가 늘어납니다.

환율이 움직이는 요인은 여러 가지이지만, 미국 달러가 요즘처럼 강세(원화 약세)를 보이는 것은 세계 경기가 전반적으로 침체돼 있고 단시간에 회복될 기미가 보이지 않는 상태에서 안전자산을 확보하려는 분위기가 대두했기 때문으로 보입니다.

파월 미연준(Fed) 의장은 물가상승(인플레이션) 정점 가능성에 대해 "수개월 동안 인플레가 하락한다는 증거가 필요하다"고 답변하며 금리 인상의 정책 기조 변화를 위해서는 물가의 추세적 둔화가 필요함을 강조했습니다. 앞으로도 큰 폭의 금리 인상이 예견돼 있어, 경기가 회복되는 데에는 상당한 시간이 필요할 것으로 보입니다.

세계 주요국의 성장전망이 줄줄이 하향 조정되고 중국은 재봉쇄를 할 수 있는 여지가 있고, 러시아 · 우크라이나 전쟁은 출구가 보이지 않는 상황입니다. 따라서 세계 경제 상황이 진정되거나 안정세를 보일 때까지는 미 달러화 강세 기조는 유지될 것으로 전문가들은 내다봅니다. 원 · 달러 환율은 당분간 1,250원에서 1,350원 사이에서 움직일 것으로 예상되는데, 시장의 여러 이벤트에 관심을 가지고 환율 추이를 지켜보아야 하겠습니다.

지난 6월 15일 미국 Fed의 자이언트 스텝 금리 인상(0.75% 인상)을 앞두고 외화통장을 가져와서 미국 달러화를 매도해 원화로 바꾸는 고객들의 발걸음이 많았습니다. 1만 불에서 10만 불 이상까지 금액의 차이는 있었지만 원 · 달러 환율이 1,300원에 근접했고 미국 금리 인상에 따른 환율 상승으로 차익 실현을 하는 것이었습니다.

특이한 점은 60대 이상 80대까지 어르신들의 발걸음이 많았다는 것입니다. 미 달러화가 안정적인 투자자산이면서, 투자이익 실현에 조급함이 상대적으로 적은 어르신들이 투자수단으로 적합하게 생각한 것으로 보입니다.

미 달러 자산을 보유하고 투자하는 방법은 미국 주식투자, 달러 상장지수펀드(ETF) 투자, 달러 채권투자, 달러 예금 등이 있습니다. 그중 달러를 사고팔아 두 나라 환율의 차이인 환차익을 거두는 외화예금 방식에 대해서 알아보겠습니다.

먼저 환율에 대해 알아봅니다. 환율이란 한 나라의 통화와 다른 나라 통화와의 교환비율을 말합니다. 우리나라 원화와 미국 달러화의 교환비율을 원 · 달러 또는 달러 · 원 환율이라고 쓰는데, 미국 통화 1달러당 우리나라 원화가 얼마의 가격에 교환할 수 있는지를 나타냅니다.

환율에는 매매기준율을 기준으로 여러 가지로 구분하는데, 간략하게 설명해 드립니다.

환율 구분	은행 용어	내용	예시
현찰 사실 때	현찰(지폐)매도율	고객이 달러를 살 때 적용되는 환율	1,323.46
송금 보내실 때	전신환 매도율	고객이 달러를 송금 보낼 때 적용되는 환율	1,313.10
매매기준율	매매기준율	시장에서 거래되는 평균 환율	1,300.70
송금 받으실 때	전신환 매입율	고객이 달러를 송금받을 때 적용되는 환율	1,288.30
현찰 파실 때	현찰(지폐)매입율	고객이 달러를 팔 때 적용되는 환율	1,277.94

일반인들이 접하는 환율은 위 표 중간에 있는 매매기준율입니다. 매매기준율은 외국환은행(시중은행) 간 거래되는 원화의 미국 달러화 현물환율과 거래액을 가중평균 하여 산출합니다. 그러나 실제로 금융기관을 방문해 달러를 사고팔 때는 매매기준율에 일정 스프레드가 더해져서 거래됩니다. 가끔 고객분들이 은행을 방문해 뉴스에서 확인한 환율보다 비싸게 거래가 된다고 불만을 이야기하는 경우가 있는데, 이에 대해 설명드리겠습니다.

위의 예시에 있는 환율은 6월 24일 1회차에 고시된 환율입니다. 환율용어는 예전에는 금융기관 입장에서 표현했는데, 고객 입장에서 이해하기 쉽도록 변경해 사용하고 있습니다.

'현찰 사실 때'의 환율은 고객이 1달러를 금융기관에서 현찰로 사려고 할 때 적용되는 환율로 제일 비싸게 계산됩니다. 반대로 고객이 '현찰을 팔려고 할 때' 적용되는 환율은 제일 낮은 환율로 적용됩니다. 이는 현찰을 해외에서 가져오고, 보관하고, 이동시키는 등의 비용이 포함되기 때문입니다. 그리고 '송금할 때'와 '송금받을 때'의 환율은 현찰이 동반되지 않고 금융기관 간 거래가 돼 상대적으로 저렴한 환율이 적용됩니다.

예를 들어 위 표에서 고객이 10달러를 현찰로 사려고 하면 '현찰 사실 때'의 환율 1323.46×10=1만 3,235원이 필요합니다. 그리고 10달러를 외화예금에 입금하거나 송금할 때 적용되는 것은 '송금 보내실 때' 환율 1313.10×10=1만 3,131원이 필요합니다(외화 송금 시에는 별도의 송금수수료가 발생합니다).

이미지=게티이미지뱅크

다음은 필자가 달러 외화예금을 가지고 환차익 투자를 하는 고객들과의 상담을 통해 경험한 바람직한 달러화 투자방법에 대해 알아보겠습니다.

첫째, 여유자금으로 투자합니다. 매입할 때의 환율보다 높게 매도하려면 시간적 여유가 필요합니다. 원 · 달러 환율은 경제시장의 사소한 뉴스에도 민감하게 반응하는 시장 지표입니다. 주식투자처럼 매매를 빈번하게 하기보다, 1년에 10% 내외 수익을 목표로 매매 타이밍을 잡고 투자하는 것이 좋습니다. 따라서 매수시점과 매도시점 간 시간이 정해져 있지 않고 투자자 본인이 생각하는 시점이 올 때까지 기다림이 길어질 수 있기 때문에 6개월~1년 이상의 시간을 투자합니다. 그리고 반드시 여유자금으로 투자해야 보다 조급하지 않고 안정적인 수익을 올릴 수 있습니다.

둘째, 본인만의 매매 기준을 세웁니다. 무릎에 사서 어깨에 판다는 증시 격언이 달러 매매에도 해당됩니다. 지나고 보면 천장과 바닥 환율을 알 수 있지만, 무리하지 않고 나쁜 뉴스에 사고 좋은 뉴스에 판다는 원칙을 가지고 매매에 나서면 안정적인 수익을 취할 수 있습니다.

원 · 달러 환율의 최근 10년간의 밴드를 보면 1,000~1,300원 사이를 왔다 갔다 하는 추이를 보여주고 있습니다. 그리고 최근 1년을 보면 1,200~1,300원 사이 밴드입니다. 예를 들어 1,150원을 기준으로 삼고 이보다 5% 정도 하락하면 달러화를 매수하고 매수가격보다 5% 이상 상승하면 시장의 뉴스를 따라가면서 매도시점을 잡는 식입니다. 본인의 투자경험과 전문가와의 상담을 통해 본인만의 기준을 가지고 거래를 하시기 바랍니다.

셋째, 시장의 흐름을 꾸준하게 따라가면서 매매를 분산해 결정합니다. 주식, 펀드 등 공격형 투자성향의 투자자보다 달러화 투자자들을 상담해 보면 시장의 변화에 더 민감하고 공부도 많이 한다는 것을 봐왔습니다. 원 · 달러 환율은 세계 경제, 특히 미국경제와 우리나라의 여러 경제뉴스에 바로 반응을 하고 하루 중에도 환율이 수십 번 변동되기 때문에 경제시장의 여러 이벤트와 뉴스에 꾸준한 관심이 필요합니다. 그리고 매입과 매도는 한 번에 결정하기보다 나눠 사고, 나눠 팔면서 거래시점의 위험을 분산하는 것이 바람직합니다.

종종 미 달러화는 안전자산인 금 투자와 비교됩니다. 간략하게 미 달러화와 금 투자의 차이점에 대해서 요약합니다.

구분	미 달러 투자	금 투자
과세 물량	환차익 비과세 미 연준 공급 제한 없음	매매차익 과세 한정된 자원으로서 가치 존재

미 달러화와 금은 경제가 지금처럼 불황이면서 인플레이션이 올라갈 때 안전자산으로 관심을 가지고 투자할 수 있는 자산입니다. 그러나 금은 물량이 한정돼 있는 자원인 것에 비해 미 달러화는 미국 정부의 정책적인 판단에 의해 공급이 결정돼 공급량에 제한이 없는 것이 다릅니다. 즉 금은 수요, 공급이 가장 큰 요인이지만 미 달러화의 가치는 미국 정부의 재정정책의 판단이 제일 중요한 가격 결정 요소입니다.

세금 측면에서는 미 달러화 매매 시 환차익이 비과세인 반면 금 실물을 매매할 경우 매입 시에 10% 부가가치세가 적용되고, 금 통장으로 거래 시에는 매매차익에 대해 15.4%의 세금이 부과되는 차이가 있습니다.

미 달러화 투자 시 환율적용에 대한 팁입니다. 외화거래 시 환율우대 요청을 합니다. 은행 영업점을 방문해 달러화를 매입, 매도할 때 적용되는 환율은 PB 팀장, 투자상담사의 재량으로 상당 부분 환율우대가 가능합니다. 따라서 외화거래 시 환율우대를 많이 적용해 달라고 습관처럼 이야기합니다. 계산서에 환율우대율이 인쇄되지는 않지만

우대받은 금액이 찍히기 때문에 매번 계산서를 확인하는 습관을 지니는 것이 좋습니다.

위에서 언급했듯이 미 달러화는 미국 정부의 정책 결정으로 언제든 공급량이 조절되기 때문에 불안정한 요소가 있지만, 세계 제1의 기축통화의 지위를 유지하고 있기 때문에, 투자자들은 금 투자처럼 안전자산으로 인식하고 있습니다. 전문가들도 적어도 앞으로 10년까지는 이런 기축통화의 지위가 흔들리지 않고 유지될 것으로 봅니다. 따라서 경제환경 변화에 따라, 여유 자산으로 미 달러화 투자를 금융자산 포트폴리오의 한 축으로 운용관리 하는 것이 바람직하다고 생각합니다.

08 경기 불황기, 비과세 상품 ISA는 필수

(2022.7.20 기준금리 2.25% KOSPI지수 2,386.85)

– 비과세 400만 원 혜택, ISA 필수가입 해야
– 연간 1,000만~2,000만 원 투자에 활용
– 예금, 펀드 등 투자성향에 맞게 운용해야

이미지=
게티이미지뱅크

지난 7월 13일 한국은행 금융통화위원회가 국내 최초로 3번 연속 금리를 올리면서 50bp(0.5%) 금리를 인상해 기준금리는 2.25%가 됐습니다. 가뜩이나 경제가 어려운데 계속 올라가는 금리에 대출을 쓰는 기업이나 가계는 부담이 더욱 커집니다. 소비가 위축되다 보니 경제하락으로 이어지는 악순환이 반복되고 있습니다.

퇴근길에 길게 늘어선 자동차 행렬이 보입니다. 주변보다 리터당 20, 30원 저렴한 주유소에서 조금이라도 더 싸게 주유하고자 하는 사람들입니다. 복날이 되었는데도 삼계탕이나 냉면집에서 줄 서는 모습보다는, 마트에서 밀키트를 사다가 집에서 조리해 먹는 사례가 많아지는 등 경기침체에 따른 소비가 위축되고 있습니다.

금융권에서는 6~7% 특판 적금에 가입하기 위해 줄을 서고, 0.1%라도 금리를 더 주는 정기예금이 조기에 마감되는 등 언제 회복될지 모르는 경제에 한 푼이라도 더 아끼고 저축하고자 하는 모습을 볼 수 있습니다.

그동안 정부는 세수를 위해 비과세 상품들을 없애거나 세금한도를 줄였습니다. 현재 남아있는 비과세 상품을 보면, 65세 이상 5,000만 원 한도로 비과세 상품 가입이 가능하고 10년 이상 저축보험은 거치식 1억 원, 월납 150만 원 한도로 가입이 가능합니다.

이러한 경제 상황에서 1인 1계좌에 한해서 묻지도 따지지도 않고, 최대 400만 원까지 비과세가 적용되는 상품이 있는데, 꼭 가입하시기 바랍니다.

ISA는 Individual Savings Account의 약자로 '개인종합자산관리계좌'를 뜻합니다.

전 금융기관 1인 1계좌만 가입할 수 있고 하나의 계좌로 예금과 적금, 펀드, 상장지수펀드(ETF), 주식 등 다양한 상품에 투자가 가능한 투자 바구니입니다. 가장 큰 혜택은 1인당 200만 원(서민형 400만 원)까지 수익에 대해서 비과세가 가능한 점입니다.

ISA 상품에 대한 요약입니다.

연간 납입한도	의무 가입기간	비과세 한도
2,000만 원 (5년간 최대 1억 원)	3년 (만기 따로 없음)	최대 400만 원 (초과분은 9.9% 분리과세)

ISA는 여러 상품을 담을 수 있는 든든한 바구니이므로 본인의 투자 성향에 맞게 상품을 정해 연간한도인 2,000만 원 내에서 운용합니다.

안정성향의 투자자는 저축은행 정기예금을 추천합니다. 국내 시중은행 정기예금보다 0.5~1% 내외 금리를 더 지급하고 5,000만 원까지 예금자보호가 되기 때문에 부담 없이 투자하기 좋습니다. 원금과 이자를 합해 5,000만 원이 넘어갈 경우 다른 저축은행 정기예금에 가입하면 똑같이 원금과 이자를 보호받을 수 있습니다. 65세 이상 어르신분들도 안심하고 가입하시기 좋습니다.

65세 이상 비과세 5,000만 원은 일반상품에 가입하고, ISA 상품에 400만 원이 추가로 비과세로 적용됩니다. 총 가입한도가 1억 원이고, 예금 금리가 4%라면 이자에 대해서 전액 비과세가 가능합니다. 즉, 해마다 2,000만 원을 5년 동안 정기예금 4%로 가입하면 이자가 모두 비과세 적용되는 겁니다.

공격투자형 또는 적극투자형의 투자자의 경우입니다. 펀드로 투자하는 경우에는 적립식으로 투자합니다. 펀드의 경우는 시황에 따라 수익률 편차가 심하므로 매월 일정 금액을 여러 개의 펀드에 투자합니다. 3년 이상 투자해야 비과세가 적용되므로 적립식 펀드 투자에 적합한 기간입니다.

주가연계증권(ELS) 상품은 3년 동안 6개월마다 지수를 평가해 일정 수준 이하로 하락하지 않으면 사전에 정해진 확정금리를 제공하므로, 목돈 투자 시 정기예금과 분산해 투자하기 적절합니다.

상품의 운용이 번거롭고 상품 결정이 어려운 경우는 일임형 ISA 상품도 검토해 봅니다. 투자자의 투자성향에 맞게 운용전문가가 알아서 상품운용을 합니다. 공격투자형, 적극투자형, 위험중립형, 안정추구형 등 투자성향별로 상품의 구성이 달라지고 3년 이후 해지 시 운용수익에 대해 비과세를 적용받을 수 있습니다.

경기침체가 단기간에 쉽사리 회복되기는 어려울 것으로 예상되는 가운데, 1인당 400만 원의 비과세 상품 한도는 꼭 활용해야 하는 좋은 투자 도구입니다. 단 3년이 지나야 비과세 적용이 되기 때문에, 자금의 목적과 용도에 맞는 상품에 투자해야 합니다. 1인 1계좌로 적용되며 다양한 상품군에 투자가 가능하므로, 본인의 투자상품 포트폴리오에 꼭 넣어서 활용할 것을 추천합니다.

09 안전하게 투자하고 싶을 땐 ELD가 딱입니다

(2022.8.30 기준금리 3.0% KOSPI지수 2,450.93)

– 원금 지키고 싶지만 예금 금리는 만족 못 할 때

– 만기 보유하면…5,000만 원까지 예금자보호

– '정기예금+투자'로 안전한 투자 가능

이미지=
게티이미지뱅크

한국은행이 기준금리를 0.25%포인트 올렸습니다. 한국은행이 4번 연속 금리를 인상한 것은 사상 처음 있는 일입니다. 금리 인상과 소비 부진, 경기침체라는 악순환 고리는 당분간 지속될 것으로 보입니다.

투자상품 상담을 하다 보면 과거에 투자상품 거래로 많은 손실을 경험해 투자가 두려운 고객들이 있습니다. 투자 시 원금은 꼭 지켜야 하고 은행의 정기예금 금리에는 만족하지 못해서 조금 더 수익을 올리고자 하는 고객들이 상당수입니다.

필자는 신규고객을 상담할 때, 은행 정기예금을 기준으로 이렇게 상품 제안을 합니다. "은행의 정기예금 금리보다 조금이라도 높은 금리를 원하는 경우, 그에 상응하는 리스크(위험)를 감수해야 합니다. 정기예금 상품보다 금리를 더 지급하는 상품인데 안전하다고 광고하고 권유하는 상품은 의심하는 것이 상식입니다"

그런데 분명 은행에서 판매하는 정기예금인데, 금리와 수익을 더 받을 수 있는 옵션이 있는 상품이 있습니다. 바로 ELD 상품입니다.

ELD는 Equity Linked Deposit의 약자로 '주가지수연동예금'이라고 합니다. 상품의 수익률이 투자하는 기초자산의 수익변동률에 따라서 결정되는 상품이지만, 투자원금은 예금자보호법에 의해 최고 5,000만 원까지 보장되는 상품입니다. 통상적으로 위험은 회피하면서 수익도 같이 추구하는 투자자에게 적합한 상품입니다.

경제 상황이 좋고 주식시장이 활성화되는 시기에는 주식, 펀드 등 고위험 자산에 투자자의 관심이 집중됩니다. 그러나 지금처럼 경제가 침체되고 투자상품에서 마이너스 수익률을 경험하고 있는 상황에서는 투자심리가 위축되어 보다 안전한 투자에 관심이 많아집니다.

과거 ELD 상품은 만기 시 원금을 보장하거나 최소 보장 수익률이 1~2% 안팎에 불과한 상품이 주를 이뤘습니다. 그러나 최근에는 최소 보장 수익률이 3%를 넘어서는 상품이 나오면서 투자자의 관심이 높아지고 판매금액도 늘어나는 상황입니다.

ELD 상품과 주가연계증권(ELS), 주가연계펀드(ELF), 주가연계신탁(ELT) 상품의 차이점을 알아보고 최근 판매되고 있는 대표적인 유형의 상품 몇 가지를 소개하겠습니다. 그리고 ELD 상품 투자 시 유의사항에 대해서도 설명해 드리겠습니다.

먼저 증권연계 상품 간 차이에 대해서 간략하게 설명해 드리겠습니다.

구분	ELD	ELS	ELF	ELT
상품 발행	은행	증권회사	자산운용회사	은행 신탁
판매 기관	은행	증권회사	은행, 증권회사	은행
원금 보장	100%	없음	없음	없음

가장 큰 차이점은 ELD는 정기예금의 일종으로 5,000만 원까지 예금자보호가 가능하기 때문에 만기까지 보유하면 최소 원금 이상의 수익률은 확보할 수 있다는 것입니다. 나머지 ELS와 ELF, ELT 상품의 경우 원금보장은 없으며 정해진 기간의 자산 변동률에 따라 확정된 수익률이 지급되는 구조입니다. 마지막 회차까지 조건이 충족되지 않으면 최대 원금까지 손실이 발생할 수 있습니다.

증권연계상품은 ELD를 제외하고 ELS 상품을 순수하게 판매하거나 자산운용사에서 펀드(ELF)에 넣어서 운용하거나, 은행에서 신탁(ELT)에 넣어서 운용하는 차이가 있습니다.

ELS는 증권회사에서 발행하며 증권회사가 주가지수, 개별 주식 종목의 변동에 따른 수익구조를 만들고 이를 달성하면 수익을 지급하는 구조의 상품입니다. 지급을 보장하는 주체가 증권회사이므로 증권회사의 신용도가 중요합니다. 일반적으로 ELS 자체를 증권사에서 판매하거나, AA 이상의 신용등급을 가진 증권사의 ELS 펀드에 넣어서 자산운용회사(ELF) 또는 은행의 신탁(ELT)에서 운용합니다.

따라서 일반적으로 증권회사에서 판매하는 ELS는 ELF나 ELT에서 잘 편입하지 않는 고위험 · 고수익 구조의 상품이 판매됩니다. 동일한 구조의 상품인 경우에는 자산운용회사의 ELF는 은행의 신탁에서 운용하는 ELT보다 수익률이 조금 떨어지는 것이 일반적입니다. 왜냐하면 ELT는 ELS가 하나 편입되는 반면, ELF는 4개 증권회사의 ELS가 편입돼 평균 수익률이 되는 구조이기 때문입니다.

다음은 최근에 판매되고 있는 대표적인 ELD 상품 3가지를 소개하겠습니다. 물론 은행과 판매 시기에 따라 상품은 달라질 수 있습니다. 일부 상품은 조기마감 할 수 있어 신규 가능 여부를 확인해야 합니다. 아래 상품은 지난주 신한은행에서 판매한 상품으로 참고하시기 바랍니다.

1. 원금보장 상승형 구조

- 기초자산 : NAVER
- 수익률 범위 : 원금보장~최대 연 17%
- 투자대상 : 네이버 주가가 하락해 있던데, 주식하기는 부담스럽고 원금은 보장되면서 주가 상승 시 추가수익 있는 상품 없을까?

2. 최소금리 보장형 구조

- 기초자산 : KOSPI200
- 수익률 범위 : 연 2%~최대 연 9%
- 투자대상 : 국내 코스피지수가 많이 하락해 있어서, 1년 뒤 지수가 오를 것 같은데 최소금리는 보장해 주고, 지수 상승 시 추가수익 있는 상품 없을까?

3. 보장강화 안정형

- 기초자산 : USD/KRW 환율
- 수익률 범위 : 연 3.25~최대 연 3.5%
- 투자대상 : 1년 뒤 환율은 하락할 것 같고, 환율에 베팅해서 안정적으로 수익을 내고 싶은데!

위 상품구조에서 보듯이 첫째, 최소 원금은 보장하고 투자대상 종목이 상승하면 높은 수익을 얻을 수 있는 구조와 둘째, 원금 이상 일정 수익률은 보장하고 주가지수 상승에 따른 수익을 얻을 수 있는 구조, 셋째, 보장금리 보장하고 추가수익도 가능한 구조의 상품이 판매되고 있습니다.

최근 정기예금 금리가 가파르게 상승하다 주춤하고 있는 상황이어서 3% 초반 이상의 높은 금리를 보장하는 '보장강화형 ELD' 상품에 고객들의 관심이 높아지고 있습니다.

ELD 상품 투자 시 유의사항입니다. ELD 상품은 구조화된 상품으로 수익구조에 따라 고객의 수익률이 결정되므로 일반 정기예금 금리보다 수익률이 낮아질 수 있습니다. 또 예금 시작일 이후 중도해지 시 이자가 지급되지 않으며 중도해지 수수료로 인해 원금손실이 발생할 수 있습니다.

언제 경기가 바닥을 찍고 정상적인 경제 상황으로 돌아갈지 가늠하기 힘든 상황입니다. 이러한 불안정한 시기에 투자손실은 방어하면서 조금 더 높은 수익을 기대하는 투자자라면 다른 투자상품과 분산해 일정 비중은 ELD 상품에 투자하시기 바랍니다.

10 목돈 투자 ELS 상품도 고려해야 하는 이유

(2021.3.30 기준금리 0.50% KOSPI지수 3,070.00)

– 보수적인 투자자도 해 볼 만한 상품

– 사후관리 없고 확정된 금리를 원금과 함께 기대 가능

– 초보자라면 일반적 · 대표적 구조 ELS부터 투자해야

이미지=게티이미지뱅크

최근 미국 연방공개시장위원회(FOMC)에서 연준은 올해 경제성장률 전망치를 4.2%에서 6.5%로 올리고, 2021년 말까지 현 제로 금리를 유지하겠다고 발표했습니다. 이 영향으로 주가에 긍정적인 영향이 나타났지만, 시장은 계속해서 금리 추이에 따라 변동성을 보이고 있습니다.

필자와 같은 PB 팀장이 고객의 포트폴리오를 구성할 때 한 축으로 넣는 대표적인 상품 중 하나는 ELS(주가연계증권) 상품입니다. 정기예금 1년 금리가 1% 안팎인 데 비해 ELS 상품은 고객이 가져갈 수 있는 금리가 연 3~5% 정도 됩니다. 원금손실이 가능한 상품이지만 지수형 ELS 상품으로 최근 10년 내 상환되지 못한 상품은 거의 없어서, 기본 포트폴리오 상품 중 하나로 권유하고 있습니다.

ELS는 Equity Linked Security의 약자입니다. 주식, 주가가 연계된 증권으로 풀이됩니다. 특정 주식의 가격이나 주가지수의 수치에 연계된 증권을 말합니다. 가장 일반적인 ELS 상품을 예로 들어서 상품 설명을 하면 다음과 같습니다.

- 기초자산 : KOSPI200, S&P500, EUROSTOXX50
- 상환조건 : 90-85-85-80-75-65
- 기간 : 3년(6개월)
- 쿠폰(수익률) : 연 5.2%
- 발행사 : ㅇㅇ증권(신용등급 AA)

위의 상품 내용을 보고 투자자는 어떤 내용을 알 수 있을까요? 지금부터 3년 동안 투자하는데, 6개월마다 투자하는 자산인 주가지수 모두가 지금보다 90%, 85%, 80%, 75%, 65% 아래로 하락하지 않으면 기간을 계산해 연 5.2%의 수익을 받게 된다는 설명입니다. 첫 번째 6개월 시점에 위의 기초자산 3개 지수 모두가 95% 아래로 하락하지 않으면 자동상환 됩니다. 1개 지수라도 하락하게 되면 6개월 연장이 됩니다. 이런 식으로 6개월마다 5~10%씩 조건이 완화되고, 조건이 충족되면 자동상환 되는 구조입니다. 이러한 구조의 조건을 수행하는 ○○증권은 신용등급이 AA이어서 수익상환 되는 데에는 큰 문제가 없을 것으로 예상할 수 있습니다.

ELS 상품 투자에서 투자자가 제일 중요하게 판단해야 할 것은 무엇일까요? 상품의 수익률 및 최악의 경우에 수익률이 어느 정도까지 하락하고 손실이 발생할 확률이 어느 정도까지 되는 지입니다.

처음 상품에 가입하는 투자자는 이러한 조건이 좋은 조건인지 실현 가능한지 의문이 들고 감이 오지 않을 수 있습니다. 이 상품을 쉽게 이해하려면 위의 기초자산 중 코스피200을 코스피지수로 판단하는 것입니다. 현재의 코스피지수가 3,000선이라 가정하고, 상품의 만기인 3년 시점에 65% 수준인 1,950선 아래로 하락할 가능성이 얼마나 될까? 하고 가늠해 보는 겁니다. 여기에 S&P500, 유로스톡스(EUROSTOXX)50 지수의 변화, 즉 미국과 유럽시장의 변화도 예상해야 합니다. 하지만 특별한 경우를 제외하고 세계 경제는 연결되어 있고 서로 영향을 주고받기 때문에 유사한 흐름을 보일 것으로 예상합니다.

요즘 ELS 상품을 금융기관에서 신규 가입하려면 본인의 나이와 투자경험, 투자성향에 상관없이 전 투자자는 예외 없이 신규과정 전체를 녹취(녹음)하게 됩니다. 이 과정을 통해 투자자는 상품설명서에 있는 상품의 운용자산 정보, 손익구조, 발생할 수 있는 위험, 환매, 수수료 등에 관한 내용을 빠짐없이 듣게 됩니다. 매번 동일 유형의 상품을 신규 가입하는 고객은 번거로울 수 있습니다. 처음 투자하는 투자자는 요약된 상품의 내용에 관해 설명을 먼저 듣고, 녹취절차를 통해 한 번 더 자세하게 설명받을 수 있는 기회입니다.

이미지=
게티이미지뱅크

상품의 주요 내용을 처음부터 끝까지 읽어주고 동의를 구하는 프로세스를 거쳐야 하기 때문에, 상품 1개를 신규 가입하는 시간은 최소 20~30분 이상 소요됩니다. 따라서 금융기관을 방문해 ELS 상품을 가입하고자 하는 분들은 소요시간을 참고하셔서 방문해야 합니다.

ELS 상품은 증권을 포함하는 구조에 따라 다음의 3가지 형태로 구분됩니다.

구분	ELS	ELT	ELF
용어	Equity Linked **Security**(증권)	Equity Linked **Trust**(신탁)	Equity Linked **Fund**(펀드)
운용회사	증권	은행신탁	자산운용회사
ELS 발행사	1개 증권사	1개 증권사	4개 증권사

ELS 증권 자체를 투자할 수도 있고, ELS를 편입한 은행신탁으로 가입하는 방법(ELT), ELS가 편입된 펀드(ELF)에 투자하는 방법이 있습니다. 투자자 입장에서는 상품의 수익구조에 큰 차이는 없습니다.

ELS 상품 가입 시 ELS 증권을 발행하는 발행사의 신용도 체크는 필수입니다. 왜냐하면 이 상품의 수익구조를 책임지는 것은 발행사이고 발행사인 증권사에 문제가 발생하면 수익상환이 되지 않기 때문입니다. 그러나 일반적으로 ELS 발행 증권사의 신용도가 대부분 신용등급 AA 정도의 등급을 가지고 있어 만기 3년까지 파산, 지급불능 등으로 상품의 상환조건이 지켜지지 않을 확률은 희박합니다(위의 표에서 ELF는 4개 증권사가 ELS를 발행하여 1개 증권사에 문제가 발생하여도 나머지 3개 회사가 상환조건을 이행하여 75% 상환금을 수령할 수 있는 구조로 ELS 발행사 위험이 상대적으로 적습니다).

상품구조의 다양성 측면에서는 해당 증권사가 판매하는 ELS가 유리합니다. 해당 증권사에서 ELS를 직접 발행하고 운용하기 때문에 투자자의 니즈를 속도감 있게 반영할 수 있습니다.

그렇다면 목돈을 투자하는 투자자들이 포트폴리오의 하나로 대부분 투자하는 ELS 상품에는 어떠한 장점이 있을까요?

첫째, 확정된 금리를 투자 기간 동안 원금과 함께 받는 것을 기대할 수 있습니다. 상품 가입 시 제공되는 상품설명서에는 동일한 상품구조로 최근 10년간 투자해 몇 개월 만에 상환되었는지 수익률 분석이 제공됩니다. 이를 참조하면 투자자는 대략 어느 정도의 기간 뒤에 원금과 이자를 받을 수 있는지 예상할 수 있습니다.

둘째, 현재 기준으로 주가지수의 상승 또는 시장의 상승보다, 하락에 기준이 맞추어져 있어 보수적인 투자자도 투자하기에 적합합니다. 상품 가입 후 주가 또는 지수의 하락과 관계없이 6개월마다 도래하는 기초자산 평가일에만 평가가 일정수준 아래로 유지하거나 하락하지 않으면 확정금리를 확보하게 됩니다.

셋째, 상품 가입 후 특별한 상품의 사후관리가 필요 없습니다. 상품의 일자별 조건에 부합하는 경우 자동상환됩니다. 상품 가입 후 6개월마다 시장 상황을 점검하는 정도면 충분합니다.

반면 ELS 상품의 단점과 제약사항은 다음과 같습니다.

우선 금융시장의 변화에 따라 원금손실이 최대 100%까지 가능합니다. 투자설명서에는 최대손실이 100%까지 가능하다고 되어있으나 지수투자의 경우 3개 지수중 최대로 하락한 수익률로 수익이 확정되는데, 개별종목이 아닌 지수가 투자 시점 대비 100% 하락하는 경우는 현실적으로 불가능합니다.

둘째, 상환위험 및 중도환매 위험이 있습니다. ELS를 발행한 증권사가 수익구조를 책임지고 이행해야 하므로 ELS를 발행하는 증권사의 이벤트(부도, 지급불능 등)가 발행할 경우 상환이 안 되거나 연기될 수 있습니다. 또한 중도에 자금이 필요하여 환매할 경우, 기간에 따라 중도환매수수료를 부담해야 합니다.

셋째, 재투자 위험에도 대응해야 합니다. 최초 투자 시 연 5%의 수익률, 3년 기간을 투자하였는데, 6개월 후 또는 1년 만에 상품이 조기상환 되는 경우 재투자할 때 유사위험의 적정한 수익률로 재투자해야 하는 상품 투자 리스크와 번거로움이 발생하게 됩니다.

초보 ELS 투자자가 투자 시 꼭 체크해야 할 사항은 다음과 같습니다.

첫째, 처음 투자하는 투자자는 가장 일반적이고 대표적인 구조의 ELS 상품을 투자하는 것이 좋습니다. 시장에는 다양한 지수와 종목에 투자하는 상품이 있는데, 수익률이 높다고 해서 이해하기 어려운 구조의 상품에 투자하는 경우, 투자 기간 동안 시장의 이벤트가 발생하거나 수익률 변동이 있을 때 적절하게 대응하기 어렵습니다.

둘째, 개별종목 또는 1개 지수에 투자하는 ELS보다 가장 일반적이고 정형화된 3개 지수에 투자하는 상품을 권해드립니다. 과거 일부 증권사에서 투자 기간 3년의 마지막 상환 기준일에 주식을 대량 매도하여 투자자에게 큰 피해를 준 사례가 있었습니다. 이에 반해 지수투자의 경우는 개별 증권사가 매도 등으로 지수를 결정하는 것은 불가능에 가까운 일입니다.

셋째, ELS 증권 발행사의 신용등급이 양호한가를 보아야 합니다. ELS 발행사의 신용등급은 대부분 AA 이상의 증권사가 발행하지만, 간혹 높은 수익률로 발행된 ELS 상품인 경우, 발행사의 신용등급 및 평판을 한 번 더 확인하는 것이 좋습니다.

넷째, 투자하는 자금이 특정 목적 또는 특정일에 필요한 자금이 아닌가를 검토해야 합니다. 상품설명서에는 투자 시 어느 정도 기간에 상환이 가능한지 퍼센티지(%)로 안내하고 있습니다. 하지만 과거의 사례가 미래를 담보하지 않다 보니 부동산투자자금, 자금의 기일이 확정된 경우는 넉넉하게 최대 3년을 예상하고 투자를 해야 합니다.

어렵게 모은 목돈을 투자하는 데 좋은 수단인 ELS 상품을 포트폴리오의 한 축으로 잘 활용해 목적하는 투자수익을 거두시기 바랍니다.

11 은행 '펀드매니저'에 자산 맡겨보세요

(2022.10.7 기준금리 2.50% KOSPI지수 2,232.84)

– 긴 호흡 투자에 적합한 '가치주 신탁'

– 보수적 운용, 가치주 특화 투자

– 개인별 맞춤 운용 가능

이미지=
게티이미지뱅크

미국이 연이은 빅스텝을 단행한 뒤 추경호 경제부총리는 지난달 22일 비상거시경제금융회의에서 "현재 경제팀은 미 중앙은행(Fed)의 고강도 긴축, 중국의 경기 둔화 가속화, 신흥국 위기 가능성 고조 등 다양한 시나리오별로 금융 · 외환 시장과 실물경제에 미치는 영향을 면밀히 점검하면서, 위기 징후를 감지할 수 있는 핵심 지표들을 실시간으로 모니터링하고 있습니다"고 이야기했습니다.

Fed는 앞으로도 자이언트 스텝 이상의 금리 인상을 예상하고 있고 원 · 달러 환율도 고공행진을 하는 등 경제에 관한 모든 것들이 불안해 보이는 상황입니다. 여러 기관의 전망 가운데, JP모건은 글로벌 채권시장이 내년 1분기를 저점으로 회복될 것으로 예상하고 주식시장은 올해 연말부터 회복될 것이라는 내용을 발표했습니다. 실제로 내년에 경제회복이 될 것이란 이야기보단 부정적인 전망이 주를 이루는데, 긍정적인 전망이 한두개 시장에서 나오는 것에 위안을 가져봅니다.

직장생활의 대부분을 투자상품 분야에서 경험을 쌓은 필자는 여러 펀드매니저와 만나고 교류할 일이 많았습니다. 자신이 맡은 펀드의 최적화된 운용과 우수한 성과를 위하여 골프 등 개인취미 활동을 자제하고 주식시장과 펀드의 수익성 향상에 노력하는 펀드매니저들을 볼 때마다 같은 직장인이지만, 때론 존경하는 마음을 가져보기도 합니다.

펀드매니저는 주로 펀드를 운용하는 '자산운용회사'에 있지만 은행, 증권, 보험 등의 금융회사에도 고유자산과 고객의 투자자산을 운용하는 펀드매니저가 있습니다.

은행에서는 신탁계정에서 투자자로부터 자금을 모집해 특정금전신탁을 운용하는 펀드매니저가 있습니다. 투자상품을 운용하다 보니 시황에 따라 변동성이 발생하지만, 15년 이상 견조한 수익률을 보이는데, 자산운용사에서 운용하는 일반 공모펀드 운용과 차별화되는 내용을 확인해 보고 분산 투자하면 좋겠습니다.

특히 요즘처럼 주식 · 채권시장이 동반 하락하고 마땅한 투자처를 찾지 못할 때 추가적인 대안으로 검토해 볼 만합니다.

은행신탁의 대표적인 주식투자상품은 '가치주 특정금전신탁'입니다. 이 상품을 한마디로 표현하면 '은행원의 보수적인 시각으로 은행이 직접 운용하는 국내주식형 신탁상품'입니다.

자산운용회사에서 운용하는 '공모형 주식형펀드'와 은행의 '가치주 신탁'은 형식에서 다음과 같은 차이점이 있습니다.

● 자산운용사 '공모형 주식형펀드'와 은행의 '가치주 신탁' 차이 ●

구분	가치주 신탁	주식형펀드
거래 방법	개별계약	표준약관
운용 방법	단독 운용	집합 운용
보수(수수료)	신탁보수 1.5% 내외	판매, 운용, 수탁보수 2.5% 내외

위 표에서 보듯이 가치주 신탁은 계좌별 단독 포트폴리오를 구성합니다. 주식형펀드는 투자하는 펀드의 일정 비율만큼 투자되어 동일한 수익률을 가져오는 반면, 가치주 신탁은 투자자별로 단독계좌의 단독 포트폴리오를 구성합니다. 즉 펀드는 동일 펀드에 투자한 투자자가 똑같은 수익률을 가지게 되지만, 가치주 신탁은 개인별 계좌에 각각 주식을 편입하기 때문에 모델 포트폴리오를 같이 사용해도 똑같은 수익률이 나올 수 없는 구조입니다.

가치주 신탁은 주식형 투자상품 중에서 비교적 저렴한 수수료가 적용됩니다. 신탁상품은 은행에서 모든 업무처리가 일어나기 때문에 '신탁보수' 하나의 수수료만 발생해 일반 주식형펀드에 비해 저렴한 수수료를 지급합니다. 반면 펀드상품은 구조적으로 판매사(은행 · 증권사)와 자산운용회사, 수탁은행 등 여러 기관이 필요하며 각각 수수료가 발생하기 때문에 가치주 신탁보다 수수료가 늘어납니다.

다음은 '가치주 신탁'의 운용 측면 차별화 포인트를 알아보겠습니다.

먼저 '보수적인 운용'입니다. 은행을 거래하는 고객은 증권회사 등 투자금융회사를 거래하는 고객보다 상대적으로 투자에 대한 보수적인 성향의 고객이 많습니다. 따라서 은행의 '가치주 신탁' 운용은 정보기술(IT)과 바이오 등 성장성이 크지만, 변동성이 많은 주식보다는 꾸준한 성장성을 보이면서 시장대비 저평가된 주식에 투자하는 가치주 투자전략으로, 다소 보수적인 시각의 운용을 합니다. 즉 망하기 어려운 회사, 꾸준한 성장과 배당이 예상되는 회사에 중점을 두고 투자를 하는 것입니다.

주력 투자대상 기업은 다음과 같습니다. 자산가치 우수기업, 재무안정성을 갖춘 고배당 기업, 시장 지위 우수기업, 보수적인 회계처리 기업, 유망 자회사 보유 기업 등입니다.

둘째, '긴 호흡으로 운용한다'는 것입니다. 펀드 업계에서 내로라하는 스타 펀드매니저도 일정 기간 수익을 내지 못하거나 시장 순위에서 밀리면 수시로 교체되는 것이 펀드 업계의 냉혹한 현실이고, 필자는 그러한 상황을 20년 이상 봐왔습니다. 그러나 은행의 신탁 펀드매니저는 상대적으로 단기 운용성과에 대한 압박이 덜하다 보니 단기적으로 수익을 올리고자 하는 수요보다, 3년 이상 중장기 투자성과에 포커스를 맞추게 됩니다. 이런 긴 호흡의 투자가 중장기 투자성과에선 좋은 결과를 가져올 수 있습니다. 그리고 펀드매니저도 특별한 문제가 있거나 이슈가 없으면 교체되지 않기 때문에 본인의 투자전략을 안정감 있게 더욱 장기적으로 구사할 수 있는 장점이 있습니다.

셋째로는 '개인별로 차별화된 포트폴리오 운용'입니다. 일반 공모펀드의 경우, 내가 투자하는 펀드의 포트폴리오는 그 펀드에 투자하는 투자자라면 동일하게 적용되어 내가 투자한 금액비율만큼 지분을 가지고 그 수익을 가져가는 시스템입니다. 반면 가치주 신탁은 특정금전 신탁이기 때문에 개인마다 특화된 포트폴리오로 투자할 수 있습니다.

오늘 1억 원을 '가치주 신탁'에 투자 결정하면 펀드매니저는 모델 포트폴리오를 참고해 주식시장에서 합리적인 가격으로 주식을 매입해 해당 투자자의 계좌를 채우는 식입니다. 비슷한 시기에 투자한 투자자라도 포트폴리오에서 조금 차이가 있을 수 있습니다. 예를 들어 모델 포트폴리오에 있는 A주식의 적정 매입가격은 2만 원인데, 2만 5,000원으로 갑자기 상승했다면 A주식은 당분간 매입대상에서 제외될 수 있습니다.

아래는 '가치주 신탁'상품이 설정되고 현재까지 살아있는 계좌의 누적 수익률을 보여줍니다. 코스피지수와 비교하면 시간이 갈수록 수익률의 격차가 벌어지는 것을 확인할 수 있습니다.

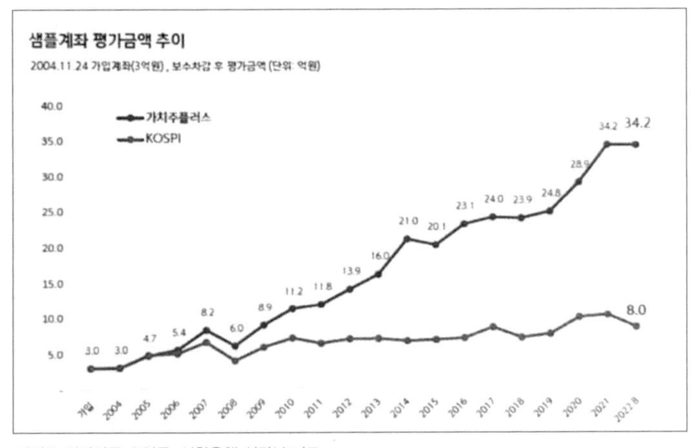

가치주 신탁상품 수익률, 신한은행 신탁부 자료

필자는 PB 팀장을 하면서 주요 투자자에게 프레젠테이션할 때 상품을 운용하는 은행 펀드매니저를 동반해 설명하고 직접 궁금한 점에 대해 답변하는 시간을 가지곤 했습니다. 막연한 투자에 대한 투자자들의 불안을 해소하고 기존의 성과와 앞으로의 투자전략을 설명하면서 투자에 대한 신뢰를 심어주는 시간이 됐습니다.

이 상품을 3년 이상 경험한 투자자들은 중장기투자를 하면서 시장수익률 이상의 수익을 봤고, 적정 수익이 되면 환매 · 재투자하는 모습을 볼 수 있었습니다.

최소 3년 이상의 중장기투자를 생각하고 가파른 성장주 전략보다 꾸준한 가치주 전략으로 시장지수 이상의 수익률을 기대하는 투자자라면, 간접투자인 펀드 투자에 있어서 하나의 포트폴리오로 은행의 '가치주 신탁'상품을 검토해 볼 것을 권합니다.

12 예금 금리 또 올랐는데… 갈아탈까요?

(2022.11.7 기준금리 3.0% KOSPI지수 2,371.79)

– 금리상승기…가입 4분의 1 안 지났으면 갱신 유리
– 예금 만기 한 달 이내면 예금담보대출 검토해야
– 은행 예 · 적금, 금리 계산방식 다른 점 알고 가입해야

이미지=
게티이미지뱅크

불과 1년 전만 해도 1년제 정기예금 금리는 연 1%가량이었습니다. 그런데 지금은 1년제 정기예금 금리가 연 4% 중반을 넘어서 5%대를 바라보고 있습니다. 은행을 방문하는 고객 중 상당수는 지금보다 금리가 낮을 때, 가입했던 예금을 해지하고 현재의 높은 수준의 금리로 바꿔서 새로 신규 가입하는 것이 유리한지에 대한 문의를 많이 합니다.

해당 예금금액이 큰 경우는 그동안 상승한 금리를 적용받지 못해서 아쉬워하고, 또 언제까지 이렇게 높은 금리가 유지될지 몰라 불안해합니다. 올해 상반기만 하더라도 1년제 정기예금 금리는 연 2% 안팎이었습니다. 1억 원을 1년 동안 은행에 예치했을 경우 200만 원이 안 되는 이자금액과 여기에 소득세와 지방세를 합해 총 15.4%를 차감하면 더 적은 금액을 실제로 가져가게 됩니다.

그런데 지금은 1억 원을 예치하면 1년에 500만 원(시중은행 정기예금 1년제 연 4.7% 내외, 10월 31일 기준) 가까운 이자를 받고 세금을 차감하더라도 400만 원 이상 되는 이자를 통장으로 입금받게 됩니다.

- 1년 전 정기예금 1년제 금리 : 연 1.7%, 이자 170만 원(세전 이자)
- 현재 정기예금 1년제 금리 : 연 4.7%, 이자 470만 원(세전 이자)

똑같은 금액을 예금하는 데 연간 300만 원 정도의 이자금액 차이가 납니다.

사정이 이렇다 보니, 1년 전에 가입해 만기가 서너 달 남은 예금 투자자는 물론, 한두 달 전에 연 3% 대로 1년제 정기예금에 가입한 고객들도 기존예금을 해지하고 현재의 높은 금리의 예금으로 갈아타는 것에 대해 고민하고 상담을 요청합니다.

결론부터 요약해 말하면 이렇습니다.

첫째, 전체기간의 4분의 1 기간이 경과하지 않았고, 그동안 연 1% 이상의 금리상승이 있는 경우 기존예금을 해지하고 현재의 높은 금리 예금을 하는 것이 좋습니다.

둘째, 전체기간의 4분의 3 기간이 경과해 만기가 얼마 남지 않은 경우는 기존예금을 그대로 유지하는 것이 좋습니다.

셋째, 만기가 한두 달 내외로 얼마 남지 않았는데 현재의 높은 금리 수준으로 지금 예금에 가입하고 싶은 경우, 기존예금을 담보로 예금담보대출을 받아서 그 자금으로 정기예금을 신규 가입하면 됩니다. 이 경우 얼마 남지 않은 만기까지 예금담보대출 이자와 만기에 받는 금액을 비교해 보고 결정하면 됩니다.

일반 시중은행의 정기예금 중도해지 이율에 대해서 알아봅니다. 가입한 지 1개월 안에 예금을 해지하는 경우, 원금에 연 0.1%를 이자로 지급합니다. 그리고 1개월 이상인 경우, 다음과 같이 이자를 계산합니다. '기본이자율×(1−차감률)×경과월수÷계약월수'의 식입니다.

● 이자 차감율 ●

경과기간	1개월 이상	3개월 이상	6개월 이상	9개월 이상	11개월 이상
차감율	80%	70%	30%	20%	10%

● 1억 원 1년 예치 시 이자 기간별 실제 받는 금액(세전 이자) ●

경과기간	1개월	3개월	6개월	9개월	11개월	12개월
이자 2%	33,333	150,000	700,000	1,200,000	1,650,000	2,000,000
이자 4%	66,667	300,000	1,400,000	2,400,000	3,300,000	4,000,000

* 신한은행 기준. 이자계산 방식은 거래 금융기관과 실제 거래일자에 따라 달라질 수 있다

위의 표에서 볼 수 있듯이 1년을 기준으로 **3개월 미만**인 경우에는 원래 받아야 할 이자에서 차감하는 비율이 70% 이상 되므로 금리상승기에는 **해지 후 높은 금리의 신상품에 가입하는 것이 유리**합니다.

반면 6개월 이상, 즉 가입 후 50% 이상 기간이 경과하는 경우에는 차감율이 30% 미만이므로 실제 받아야 할 이자에서 중도해지로 받지 못하는 금액이 상대적으로 적습니다.

그리고 만기가 한두 달 이내로 남아있고, 예금금액을 지금 사용하고자 할 일이 발생하면 예금은 그대로 두고 예금담보대출을 받는 것이 유리한 경우가 많습니다.

사업을 하는 한 사장님은 자산 대부분을 은행 정기예금 위주로 하는데, 방문할 때마다 정기예금 금리를 물어보고 "이 금리가 최선입니까" 하고 확인합니다. 매일 은행 본점에서 게시하는 기간별 정기예금 금리가 있습니다. 일반적으로 1억 원 미만 금리, 1억 원 이상 예치 시 금리가 연 0.05% 정도 차이가 납니다. 6개월 5,000만 원을 신규 가입할 때 연 3.95%, 1억 원을 신규 가입할 때는 연 4.0% 하는 식입니다.

정기예금을 판매하는 은행지점에서는 적정 마진을 차감하고 고객에게 정기예금 금리를 제시합니다. 그런데 다른 금융기관에서 자금을 가져와서 새로 신규 가입하거나, 기존 고객이라도 거액을 예금하는 경우에는 적정 마진에서 일부를 조금 내린 상품에 신규 가입할 수 있습니다.

우리가 시장에 가서 물건값을 "좀 깎아주세요!" 하는 것처럼, 정기예금 신규 가입할 때, "금리 좀 더 올릴 수는 없을까요?" 하고 물어보는 것은 되든 안 되든 시도할 만합니다. 반면 은행 적금은 금리가 확정돼 있어서 금리 조정의 여지가 없는 대신, 거래조건이 추가되면 금리를 더 받을 수 있는 상품의 경우엔 세부사항을 확인해 보는 것이 좋습니다. 예를 들어서 급여이체가 되면 0.1% 추가금리, 체크카드를 발급하면 0.1% 추가금리 제공 등 추가로 돈이 들어가지 않아도 금리를 더 받는 조건을 확인해 보는 것이 좋습니다.

간혹 "정기적금 금리가 정기예금 금리보다 높은데, 목돈을 정기적금으로 가입하면 좋지 않나요?" 하고 물어보는 고객들이 있습니다. 이 질문에 대해서 필자는 "적금과 예금의 이자계산 방식이 다르므로 실제 불입하는 금액과 1년 뒤 받을 이자금액을 계산해 보고 결정하면 된다"고 답합니다.

은행 적금은 연 7%, 예금은 연 4%, 기간은 1년간, 똑같은 금액으로 거래할 때 어떤 것이 유리할까요? 1년 정기예금에 1,200만 원을 연 4%로 신규 하면 만기 시 48만 원을 받습니다. 은행 적금에 100만 원씩 12번 불입해 연 7%로 1,200만 원을 불입하는 경우는, 첫 번째 100만 원 이자계산과 12번째 이자계산식이 다음과 같이 달라집니다.

1회차 : 100만 원×7%×12/12=7만 원
2회차 : 100만 원×7%×11/12=6만 4,167원
⋮
12회차 : 100만 원×7%×1/12=5,833원

합계 1,200만 원 총 이자 45만 5,000원

이런 식으로 계산하면 총 납입 금액 1,200만 원이 7%의 반 정도인 3.79%로 이자율이 계산됩니다. 1년 적금 기준으로 제시하는 수익률의 약 절반 정도가 실제 수익률이라 생각하면 쉽습니다.

좀처럼 잡히지 않는 물가를 잠재우기 위해 각국 정부에서는 공격적으로 금리 인상을 단행하고 있습니다. 그러나 최근의 시장 상황처럼 빠른 속도의 금리 인상은 기대하기 어렵습니다. 점진적인 인상 그리고 물가가 어느 정도 잡힌다고 생각하면 경제성장을 위해 금리상승을 멈춘 다음 서서히 금리를 내릴 가능성이 큽니다.

정기예금 운용은, 현재처럼 금리가 급격하게 올라가는 시기에는 3개월, 6개월 정도의 짧은 기간으로 예금을 운용하고, 물가가 어느 정도 잡힌 후 금리상승 흐름이 주춤하는 시기가 되면 정기예금을 1년 이상으로 늘려 길게 운용하는 것을 권해드립니다.

IV.

현명한 펀드 투자방법, 펀드의 기본

01

펀드의 시작과 목돈마련, '적립식'으로 하세요

(2021.4.21 기준금리 0.50% KOSPI지수 3,171.66)

– 적립식과 거치식, 뭐가 더 유리할까?

– 적금과 적립식 펀드 계산방식 달라

– 펀드 투자 첫걸음, 인덱스펀드부터 여유자금으로

이미지=
게티이미지뱅크

이제는 대중화된 펀드상품은 20여 년 전까지만 해도 생소한 상품이었습니다. 당시 필자는 펀드 담당자로서 펀드 운용회사 직원과 전국에 있는 지점을 방문하면서 '펀드란 어떤 상품이고, 적립식 펀드는 어떤 장점이 있는가?' 등에 대해 교육했던 기억이 있습니다. 특히나 은행을 거래하던 고객분들에게 펀드는 낯선 상품이었습니다.

금융투자협회에 따르면 2021년 2월 말 기준으로 전체 펀드판매액은 219조 7,000억 원에 달합니다. 이 중 적립식 펀드상품 잔액은 33조 2,000만 원으로 15%의 비중을 차지하고 있습니다. 목돈으로 한 번에 투자하는 거치식 투자와 주기적으로 적립하는 적립식 투자방법 중 어떤 것이 더 유용할까요?

적립식 OR 거치식, 뭐가 더 유리할까?

학자들이 연구한 국내외 결과들을 요약해 보면, 적립식 투자는 매입비용 평균효과(Cost Average Effect)에 의해 적립 기간 중 평균적으로 펀드를 싸게 매입하는 효과가 있다고 합니다. 거치식 투자방식 대비 유리한 결과가 나온다는 의견입니다. 반면 적립식 투자는 투자횟수가 늘어나면서 투자되는 횟수에 따라 비용이 증가하기 때문에 거치식 투자가 유리하다는 의견도 있습니다. 그리고 투자 기간이 길어지면 두 방식 간에 특별한 차이가 나지 않는다는 연구결과 등 다양한 연구결과를 확인할 수 있습니다.

이러한 학자들의 연구결과와는 별도로, 필자가 2001년부터 펀드상품을 담당하면서 펀드상품을 출시하고 직접 펀드에 가입하여 경험한 바에 따른 적립식 펀드에 대한 생각은 다음과 같습니다.

먼저, 적립식 펀드는 투자하는 대상자가 다릅니다. 목돈을 한꺼번에 투자하기 힘든 경우나 적금식으로 목돈을 만들고자 하는 직장인, 자영업자 등이 주 투자자입니다. 목돈을 불리려는 형태가 아니므로 위의 연구결과처럼 거치식과 적립식 투자에 대하여 수익률만을 비교하는 것은 바람직하지 않습니다.

둘째, 투자 기간에 차이가 있습니다. 보통 1년 또는 정해진 기간 단위로 투자하는 목돈 투자가 아니라 2~3년 이상 기간을 두고 적립된 금액 전체에 대한 시장수익률 이상을 목표로 하는 투자에 적합합니다. 또한 적금처럼 만기일을 정해놓지 않고, 적정 수익률이 달성되었을 때 해지하는 방식의 투자에 맞는 방식입니다.

셋째, 시장 평균 수익률 이상을 추구하는 방식입니다. 투자 기간 중 원금손실의 위험을 감수하더라도 2~3년 이상 중장기 기간 동안 주식시장의 평균 수익률 이상을 목표로 하는 투자자에게 적합한 투자방식입니다. 국내 투자의 경우 평균 10% 내외의 수익률을 추구하는 것이 일반적입니다.

적립식 펀드 투자 시 은행 적금의 수익률과 적립식 펀드의 수익률 계산방식에 대해 알아보는 것도 도움이 됩니다. 은행 적금 가입 시, 3% 이자를 지급하는 상품에 가입했는데, 만기 시 실제로 받는 수익률과 금액이 작아 당황해하는 경우가 있습니다. 다음의 표를 참고하여 설명해 드리겠습니다.

	적금 가입			적립식 펀드 가입			
회차	적금 월 적립금액	월 이자	계산식	펀드 월 적립액	월 투자금액	하락 후 상승 시 좌수	비고
1	100,000	3,000	10만 원×3%×(12/12)	100,000	99,000	99,000	
2	100,000	2,750	10만 원×3%×(11/12)	100,000	99,000	104,211	5% 하락
3	100,000	2,500	10만 원×3%×(10/12)	100,000	99,000	109,695	5% 하락
4	100,000	2,250	10만 원×3%×(9/12)	100,000	99,000	115,469	5% 하락
5	100,000	2,000	10만 원×3%×(8/12)	100,000	99,000	121,546	5% 하락
6	100,000	1,750	10만 원×3%×(7/12)	100,000	99,000	127,943	5% 하락
7	100,000	1,500	10만 원×3%×(6/12)	100,000	99,000	121,851	5% 상승
8	100,000	1,250	10만 원×3%×(5/12)	100,000	99,000	116,048	5% 상승
9	100,000	1,000	10만 원×3%×(4/12)	100,000	99,000	110,522	5% 상승
10	100,000	750	10만 원×3%×(3/12)	100,000	99,000	105,259	5% 상승
11	100,000	500	10만 원×3%×(2/12)	100,000	99,000	100,247	5% 상승
12	100,000	250	10만 원×3%×(1/12)	100,000	99,000	99,000	
합계	1,200,000	19,500		1,200,000	1,188,000	1,330,791	

위의 표에서 매월 10만 원씩 1년 적금에 가입하는 경우입니다. 원금 합계는 120만 원, 이자율 3%로 계산하면, 즉 120만 원×3%=3만 6,000원을 기대합니다. 그러나 실제 계산은 위의 표에서 볼 수 있듯이 첫 번째 달에 불입하는 10만 원에 대한 이자는 12개월을 계산하고, 다음 10만 원은 11개월, 다음 10, 9, 8…, 마지막 10만 원은 1개월만 이

자가 계산됩니다. 때문에 전체 이자금액은 1만 9,500원이 되고 여기에 세금 15.4%를 차감하면 손에 실제로 쥐는 금액은 1만 6,497원입니다. 기대했던 3만 6,000원과 큰 차이가 있습니다.

펀드에 투자하고 주식시장의 변동이 없는 경우를 가정할 때, 월 투자금액은 9만 9,000원(1% 수수료 차감 후 납입하는 금액)이고, 12개월 투자한 합계금액은 118만 8,000원입니다. 여기에 수익률 3%를 곱하면 수익은 3만 5,000원 정도입니다. 주식형펀드로 투자했다면 주식매매이익이 비과세이므로 차감되는 비용이 거의 없이 수익을 가져가게 됩니다. 물론 해지 시 주식시장이 하락하는 경우 손실이 발생합니다(실제 펀드 입금 시 투자원금 계산은 수수료 1%의 경우, 투자원금 10만 원×99%=9만 9,000원이 아니고, 원금 10만 원/(1+0.01)=9만 9,009원으로 계산됩니다. 여기서는 이해의 편의를 위해 9만 9,000원으로 표시했습니다).

이처럼 적금의 경우 원금은 훼손되지 않지만 받을 수 있는 이자금액을 적립한 금액 전체에 대한 이자율로 계산하는 건 아닙니다. 납입건별 금액에 대한 기간별 이자를 계산해야 합니다. 이에 비해 적립식 펀드는 건별로 투자한 금액에 대하여 매입한 좌수(주식의 주식수와 비슷한 개념)가 누적되고, 이에 대한 상품의 수익은 누적된 좌수에 펀드수익률(매입 평균 펀드의 기준가격과 해지 시점의 펀드 기준가격 차이)을 곱한 평가금액으로 받게 됩니다. 따라서 적립식 펀드의 경우는 해지하고자 하는 시점의 기준가격이 매우 중요합니다.

펀드 투자 첫걸음,
인덱스펀드부터 여유자금으로

이해를 돕기 위해 적립식 펀드 투자에서 가장 좋은 투자사례 중 하나인, 시장이 지속적으로 하락하였다가 상승으로 마감하는 경우를 예로 들겠습니다. 주식시장이 V자 형태를 보이는 경우로 주식시장이 5%씩 하락한다고 가정할 때, 최초 투자 시에는 9만 9,000좌를 확보했다가 시장이 하락하면 5%씩 좌수를 더 확보합니다(앞의 표 참조).

반대로 시장이 상승하면 비례하여 더 적은 좌수를 확보하게 됩니다. 이러한 사례의 경우 매입한 평균 좌수는 10만 9,520좌로 최초 투자 시점 대비 해지 시점 시장이 변동하지 않을 때를 가정하여, 시장이 변동 없을 때인 9만 9,000좌보다 평균 10.6% 더 많은 좌수를 확보합니다. 주식투자의 경우 주가 하락 시 같은 금액으로 더 많은 주식수를 확보하듯이, 적립식 펀드도 같은 투자금액으로 더 많은 좌수를 확보하게 됩니다(실제 펀드상품의 평가는 최초 평가기준가격이 1,000원부터 출발하고, 투자하는 금액이 기준가격 대비하여 몇 좌를 확보하는지(주식의 경우 주식수)를 계산하여 입금건마다 좌수가 누적됩니다. 계좌별 평가금액은 [(좌수×기준가격)/1000]으로 계산됩니다. 그리고 수익률은 입금건별 평균기준가격과 해지 시점의 기준가격 차이로 평가됩니다).

그렇다면, 수익률만 좋을 때 펀드를 해지하면 될까요? 10만 원씩 투자해 원금이 50만 원이고 평가금액 100만 원, 즉 100% 수익률이 달성될 때 해지하는 것은 바람직하지 않습니다. 수익률은 훌륭하지만, 100만 원으로 사용할 수 있는 사용처는 많지 않으며 목돈이 아니기 때문입니다. 적립식 펀드 투자의 목적은 수익뿐만 아니라 목돈을 마련하는 것입니다. 때문에 펀드를 해지할 때 목표 금액과 목표 수익률 2가지를 같이 고려하는 것이 바람직합니다.

다시 말해 '펀드의 평가금액이 1,000만 원, 수익률은 20%가 되면 해지하겠다'는 식으로 목표를 정하고 꾸준히 적립하고 관리하면 됩니다. 일부 금융회사의 경우, 이같이 목표 금액과 목표 수익률을 정하면 전산에서 관리합니다. 그리고 평가금액과 수익률이 모두 달성될 때 고객에게 SMS 등으로 통지하거나 자동 해지 하는 시스템을 운용합니다. 이러한 시스템을 이용하는 것도 좋은 관리 방법입니다.

적립식 펀드 투자에 적합한 펀드는 어떤 것들이 있을까요?

추천하는 첫 번째 상품은 국내의 인덱스펀드입니다. 시장수익률로 적립이 되고, 수익률 추이를 이해하기 쉽기 때문에 국내의 대표 인덱스펀드를 첫 번째 적립식 펀드로 투자해 보시기 바랍니다.

둘째, 시장 상황에 맞는 펀드 스타일을 정해서 투자해 보는 것입니다. 올해의 경우 단기간 급등한 성장형 펀드상품보다는 소비, 내수 위주의 가치주 스타일 펀드에 좋은 기대수익률이 예상되기 때문에, 시장의 벤치마크 지수보다 나은 수익률을 기대할 수 있겠습니다.

셋째, 투자경험이 충분히 쌓이고 난 후에는 시장에서 판매되는 펀드 중 판매액 상위펀드, 수익률 상위펀드 10위권 내에 있는 펀드들을 검색하고 검토한 후에 자신의 투자성향과 스타일에 맞는 펀드를 결정하여 투자해 보는 방법도 추천해 드립니다.

투자하기 전 가장 기본적인 사항은 적립식 투자방식으로 위험이 분산되더라도 원금손실에 유의해야 한다는 겁니다. 보유자금 중 여유자금으로 투자해야 합니다.

필자는 아침 9시가 되면 인덱스펀드를 비롯하여 고객분들에게 권유한 대표펀드 10개에 매일 1만 원씩 입금하면서 펀드의 수익률 추이를 확인합니다. 그냥 숫자로 보는 펀드 상황과 소액이라도 투자금액이 입금되면 펀드를 관리하는 관심도가 달라지기 때문입니다.

적금과 완연히 다른 적립식 펀드, 관리가 필요하지만, 중장기투자 시 시장의 평균 수익률 이상을 기대할 수 있는 투자방식이므로, 목돈을 마련하고자 하는 투자자라면 적립식 펀드를 꼭 시작하시기 바랍니다.

02 펀드의 구조와 수수료, 정리하면 이렇습니다

(2021.6.27 기준금리 0.50% KOSPI지수 3,302.84)

- 펀드 투자자, 펀드 관련 4개 기관에 수수료 내야
- 초기에는 전문가 도움을, 익숙해지면 낮은 수수료의 온라인으로 거래
- 장기투자는 선취형, 단기투자는 후취형 클래스가 유리

이미지=게티이미지뱅크

좋은 부동산을 구하려면 열심히 발품을 팔아야 합니다. 능력 있는 부동산 중개업자를 만나는 것도 중요합니다. 차별화된 좋은 물건을 소개해 주는 경우, 법에서 정한 요율보다 별개로 수고비를 추가로 더 주는 경우도 있습니다.

펀드는 어떨까요? 펀드는 같은 상품이라면 어디서든 똑같은 수수료율을 적용합니다. 다시 말해 부동산은 일물일가 원칙이 적용되지 않지만, 펀드는 동일상품이라면 누구라도 동일한 수수료율을 적용합니다. 아파트를 예로 들면, 같은 단지 동일 평형이라도 층에 따라서 가격이 다르고, 매매되는 시기에 따라 다른 가격이 적용됩니다. 그러나 펀드는 상품의 약관을 바꾸지 않는 이상 동일한 수수료가 적용됩니다.

다만 똑같은 자산을 동일하게 운용하더라도 수수료가 달라지는 경우가 있습니다. 온라인, 오프라인인지, 선취방식인지, 후취로 수수료를 차감하는지에 따라서입니다.

펀드 투자에는 투자자를 제외하고 네 당사자가 있습니다. 1) 판매회사, 2) 운용회사, 3) 신탁회사, 4) 일반사무관리회사입니다. 때문에 펀드 투자자는 네 군데에 펀드 관련 수수료를 지급하게 됩니다.

1) 판매회사 : 판매회사는 펀드의 매입, 환매, 고객관리를 담당하며 은행, 증권, 보험사 등이 있습니다. 일반적으로 고객의 정보는 운용회사에 없고 판매회사에 있습니다. 따라서 고객과 관련된 일반 정보는 판매회사를 통해서 정보를 종합하고 금융투자협회를 통해서 집계 · 통계화됩니다.

2) 운용회사 : 운용회사는 집합투자업자라고 하며 펀드의 운용을

전적으로 담당합니다. 투자자산의 매매지시 및 보전관리를 수탁회사에 위임합니다. 펀드의 수익률을 결정하는 기관이기 때문에 펀드를 선택할 때 운용회사의 평판, 운용경험, 규모 등 각종 정보를 사전에 알아보는 것이 중요합니다. 단기간에 반짝 수익률을 기록하는 회사보다는 장기간 꾸준한 성과를 내는 운용회사를 선택하는 것이 바람직합니다.

● 펀드의 역할과 수수료 ●

구분	역할	수수료	비고
판매회사	펀드 신규, 해지, 고객관리	1% 내외	클래스별 차이
운용회사	펀드자산 운용	0.7% 내외	전 클래스 동일
신탁회사	펀드자산 수탁관리	0.025% 내외	전 클래스 동일
일반사무관리회사	기준가격 및 회계관리	0.015% 내외	전 클래스 동일

* 수수료는 주식형펀드 기준임

3) 신탁회사 : 신탁회사는 신탁업자로 운용회사의 지시를 받아 펀드의 재산을 보관 및 관리하고 운용지시에 대한 감시역할을 합니다. 간혹 운용회사가 망하게 되면 나의 펀드재산은 어떻게 되는지 궁금해하는 경우가 있는데, 그런 경우에도 자산은 수탁을 맡은 신탁회사(대부분 은행이 담당)에 안전하게 보관됩니다.

4) 일반사무관리회사 : 일반사무관리회사는 펀드의 기준가격 및 회계를 담당합니다. 펀드의 기준가격은 펀드의 수익률을 파악하는 가장 기본적이고 중요한 자료로서, 기준가격을 매일 산정하는 역할은 펀드 운용의 중요한 역할 중 하나입니다.

4개의 기관을 보면 유달리 판매회사의 수수료가 높은 걸 알 수 있습니다. 펀드판매회사의 수수료는 판매 수수료와 판매보수로 구분됩니다.

판매보수는 매일의 평잔(평균 잔액)에 대해 계산하는 것으로, 주식의 매매가격에 해당하는 펀드의 기준가격에 반영되어 매일 차감됩니다. 따라서 펀드를 장기투자 하는 경우에는 선취형 수수료(최초 1회만 부담)에 비해 부담될 수 있습니다.

판매 수수료는 자금 입금 시 최초 1회에 한해 투자원금에서 수수료율만큼 차감하는 방식입니다. 평잔방식의 판매보수에 비하여 장기투자 시 기준가격이 상승하는 효과가 있습니다. 1년 이상 투자하는 경우 똑같은 펀드라 하더라도 선취형 클래스가 후취형 클래스보다 수익률이 더 좋습니다. 왜냐하면, 기준가격을 매일 산정하는데 펀드수익의 보수는 비용으로 차감되어 계산되고, 선취방식의 클래스는 최초 1회만 차감하기 때문에 매일 계산되는 기준가격에 영향을 미치지 않기 때문입니다.

펀드의 운용은 동일하지만, 펀드판매회사의 적용방식에 따라 수수료 지급체계가 달라지며 다음 표와 같이 구분 · 적용됩니다. 이는 펀드의 클래스(Class) 차이에서 비롯됩니다.

● 펀드의 수수료 지급체계 ●

구분	클래스(Class)	수수료	비고
선취형	A1	납입원금의 1.0% 내외	
	A-e	납입원금의 0.5% 내외	온라인 가입자 적용
후취형	C1	평균잔액의 1.0% 내외	
	C-e	평균잔액의 0.5% 내외	온라인 가입자 적용

* 수수료는 주식형펀드 기준임

표에서 보듯이 선취로 납입원금에서 최초 1회만 수수료를 차감하는 클래스를 A형으로 표시하고, 매일 평균 잔액에서 차감하여 기준가격에 적용하는 방식을 C형으로 표시합니다. 펀드를 온라인, 즉 인터넷 환경에서 가입하는 경우는 클래스 끝에 e로 표시하고 수수료를 할인하여 적용합니다.

일반적으로 국내주식형펀드의 전체 수수료는 2.5% 내외이고, 혼합형(주식 · 채권 혼합형) 펀드는 1.5% 내외, 채권형펀드는 1% 내외의 수수료율이 적용됩니다. 그리고 해외에 투자하는 펀드는 국내형 펀드보다 통상 1% 이상 수수료가 높습니다. 해외 투자 시 제반비용이 더 소요되기 때문입니다.

그러나, 선취수수료를 제외하고 다른 수수료는 매일 평균 잔액에서 보수로 기준가격에 포함되어 계산되기 때문에, 펀드 투자자는 나머지 수수료 체계를 잘 인식하지 못합니다.

펀드를 장기투자 하는 경우, 위의 선취형 클래스인 A 클래스로 신규를 하는 방법이 좋습니다. 그리고 후취형인 C 클래스로 신규를 하는 경우에도 1년 뒤부터 1년 단위로 3년까지 판매보수가 순차적으로 차감됩니다. 예를 들어, 최초 가입 시 C1 클래스의 판매보수가 연 1.2%인 경우 1년 뒤에는 C2 클래스로 판매보수는 연 1.1%, 2년 뒤에는 C3 클래스로 판매보수는 연 1.0%, 3년 뒤에는 C4 클래스로 판매보수는 연 0.9%, 이러한 방식으로 보수가 점차 하락하는 구조로, 투자자의 수수료 부담을 줄여줍니다.

펀드 수수료 중 판매 수수료를 저렴하게 적용받는 방법은 펀드를 판매회사의 지점이 아닌 온라인으로 가입하는 방법입니다. 일반적으로 30~50% 내외의 수수료가 절약됩니다.

더 싼 수수료를 적용받는 방법은 한국포스증권에서 펀드를 가입하는 방법입니다. 한국포스증권은 2013년 펀드 슈퍼마켓으로 설립된 펀드온라인코리아가 전신입니다. 여기서 펀드에 가입하면 펀드판매회사의 온라인펀드보다 20~30% 정도 판매 수수료를 절약할 수 있습니다.

일반 펀드판매사인 은행, 증권사에서는 펀드뿐만 아니라 다른 금융상품도 함께 종합관리를 할 수 있는 반면, 펀드 슈퍼마켓에서는 펀드상품만 관리가 가능하므로 상품관리의 장단점을 확인하여 펀드 가입 및 관리를 하면 됩니다.

오프라인으로 펀드회사의 판매담당자나 PB 팀장과 상담하고 펀드에 가입할 때보다 온라인으로 펀드 가입하는 경우 판매 수수료를 상당부분 절약할 수 있습니다. 고객의 자산을 관리하는 PB 팀장 입장에서 보면, 판매 수수료로 1%가량의 수익이 판매회사로 돌아가는 데 반해, 펀드상품 사후관리의 책임 기간에는 제한이 없어 부담이 됩니다.

펀드수익률에 대한 고객 불만이 접수되면 운용사의 마케팅 담당자와 펀드매니저에게 직접 연락해서 원인도 파악해 보고 관련 내용을 고객에게 다시 전달합니다. 그리고 필자의 경우에는 고객에게 권유한 상품은 대부분 같이 투자해서 관리하고 있습니다.

정기예금과 같이 확정금리를 제공하고 원리금(원금과 이자)이 보장되는 상품은 신규 하는 순간 상품의 만기관리를 제외하고는 부담이 없지만, 펀드와 같은 투자상품은 판매하는 순간부터 해지하는 순간까지 관리부담이 계속됩니다.

자산가에게 펀드를 권유하는 경우 보통 1억 이상, 수억 원의 자금을 한 번에 신규 하는 경우가 많습니다. 큰 금액을 신규 함에도 불구하고, 일반 고객에 비해서 자산가들에게 관찰되는 특이할 만한 점은, 상품의 수수료보다는 예상수익률이 얼마나 되는지에 관심이 많고 어떻게 잘 관리해 줄 것인지 상담한다는 것입니다.

수수료가 얼마인지보다, 연간 5%의 수익을 낼 수 있는지, 10%의 수익이 가능한지에 대해 진지하게 설명을 듣습니다. 그리고 잘 관리해 달라는 당부를 합니다. 자산을 관리하는 PB 팀장 입장에서는 펀드 신규와 동시에 관리부담이 발생하는 것입니다.

펀드에 가입하는 이유는 운용 전문가에게 자산의 운용을 위탁하여 기대수익을 높이고자 하는 것입니다. 좋은 펀드를 고르는 데 있어서 투자 초기에는 어려움이 있습니다. 펀드 투자 초기에는 펀드판매회사의 판매담당자들과 상담을 통해서 펀드를 선택하고 관리받는 것이 좋습니다. 그리고 펀드 투자경험이 쌓이면 자신 있는 분야의 펀드는 온라인으로 가입합니다. 금액이 크거나 복잡한 상품의 경우는 전문 판매담당자와 상담하는 듀얼방식으로 펀드를 관리하는 방법을 추천드립니다.

03 맛있는 펀드 고르는 방법

(2021.7.6 기준금리 0.50% KOSPI지수 3,305.21)

– 수익률, 위험대비 수익 비교…같은 수익률이면 변동성이 적은 펀드 좋아

– 샤프지수, 트레이노 지수로 성과 측정, 높은 것이 운용 잘하는 펀드

– 펀드판매사, 운용사의 'TOP 10 펀드', '이달의 추천 펀드' 참조

이미지=
게티이미지뱅크

필자는 매주 토요일 과일을 사러 집 근처에 있는 농수산물 시장을 방문합니다. 과일을 고를 때 가격보다는 과일 본연의 맛이 있는지를 먼저 봅니다. 여러 번의 시행착오 끝에 단골집을 만들었습니다. 과일 이름만 알려주면 사장님이 알아서 내가 좋아하는 품질, 크기 등을 선택해서 갖다줍니다. 필자의 기호와 성향을 잘 알기 때문입니다.

어떻게 하면 내가 좋아하는 펀드, 맛있는 펀드를 고를 수 있을까요? 수박이라면 꼭지가 싱싱하고 줄무늬가 선명하고 툭툭 두드리면 맑은 소리가 나는 등의 기준이 있는데, 펀드라면 어떤 기준이 있을까요?

펀드를 선택할 때 객관화된 숫자로 선택하는 방법과 경험에 의한 정성적인 평가를 함께 하면 좋은 선택을 할 수 있습니다. 알아보기에 앞서 꼭 유념해야 할 사항은 과거의 성과가 미래의 성과를 보장하지는 않는다는 점입니다. 과거의 데이터를 바탕으로 평가하고 선택하지만, 앞으로의 상황은 100% 알 수 없기에 지속적인 관리와 모니터링이 필요합니다.

먼저 객관적인 기준에 대하여 알아보겠습니다(주식형펀드 기준입니다). 기간별 수익률, 수익 · 위험 분석, % 순위 등을 참조하면 기본적으로 나쁜 펀드를 선택하는 확률을 현저하게 떨어뜨릴 수 있습니다. 즉 최우수펀드는 아니지만 두고두고 펀드 때문에 마음이 상하는 일은 줄어듭니다.

수익률·위험대비 수익 비교…
"같은 수익률이면 표준편차 적은 펀드"

첫째, 수익률입니다. 현재를 기준으로 1주일, 1개월, 3개월, 1년 등 설정 이후 수익률(펀드가 만들어진 이후 누적 수익률)을 동일 유형 펀드의 평균 수익률과 비교합니다. 그러면 이 펀드가 동일 유형의 펀드 평균과 대비해서 꾸준하게 어떤 성과를 보여주는지 확인할 수 있습니다.

그리고 동시에 펀드의 기간별 % 순위도 체크해야 합니다. 1개월, 3개월, 6개월, 1년, 2년, 3년 등 기간별로 기록한 수익률이 동일 유형의 펀드 중에서 몇 번째 순위인지를 백분율로 환산한 것을 확인할 수 있습니다. 동일 유형의 펀드가 200개인데 그중 50위를 기록했다면 % 순위는 25%입니다. 즉 100명 중 25등을 한 것입니다.

1개월 수익률은 5% 순위인데, 1년 수익률이 60%이면 좋은 펀드일까요? 1개월 수익률은 50% 순위인데, 1년 수익률이 20%인 펀드가 좋은 펀드일까요? 최근의 수익률보다는 1년 이상의 누적 수익률 성적이 좋은 펀드, 그리고 3개월, 6개월, 1년, 2년 등 구간별로 50% 이내에서 꾸준히 성과를 나타내는 펀드가 장기투자 할 수 있는 좋은 펀드입니다.

이미지=
게티이미지뱅크

둘째, 위험대비 수익분석입니다. 기본지표로는 표준편차, 샤프지수, 트레이너지수 등이 있습니다. 위험은 쉽게 이야기해서 변동성이고 표준편차로 표시합니다. 평균을 기준으로 아래위로 얼마나 많이 움직이느냐를 나타냅니다. 평균이 5%인데, 좋을 때는 +10%도 되었다가 나쁠 때는 −20%도 나타내면 가입 후 1년 뒤의 수익률을 가늠하기가 쉽지 않을 것입니다.

그런데 똑같이 평균이 5%인데, 좋을 때는 +8% 수익률을, 나쁠 때는 2%의 수익률을 보인다면 어떨까요? 1년 뒤에도 5% 수익률을 기준으로 3% 정도의 차이는 발생하겠지만 5% 정도의 수익률은 예상이 되겠구나, 하고 생각할 수 있을 것입니다. 따라서 평균 수익률이 같다면 변동성이 적은 펀드, 즉 표준편차가 적은 펀드가 좋습니다.

펀드 운용의 성과를 나타낼 때 무조건 수익률이 좋다고 우수한 평가를 내리지는 않습니다. 펀드가 당면한 위험에 대비해서 어떤 성과를 나타내는지로 판단합니다. **단위 위험당 초과수익률**이 판단 기준인데, '초과수익률/위험'의 형태로 나타냅니다.

(펀드수익률 − 무위험자산수익률)/위험

쉽게 접근해 봅시다. 펀드가 실현한 수익률에서 정기예금 수익률(원금보장 자산)을 차감하고 이것을 펀드가 부담하는 위험으로 나누어 계산합니다. 대표적인 지수 2가지는 샤프지수와 트레이너지수입니다. 샤프지수는 위 계산식에서 분모의 위험이 총위험을 나타냅니다. 펀드가 한 단위의 위험에 투자해서 얻는 초과수익이 얼마인가를 나타내고, 샤프지수가 높을수록 수익률의 변동이 크지 않으면서 높은 수익을 올리는 펀드라고 볼 수 있습니다.

트레이너지수는 분모의 위험을 시장위험으로만 분리해서 평가하는 것입니다. 예를 들어 시장의 변동이 5% 상승했는데, 펀드는 얼마나 초과수익을 올렸는지 보는 것입니다.

2가지 지수 모두 동일 유형의 평균 수치와 비교해서 수치가 높은지를 보고, 높은 수치면 운용을 잘하는 펀드인 것을 알 수 있습니다.

이와는 별개로 젠센의 알파(Jensen's Alpha)가 있는데, 이것은 이론적으로 계산된 적정 수익률과 대비해서 어떤 성과를 보이는지를 평가하는 지표입니다. 펀드매니저 능력을 평가하는 지표로 사용되고, 높은 숫자가 좋은 성과를 나타냅니다.

위의 샤프지수, 트레이너지수, 젠센의 알파는 아래 그림 푸딩(Fudding) 앱의 펀드리포트에서 유형평균과 비교해서 살펴볼 수 있습니다. 주식투자 할 때 코스피(KOSPI), 코스닥(KOSDAQ) 시장에 있는 모든 주식을 분석할 수 없듯이, 시장에 나와있는 모든 펀드를 설명해 드린 기준으로 분석할 수는 없습니다.

신한뉴그로스중소형주증권자투자신탁[주식](종류A1)

신한뉴그로스중소형주 펀드 현황/이미지=KG제로인

은행, 증권회사 등 펀드판매사의 홈페이지 또는 모바일 앱에 들어가면 '수익률 TOP 10 펀드', '판매 최다 TOP 10 펀드', '이달의 추천 펀드' 등을 업데이트하여 게시합니다. 성과가 우수하고 투자자들의 선택을 많이 받는 펀드들을 확인한 후 위의 객관적인 기준들을 활용해서 펀드를 선택해 보기 바랍니다.

KG제로인의 푸딩 앱에서는 제로인에서 평가하는 펀드에 대한 자세한 리포트를 무료로 확인할 수 있습니다. 위에서 나열한 기준 외에 벤치마크 차트 분석, 업종별 주식투자비율, 주식 TOP 10 보유종목과 유형별 평가유형에서 어떤 등급을 받고 있는지도 확인 가능합니다. 펀드를 자세하게 분석하고 싶은 투자자들은 꼭 활용해 보시기 바랍니다(태극마크가 5개면 최우수펀드입니다).

객관적 데이터를 이용해서 펀드를 선택하는 것은 기본적인 사항입니다. 나쁜 펀드를 선택할 수 있는 위험을 사전에 제거할 수 있기 때문입니다. 여기에 정성적인 평가가 추가되면 100%에 가까운 좋은 펀드, 맛있는 펀드를 선택할 수 있습니다.

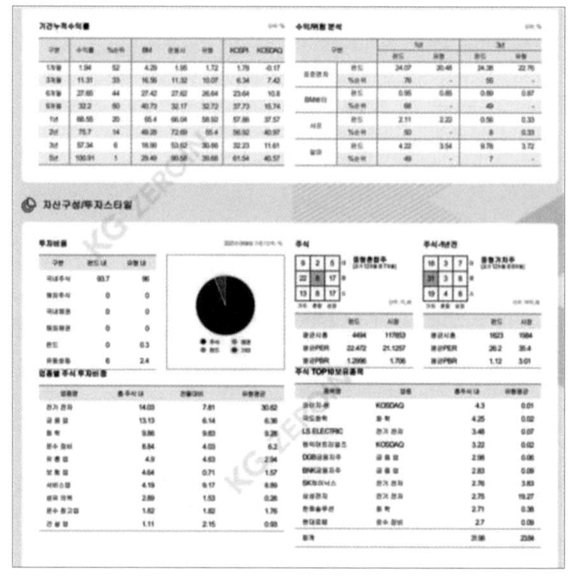

신한뉴그로스중소형주 펀드 현황/이미지=KG제로인

펀드를 운용하는 자산운용회사는 적정규모의 회사인지, 평판은 좋은지, 앞으로 발생 가능한 회사 리스크는 없는지 확인합니다. 펀드를 운용하는 펀드매니저는 경험이 많은지, 좋은 성과를 꾸준히 기록하고 있는지, 너무 자주 운용회사를 옮기지는 않는지 지속적으로 체크합니다.

필자는 운용회사의 평판과 펀드매니저의 운용경험을 매우 중요하게 생각합니다. 반짝 1개월, 3개월 수익률을 인위적으로 좋게 기록해서 갑작스럽게 펀드 사이즈를 키웠다가 운용을 잘못해서 망가지는 펀드들을 경험했습니다. 단기간에 회사 볼륨을 키우기 위해 무리한 영업을 하다가 사라지는 자산운용회사도 봤습니다. 자산운용회사는 중간규모 이상인지, 펀드매니저는 10년 이상의 경험을 가진 베테랑인지, 그동안의 운용경력 등을 꼼꼼히 체크하고 선택한 펀드를 고객분들에게 권유합니다.

단골 과일가게를 이야기했습니다. 매주 과일을 사러 가기 때문에 과일가게 사장님은 나의 성향을 잘 알고 과일을 추천해 줍니다. 대부분 만족하지만 드물게 맛이 없는 과일을 사는 경우도 있습니다. 이러한 경우에는 다음번 방문 때 불만사항을 거리낌 없이 이야기합니다. 그러면 과일가게 사장님은 재발방지 약속과 이후 더 세심하게 과일을 골라주기 때문에 계속해서 거래하고 있습니다.

펀드를 개인적으로 선택하고 전문적으로 관리하는 투자자는 많지 않습니다. 단골 과일가게 사장님처럼 단골 금융상담사 또는 PB 팀장을 정해서 정기적으로 관리를 받는다면, 혼자서 결정하고 관리하는 것에 비해 발생할 수 있는 여러 위험을 사전 · 사후에 조치할 수 있습니다.

수수료 부담을 줄이기 위해서 온라인 펀드만 가입하고 관리하는 것도 좋지만, 그와 병행해서 단골 금융상담사를 정해 주기적으로 관리받는다면 상위 30% 이상의 펀드를 선택하고 관리하는 확률을 높일 수 있습니다.

04

훌륭한 펀드매니저는? 성장주 펀드와 가치주 펀드의 차이는?

(2021.5.17 기준금리 0.50% KOSPI지수 3,134.52)

– 펀드매니저는 본인의 운용 스타일을 꾸준히 유지하는 사람이 베스트!
– 성장주 펀드와 가치주 펀드, 분배하며 투자하기
– 성장주 펀드, 2~3년 보유 적절
– 가치주 펀드, 4~5년 장기로 수익 실현

이미지=
게티이미지뱅크

펀드는 투자방식에 따라 목돈을 한꺼번에 넣는 거치식 펀드, 정한 기간마다 일정 금액을 꾸준히 납입하는 적립식 펀드, 수시로 추가 납입하는 임의식 펀드로 나뉩니다.

그리고 투자철학에 따라 성장주 펀드와 가치주 펀드로 나눌 수 있습니다. 성장주 펀드는 성장 잠재력이 큰 주식에 주력으로 투자하는 펀드입니다. 가치주 펀드는 기업실적에 비해 저평가된 주식에 주력으로 투자하는 펀드를 말합니다.

필자가 개인적으로 제일 싫어하는 유형의 펀드 및 펀드매니저는 펀드 운용의 스타일을 시장 상황의 변화에 맞추어 자주 변경하는 경우입니다. 성장주 펀드인데 시장이 가치주 장세로 전환되면 펀드의 편입자산을 저평가 가치주 위주로 변경하고, 절대수익형펀드인데 운용수익이 제대로 나지 않으니까 성장주 스타일로 바꾼다든지 하는 경우입니다.

물론 이런 경우 단기간 반짝해서 시장수익률을 초과하는 수익을 얻기도 합니다. 하지만 시간이 조금만 경과해도 벤치마크 수익률을 하회하는 수익률로 투자자들을 실망시키는 경우가 많습니다.

펀드로 고객분들 자산관리를 하면서 제일 안타까운 경우 중 하나는 펀드의 수익률이 수년간 원금을 밑돌아서 고통스러워하다가 원금회복이 되는 순간 해지하는 케이스입니다.

항상 경제시장과 주식시장의 평균 수익률을 상회하는 펀드는 없다고 보면 맞는 표현입니다. 어느 기간은 성장주의 성장률이 높아 성장주 펀드가 좋은 성과를 기록하다가, 경기가 과열 조짐을 벗어나서 안정상태에 다다르면 소비재, 경기민감주가 주로 편입된 가치주 펀드가 더 나은 성과를 기록합니다.

보유 중인 펀드가 한참 동안 마이너스 수익률을 기록하는 경우 투자자의 마음은 '원금만 회복되면 해지해야지!' 하는 생각입니다. 그러나 여기서 알아야 하는 사실은 펀드가 마이너스에서 원금 또는 플러스 수익률로 돌아섰다는 것은 '이제 그 펀드가 운용하는 전략이 시장 상황에 맞아 떨어졌다'는 의미로 해석할 수 있습니다.

하지만 대부분의 경우, 오랜 시간 힘들게 버틴 구간을 원금회복 수준에서 참지 못하고 해지합니다. 그런데 조금 더 호흡을 길게 하고 투자를 하는 경우, 그동안 힘들게 버틴 보상을 좋은 성과로 보여줍니다.

그래서 때때로 국내에서 매일 펀드의 수익률을 들여다보면서 관리하는 고객들보다, 해외에 체류하고 인터넷 뱅킹도 되지 않아 펀드 해지를 물리적으로 하지 못해 비자발적으로 조금 더 길게 투자하는 경우에 손실 펀드가 원금회복을 넘어서 시장수익률을 초과하는 좋은 성과를 보여주기도 합니다.

성장주 펀드와 가치주 펀드의 개략적인 내용은 다음과 같습니다.

구분	성장주 펀드	가치주 펀드
주요 편입 종목	대형주, IT, 반도체, 바이오 등	중소형주, 소비재, 경기 민감주 등
운용 방법	고 PER 주식 위주, 액티브(적극적) 운용	저 PBR 주식 위주, 패시브(보수적) 운용

* PER(Price Earning Ratio) : 주가수익비율, 주가를 주당 순이익으로 나눈 지표
* PBR(Price Book value Ratio) : 주가순자산비율, 주가를 주당 순자산가치로 나눈 지표

대부분의 성장주는 고 PER, 고 PBR이고, 대부분의 가치주는 상대적으로 저 PER, 저 PBR의 수치를 나타냅니다. 삼성전자와 신한금융지주 주식을 예로 들어 설명드리겠습니다.

구분	삼성전자(성장주)	신한금융지주(가치주)
PER	21.32	6.16
PBR	2.08	0.50

* 2020년 12월 기준

PER은 현재의 이익 몇 년 치가 현재의 주가에 해당되는지를 나타냅니다. 삼성전자의 경우 현재의 이익 21년 치가 현 주가이며, 신한금융지주는 현재의 이익 6년 치가 모여야 현재 주식의 가격이 되는 것을 의미합니다. 일반적으로 성장성이 높은 기업이 PER가 높습니다.

PBR은 회사의 전체가치(순자산)가 주가 대비 어떤 비율로 거래되는지 보여주는 비율입니다. 1이면 회사의 자산가치가 주식가격과 일치한다는 것이고, 0.5이면 자산가치 대비 주식가격이 50%고, 2이면 주가가 회사의 청산가치의 2배가 된다는 것입니다. 신한금융지주의 경우 회사를 청산하면 주가 대비 2배의 가격으로 정산받을 수 있다는 의미입니다.

일반적으로 성장주는 회사의 자산가치에 비해 가격이 빠른 속도로 오르는 산업에 속하는 주식입니다. 가치주는 일반적으로 성숙기에 들어가 있는 산업의 대표종목이 해당됩니다.

대부분의 성장주 펀드는 고 PER 주식이 주류를 이룹니다. 향후 성장성과 성장의 속도가 빠를 것으로 예상되는 주식에 주로 투자를 합니다. 이에 비해 가치주 펀드는 지금 이 회사를 청산하더라도 주식의 현재가치 정도는 충분하게 회수 가능할 정도의 자산가치가 높은 주식, 꾸준히 이익을 내는 산업의 종목에 투자합니다.

성장주 펀드는 물가, 환율, 금리, 유가, 거시경제지표 등 시장의 큰 흐름의 변화를 봅니다. 업종 간 투자비중을 적극적, 선제적으로 조정하는 액티브(적극적) 스타일의 전략을 추구합니다. 시장에 대세 상승 시기일 때 투자하면서 시장수익률 이상의 수익을 목표로 운용합니다.

가치주 펀드는 자산가치 우수기업, 재무 안정성을 갖춘 고배당 기업, 시장 지위 우수기업 등에 주로 투자합니다. 시장의 방향성보다는 기업의 숨은 가치, 즉 본질가치에 집중해 주식을 찾아내고 적정가치에 도달할 때까지 인내심을 가지고 긴 호흡으로 투자하는 방식입니다. 단기적인 주식시장 변동성에 흔들리지 않고, 여유자금을 장기적으로 운용할 수 있는 투자자에게 적합한 방식입니다.

유럽의 버핏으로 불리는 앙드레 코스톨라니는 "개(주식가격)를 데리고 산책을 나갈 때, 개가 주인(기업 가치)보다 앞서거니 뒤서거니 할 수는 있어도 주인(기업 가치)을 떠날 수는 없다"고 했습니다. 주식의 가치가 언제 적정한 가격으로 수렴, 일치하는지를 찾는 것은 어려운 일입니다. 좋은 주식인데 왜 안 오르지, 얼마나 기다려야 할까? 고민을 해보신 적이 있을 겁니다. 성장주는 주기가 조금 빠른 편이고, 가치주의 경우는 주기가 상대적으로 느린 편입니다.

성장주는 대형주, 가치주는 중소형주라는 공식도 최근에는 조금씩 변화하고 있습니다. 한동안 소외받았던 자동차 관련 주식이 2차전지, 전기차 등의 재료로 급등했습니다. 예전의 운용전략이면 성장주 펀드에만 있을 주식이 이제 가치주 펀드에도 편입돼 운용되고 있습니다.

이처럼 성장주 펀드와 가치주 펀드에서 100% 본연의 색깔을 내는 펀드보다는 70%는 원래 운용 스타일로, 30% 정도는 보완하는 주식을 편입해서 운용하는 것이 새로운 트렌드입니다. 즉, 성장주 펀드에 70%는 대형 성장주 위주, 30% 정도는 저평가 가치주를 편입하는 방식 또는 가치주 펀드가 30% 내외의 대형 성장주를 편입해서 시장의 큰 흐름을 따라가고 70%는 저평가 가치주 본연의 운용 스타일로 운용하는 것입니다.

경제시장의 사이클은 몇 년 주기로 호황과 불황을 반복합니다. 투자철학을 일관되게 운용하는 것이 바른 펀드 운용전략이라고 생각합니다. 그렇다면, 어느 시기에 성장주 펀드 또는 가치주 펀드에 가입하는 것이 좋을까요?

성장주 펀드의 경우는 시장이 상당 기간 저점을 지나서 회복 기미를 보이고 시장의 상승을 보여줄 때 투자하는 것이 좋습니다. 펀드는 대형주 위주로 구성된 코스피 인덱스펀드 또는 대형주 위주로 구성된 액티브 펀드 중 성과가 검증된 펀드로 나누어 투자합니다. 펀드 해지는 시장지수가 전고점을 찍고 횡보를 보이거나, 소기에 목표한 수익률을 달성했을 때 펀드 해지를 고려합니다.

가치주 펀드의 경우는 가파르게 오른 시장이 상당 기간 횡보를 보이거나, 하락 흐름을 보이는 경우 투자비중을 높이는 것이 좋습니다. 펀드는 제조업, 금융 등 전통산업의 무거운 주식과 중소형 가치주로 구성된 펀드로 나누어 투자합니다. 가치주 펀드는 성장주 펀드에 비해

긴 호흡으로 투자 기간을 정하고 목표달성 시 환매합니다. 적정 사이클이 지나면 상당 기간 저평가 기간을 감내해야 하기 때문입니다.

경험적으로 볼 때, 성장주의 수익 사이클은 2~3년, 가치주의 수익 실현 사이클은 4~5년 주기로 수익 실현이 크게 됩니다. 따라서 1가지 스타일의 펀드를 고집하기보다는 성장주와 가치주 펀드를 분산하고, 시장 상황에 따라 비중을 조절하여 투자하는 것이 좋습니다.

요즘 필자는 아침 9시 펀드시장이 오픈하면 시장 상황을 감안해 성장형 펀드에는 1만 원, 가치주 펀드에는 2만 원을 입금하면서 시장의 변화와 펀드의 수익률 관계를 파악하고 있습니다. 향후 시장 상황이 변하면 비중을 조절할 예정인데, 현재 상황은 가치주 주식에 우호적입니다.

시장이 급격하게 성장하는 모습을 보일 때는 성장주 펀드와 가치주 펀드를 7대 3, 6대 4 정도로 성장주 펀드에 무게를 더하고, 시장이 횡보하거나 하락 흐름을 보일 때는 가치주 펀드에 무게를 더하는 방식으로 펀드 투자전략을 가져보는 것을 권해드립니다.

05 내가 주식형펀드에 1억 원을 투자한다면…

(2022.2.24 기준금리 1.25% KOSPI지수 2,648.80)

– 예측 가능하고 원칙 지키는 '펀드'

– 펀드 잔액은 최소 500억 원 이상이 되어야

– 펀드수익률 3년 20%, 5년 30% 안팎

– 국내외 Top 10 운용사 대표펀드 선택

이미지=
게티이미지뱅크

투자상품 중에서 어떤 종류의 상품들이 믿음이 가고 계속 투자하고 싶은 상품들일까요?

투자상품은 정기예금처럼 원금과 이자를 보장하지 않습니다. 원금의 손실이 가능하고 수익률의 변동성을 매번 감수해야 하는 상품입니다. 그러나 이러한 투자상품이라도 합리적으로 예측 가능한 범위에서 움직이고, 원칙을 지키면서 운용하는 상품이라면 한결 마음이 편하지 않을까요?

투자상품의 운용에 있어서 예측 가능한 펀드상품들의 분류는 다음과 같습니다.

먼저 상품구조상 운용이 예측 가능한 펀드들입니다. 인덱스펀드, 만기 매칭펀드 등 펀드수익률을 예상할 수 있습니다.

인덱스펀드는 코스피200, S&P500, 유로스톡스50 등 국가와 시장 지수의 변동성에 투자하므로 시장의 흐름과 내가 투자하는 펀드의 수익률을 거의 유사하게 예상할 수 있습니다. 만기 매칭펀드는 투자대상 자산을 일정한 만기로 잘라서 만기에 일정 수익률이 상환되도록 구조를 만든 상품입니다. 신용 리스크만 없다면 만기에 원금과 약정수익률을 기대할 수 있고 주로 49인 이하 사모펀드에서 주로 운용됩니다.

두 번째로 특정 분야 투자펀드가 있겠습니다. 원자재와 통화, 대체상품 등에 투자해 특정 산업 · 분야의 전망과 이익에 연동해 수익을 기대할 수 있는 펀드상품입니다.

섹터펀드는 말 그대로 2차전지, 반도체, 자동차, 헬스케어 등 특정 산업에 투자하는 펀드입니다. 시장 전체 흐름보다는 해당 산업의 수급이나, 전망, 호재에 따라 수익이 차별화되는 특징이 있습니다. 아울러 골드, 구리, 미국 달러 선물 등에 투하는 펀드는 원자재 시황, 해당 투자재료의 수급과 나라 간 이해관계에 따라 수익이 변동됩니다.

세 번째로 운용철학과 원칙에 의해서 운용되는 펀드들이 있습니다. 글로벌 운용사나 경험 많은 펀드매니저에 의해 장기간 운용되며 운용성과가 검증된 펀드로 시황에 쉽게 움직이지 않고, 특정 원칙을 일관되게 고수하는 운용전략으로 장기성과가 우수한 펀드들입니다.

이 가운데 세 번째, 원칙을 고수하는 펀드 중 예를 들어보겠습니다.

'AB 미국그로스 주식형펀드'는 미국의 성장형 주식에 투자하는데, 5년 이상 성장을 보여주는 주식을 선별해 30~50개 대형 주식 종목에 투자합니다. 5년 이상 검증된 주식이면서, 그중 10여 개 종목에 30~50% 비중으로 투자하기 때문에 시장이 호황일 때 더 큰 수익률을 기대할 수 있습니다.

'한국투자 미국배당귀족 주식형펀드'는 미국의 배당귀족지수에 투자하는 펀드입니다. 25년 이상 연속 배당성향이 증가하는 미국 주식 중 60~70여 개 종목을 선별해 투자합니다. 장기간 배당을 이어서 하는 우량회사이면서, 재무구조가 탄탄한 회사에 투자합니다. 그리고

25년 이상 검증이 필요하므로 단기간에 성장한 IT 관련 회사는 비중이 매우 적습니다. 따라서 올해처럼 저성장, 변동성이 큰 시장에서 견조한 성과를 기대할 수 있는 펀드입니다.

펀드상품, 특히 주식형펀드를 투자할 때에는 시장의 흐름을 충실하게 따라가는 스타일의 펀드를 기본으로 하고, 원칙을 지키며 운용철학을 쌓아가는 펀드를 주축으로 포트폴리오를 구성합니다. 나머지 일부는 시장의 변동성 흐름에 직접 연결되지 않는 펀드에 투자합니다.

필자가 지금 주식형펀드에 1억을 투자한다면, 위에서 언급한 상품 중 첫 번째의 경우 시장을 따라가는 인덱스와 만기 매칭형 펀드에 30%인 3,000만 원을, 세 번째의 경우 원칙을 지키는 펀드들에 50%인 5,000만 원을, 나머지 20%인 2,000만 원은 시장 변동성의 흐름을 커버할 수 있도록 두 번째인 섹터펀드 등에 투자하겠습니다.

간접투자상품인 펀드에 투자하는 가장 큰 이유 중 하나는, 개별 주식 종목에 투자하는 변동성의 위험을 줄이고 시장지수의 흐름보다는 높은 수익을 올리고자 하는 것입니다.

일관성 있게 움직이고 운용되는 펀드는 간혹, 때때로 현재의 시장 상황과 맞지 않아 시장대비 저조한 성과를 보일 수 있으나, 3년 이상 분산해 지속적으로 적립투자를 한다면 좋은 성과를 기대할 수 있습니다.

위에서 언급한 펀드상품을 개별적으로 선택하는 기준은 다음과 같습니다.

먼저 펀드 잔액입니다. 최소 잔액 500억 원, 많게는 2,000억 원까지의 규모가 적당하며 펀드매니저들이 선호하는 운용 규모입니다. 1조 원 이상으로 운용되는 펀드는 매매 시 어려움이 있어서 1호, 2호 등 시리즈로 분산해 운용되는지 확인이 필요합니다.

둘째, 펀드수익률입니다. 3년 수익률이 20% 내외, 5년 수익률이 30% 이상인 펀드 중 선택합니다.

마지막으로 운용사 · 펀드매니저를 봐야 합니다. 국내외 수많은 운용사에서 나에게 맞는 좋은 펀드를 찾기가 쉽지 않습니다. 국내외 대형 운용사, 10년 이상 운용경험의 펀드매니저를 택하는 게 좋습니다. 가장 쉬운 방법은 국내외 Top 10 운용사에서 대표펀드를 선택하는 것입니다.

1~2년 반짝하는 운용사와 펀드매니저는 주의할 필요가 있습니다. 100억, 200억 원 단위로 펀드를 운용하다가 조 단위로 자금이 몰리고, 이전의 좋은 수익률을 보여주기 위해 무리를 하고 과욕을 부리다가 시장수익률보다 못한 수익률을 기록한 펀드들이 과거에 많았습니다.

최근에 문제가 돼 파산한 라임자산운용은 초기에는 중위험 · 중수익 펀드로 각광받다가 조 단위 자금이 몰리면서 무리한 운용과 경영진의 일탈로 투자자에게 많은 피해를 끼친 나쁜 선례를 남겼습니다.

올해는 호재보다 악재가 많고 금융시장 및 경제환경이 예년보다 더 어려울 것으로 예상됩니다. 이러한 때일수록 예측 가능하고 합리적인 운용과 원칙을 고수하며 장기간 수익률이 검증된 투자상품에 투자하는 게 어느 때보다 중요한 해입니다.

06 시장을 이기는 펀드 포트폴리오

(2022.4.25 기준금리 1.50% KOSPI지수 2,657.13)

– 평상시 인덱스펀드에 많은 비중 투자

– 고성장 전망 땐 대형주 · IT 펀드 비중 늘려야

– 하락 국면, 중소형주 · 경기방어주 위주

이미지=
게티이미지뱅크

며칠 전 70세가 넘은 어르신이 손실이 난 펀드의 내용이 궁금하다며 찾아오셨습니다. 한 달 전 주가연계증권(ELS) 상품을 신규로 만들면서, 한 달에 한 번 정도는 투자상품 점검차 편하게 방문하라고 말씀드렸는데요. 최근 보유상품 중 궁금한 점이 있다며 방문하셨고 궁금한 점을 해소하고 갔습니다.

그 어르신이 고민 중인 펀드는 '미래에셋 그레이트 컨슈머 펀드'였고 15% 정도 손실이 나고 있었습니다. 글로벌 100대 브랜드와 글로벌 리딩기업에 투자하는 좋은 콘셉트의 펀드입니다. 올해 들어 손실 폭이 조금 커지다 보니 고민이 됐던 겁니다. 펀드 투자현황을 살펴보니 마이크로소프트, 아마존 등 정보기술(IT) 분야에 20%가량 투자가 되고 있었습니다. 금리가 오르고 IT 섹터 분야가 하락 폭이 커져서 펀드수익률에 영향을 미친 것으로 파악이 됐습니다.

필자는 당장 빠른 시기에 펀드수익률이 회복되기는 쉽지 않지만 조금 더 시간을 두고 투자를 해야 한다고 말씀을 드렸습니다. 경기가 회복되는 국면에서는 글로벌 우량 기업의 성장이 빠른 속도로 올라갈 것으로 봤기 때문입니다. 펀드 손실로 당황스러웠던 얼굴이 '아 그래서 그렇구나' 하고 궁금증을 해소한 분위기였습니다. 당장 해지하는 것보다 얼마나 기다리면 되겠는지 예상까지 해본 뒤로는 편안한 표정으로 바뀌었습니다.

투자상품을 보유한 고객들을 상담하다 보면 투자상품의 포트폴리오가 한쪽으로 편중돼 구성된 경우를 종종 봅니다. 몇 년 전부터 형성된 저금리 상황과 증시가 활황이었을 때는 대형 성장주와 IT · 반도체 분야에 여러 개 펀드가 모두 투자된 경우가 많습니다. 펀드는 여러 개로 분산 투자 돼있습니다. 하지만 크게 보면 성장형 펀드 1개에 투자한 것과 같은 효과를 나타내고 있는 겁니다.

성장형 펀드들은 요즘처럼 금리는 오르고 경제는 저성장 국면에서는 중소형주, 가치주에 투자하는 펀드보다 상대적으로 변동성이 크고 저조한 수익률을 보입니다.

펀드 투자에서, 포트폴리오 투자는 펀드를 여러 개로 나눠서 투자만 하는 게 아니라 시장 상황이 달라지더라도 적정한 기대수익률을 올릴 수 있도록 펀드 유형과 섹터의 비중을 조절해 투자하는 것이 바람직합니다.

시장이 한쪽으로 치우치더라도 변동성과 수익성에서 방향성이 다른 펀드상품군에 분산 투자 함으로써 시장 평균 수익률 이상의 수익을 기대할 수 있습니다.

아래 표는 시장 상황에 따른 펀드 포트폴리오 배분 투자 예시를 나타낸 것입니다.

구분	인덱스	성장형	가치형	대체투자
평상시	40%	30%	20%	10%
성장/호황기	20%	50%	20%	10%
하락/불황기	20%	20%	50%	10%

첫째, 평상시에는 시장을 따라가는 인덱스형 펀드에 많은 비중을 투자하고 성장형, 가치형 펀드에 고루 투자합니다. 리츠, 원자재 등에 투자하는 대체투자펀드에 10% 내외 투자를 합니다. 시장수익률 흐름을 따라가면서 대형주, 중소형주에 투자하는 펀드에 투자합니다. 특정 섹터펀드에도 일정 부분 투자해 시장수익률 이상의 수익을 추구합니다.

경제가 빠른 속도로 성장하고 금리도 저금리를 유지하는 시기에는 어떨까요. 대형주 위주의 펀드, IT · 반도체 등의 산업에 투자하는 성장형 펀드에 투자비중을 늘려서 해당 펀드의 고수익이 내가 투자한 포트폴리오에서 많이 반영될 수 있도록 합니다. 시장 상황의 변동에 대비해 인덱스와 가치형 펀드에도 적정 비중을 투자합니다.

셋째, 요즘처럼 물가는 상승하고 경제가 정체되거나 하락하는 국면입니다. 이때는 중소형주나 경기방어주식에 투자하는 가치형 펀드 비중을 올려서 다소 보수적인 투자수익률을 기대합니다. 향후 시장이 성장하는 방향으로 바뀌는 것에 대비해 성장형 펀드에는 적립식으로 꾸준히 투자해 저평가 매입의 수익효과를 기대하는 투자전략을 진행합니다.

투자상품은 나의 자산현황, 투자경험, 은퇴시점 등 여러 가지 상황을 고려해 상품 포트폴리오를 구성합니다. 경제시장의 큰 흐름과 방향을 보면서 포트폴리오를 조정해 가며 시장을 꾸준히 이길 수 있는 투자를 합니다. 날마다 상품을 교체하는 것보다, 분기 단위로 펀드상품의 포트폴리오를 조정하는 게 좋습니다. 상품교체는 월 단위로 성과를 보고 교체 여부를 판단합니다.

필자의 경험으로는 본인이 보유한 펀드의 수익률을 매일 점검하고 관리하는 고객은 펀드 투자고객의 10%가 채 안 되는 것으로 알고 있습니다. 의사와 약사, 교수님 등 해당 분야에 전문적인 지식을 가지고 있는 분들도 투자상품 투자를 금융직원의 권유에 의해 일회성으로 투자하다 보니 수익률이 떨어지면 불편해합니다. 또 오르면 언제 해지해야 하는지 시점을 잘 못 잡으면서 방치하는 경우가 많습니다.

펀드는 수익률이 반영되는 기준가격이 하루에 한 번 정해지기 때문에 펀드수익률은 하루에 한 번만 확인하면 됩니다. 하루 점검이 힘들면 일주일에 한 번 특정 요일을 정해서 본인이 투자한 펀드수익률을 스마트폰 앱 등으로 확인해 봅시다. 네이버 캘린더 앱이나 일정을 체크해 주는 앱을 이용하면 잊어버리지 않고, 체크할 수 있습니다.

가능하다면 한 달에 한 번 정도는 투자상품 담당 팀장과 투자상품 현황과 포트폴리오를 검토하고 조정하는 시간을 가지시기 바랍니다. 내가 생각하는 시황과 펀드의 궁금증을 해소하고 내가 모르는 이슈가 있는지도 확인해 봅니다.

바쁜 일정으로 직접 대면상담이 어렵다면 미리 전화상담 시간을 잡아서 10~20분 정도 전화로 상담하고, 인터넷 뱅킹이나 스마트폰 뱅킹을 이용해 펀드 신규 · 해지와 투자상품 포트폴리오를 조정하는 것도 좋은 방법입니다. 요즘 투자상품 관련 업무는 스마트폰 앱에서 금융기관 영업점에서 할 수 있는 업무의 90% 이상이 가능합니다.

내가 투자한 펀드의 현황에 관심을 가지고, 시장 상황에 맞게 포트폴리오를 조정하고, 관리해야 합니다. 누가 뭐라고 해도 펀드의 수익과 손실은 고스란히 투자자의 몫이기 때문입니다.

07 시장 조정기, 펀드 투자관리 하는 방법 3가지

(2021.8.19 기준금리 0.50% KOSPI지수 3,097.83)

– 투자자가 생각하는 수익률로 관리 · 해지하는 것이 바람직

– 자동관리 펀드 및 전산 서비스 활용 관리

– 목표전환형 펀드, 목표달성 자동환매 서비스, 펀드수익률 알림 서비스 등 이용

이미지=
게티이미지뱅크

주식시장이 방향성을 잡지 못한 가운데 오르고 내리고를 반복하고 있습니다. 똑같은 뉴스인데 어떤 때는 호재로, 어떤 경우에는 악재로 반영되기도 합니다. 시장 조정기에는 긍정적 요인은 과소평가, 부정적 요인은 과대평가되는 경향이 있습니다. 펀드상품도 주식과 채권을 주로 편입하여 운용하는 상품이므로, 이러한 자산시장의 영향이 반영되

는 상황을 예상하면서 펀드 관리를 해야겠습니다.

시장 조정기 상황에서 적절한 펀드 투자관리 방법에 대해 알아보겠습니다.

목표전환형 펀드, 목표달성 자동환매 서비스, 펀드수익률 알림 서비스의 활용을 통해 보유한 펀드의 수익률을 관리하고, 펀드 투자자가 생각하는 수익률로 펀드를 해지할 수 있습니다.

먼저 목표전환형 펀드입니다. 이러한 유형의 펀드는 가입 후 정해진 목표 수익률이 달성되면 주식을 전부 매도하고, 채권형펀드로 전환해 목표 수익률을 확정하는 펀드입니다. 국내에서 운용되는 목표전환형 펀드의 일반적 특징은 다음과 같습니다.

1. 목표 수익률은 5% 이상 1% 단위로 10% 수준까지 정하고, 투자자로부터 자금을 일정 기간 모집하여 펀드를 운용합니다.
2. 주식을 적극적으로 운용하여 목표 수익률이 달성되면 보유 주식을 전부 매도하고 채권형펀드로 전환하여 운용합니다(목표 수익률이 달성된 후, 주식을 매도하거나 채권으로 운용하는 과정에서 수익률이 변동될 수 있습니다).
3. 펀드 환매(해지)는 투자자가 직접 펀드판매회사 영업점 또는 앱을 통해서 신청해야 합니다. 펀드 환매를 하지 않을 경우, 채권

및 유동성으로 운용돼 추가적인 수익이 제한됩니다. 따라서 목표 수익률 달성 통지를 받는 경우, 펀드를 바로 환매하는 것이 좋습니다.

이러한 목표전환형 펀드는 현 상황처럼 주식시장이 방향성을 잡지 못하거나, 펀드 관리는 번거롭고 적정한 수익률을 얻고 싶어 하는 투자자에게 적합한 펀드 유형입니다.

목표전환형 펀드는 성장형 펀드, 가치주 펀드, 레버리지 펀드 등 다양한 스타일로 구성돼 운용됩니다. 그리고 첫 번째 펀드의 수익률이 조기달성 돼 청산되는 경우, 바로 동일 유형의 펀드 시리즈가 출시돼 자금을 모집하는 것이 일반적입니다. 그러나 펀드별 운용 스타일이 항상 현재 시장 상황에 맞게 운용되기는 어렵습니다. 때문에 시장 상황에 맞는 스타일의 펀드인지 확인하고 가입하는 것이 좋습니다.

이미지=
게티이미지뱅크

그리고 시장에 처음 출시되는 펀드를 가입하는 것보다는 첫 번째 출시되는 펀드의 운용성과를 확인하고 두 번째, 세 번째 출시되는 시리즈 펀드에 가입하는 것이 보다 안정적인 성과를 기대할 수 있습니다.

둘째, 펀드 목표달성 자동환매 서비스입니다. 투자자가 목표 금액과 목표 수익률 2가지를 설정하고, 2가지 모두 충족될 경우 개별 펀드 계좌를 자동환매 하여 펀드 투자관리에 도움을 주는 서비스입니다.

1. 펀드 투자자가 펀드 가입 시, 목표 금액과 목표 수익률을 결정하면 펀드판매회사 전산시스템에 동 사항을 입력합니다.
2. 펀드판매사에서는 매일 개별 펀드계좌가 목표 금액, 목표 수익률 2가지 모두 달성이 되었는지 전산시스템에서 확인하고, 이를 달성하게 되면 펀드 투자자에게 문자 통지 후 자동으로 펀드 환매를 합니다.
3. 펀드 목표달성 자동환매 서비스가 가능한 펀드는 국내외 공모 펀드입니다.

해당 서비스는 필자가 펀드상품 개발 및 판매 경험을 기초로 2009년 '목표달성형 펀드 운용시스템'을 개발해 특허등록과 전산 개발한 서비스입니다. 목돈 투자에도 유용하지만, 특히 적립식 펀드 투자방식에 적합합니다.

펀드수익률 1가지만 전산 관리하면 적정 수익률로 목돈을 마련하는 데 어려움이 발생할 수 있습니다. 예를 들어, 30만 원씩 적립식 펀드로 투자해 10% 수익률로 1,000만 원의 목돈을 만들고자 하는데 펀드수익률 10%만 전산으로 관리하고 자동 해지 운영이 되는 경우, 90만 원을 투자하고 펀드 평가금액이 100만 원이 되었을 때도 해지되어 수익률은 만족하지만 목돈마련의 목적은 달성하지 못하는 경우가 발생하게 됩니다.

따라서 목표 금액인 1,000만 원, 목표 수익률인 10%, 이 2가지가 모두 달성되었는지를 전산시스템에서 체크합니다. 그리고 달성되면 이를 펀드 투자자에게 통지하고 펀드를 자동환매 하는 방식으로 운영돼 소기의 목적을 달성할 수 있습니다(목표 금액 및 목표 수익률은 다양하게 설정할 수 있습니다). 이와 같은 펀드 목표달성 서비스는 신한은행에서 받을 수 있습니다.

위에 언급한 목표전환형 펀드, 펀드 목표달성 자동환매 서비스가 아니더라도 펀드 가입 시, 펀드수익률 알림 서비스 활용을 하는 것을 권해드립니다. 대부분의 펀드판매사에서 동 서비스를 제공하고 있습니다.

가입한 펀드금액 대비 목표 수익률과 위험 수익률을 설정하고 이것이 달성되면 펀드 투자자에게 문자가 발송됩니다. 투자자는 이를 기초로 펀드수익률을 체크하고 펀드상품 내용을 관리할 수 있는 기회를 갖게 됩니다. 플러스 목표 수익률 통지를 받으면 펀드 환매에 대한 결정을 고려해 보고, 마이너스 위험 수익률 통지를 받으면 펀드 운용현황을 다시 점검해 보고 펀드 교체를 검토해 봅니다.

매월 또는 매주 일정 날짜를 정해서 펀드수익률 통보 서비스를 신청해 주기적으로 가입한 펀드의 수익률을 통지받을 수 있습니다. 펀드 계좌별로 통지 서비스를 신청할 수 있으므로 펀드 신규 투자 시 신청하시기 바랍니다.

이와는 별도로 매일 한 번 또는 특정 요일을 정해 투자자 본인의 수익률을 정기적으로 점검하고, 특이사항이 있는 경우 펀드판매사 담당자에게 문의하는 등 세부내용을 파악합니다. 화초를 키울 때 물을 주고, 가지를 치는 등 주기적인 관리가 필요한 것처럼, 본인이 투자한 펀드 투자관리도 꼭 필요합니다.

08 '헝다 쇼크' 흔들리는 시장에서 내 펀드 관리하는 방법

(2021.9.29 기준금리 0.75% KOSPI지수 3,060.27)

– 적정 수익 거둔 펀드는 해지하고 현금화

– 투자 기간이 3년 이상인 펀드는 긴 호흡으로 수익률 관리

– 시장의 방향에 대해 예단하지 않고, 나만의 관리 기준으로 관리해야

2008년 이맘때였습니다. 추석 연휴를 마치고 출근하면서부터 '리만 브라더스'라는 낯선 금융회사 이름에 익숙해졌습니다. 10년도 더 지난 일입니다만, 2008년 10월을 전후해 프라임 모기지 부실로 리만 브라더스(Lehman Brothers), 베어스턴스(Bear Sterns), 메릴린치(Merrill Lynch) 등 미국의 대형 투자은행이 파산했습니다. 이러한 미국의 금융위기 여파가 전 세계로 확산하면서 우리나라 경제도 상당 기간 어려움을 겪었습니다.

국내외 주식시장이 폭락하고, 이에 따라 주식형펀드의 펀드수익률도 급락했습니다. 이후 수년간 펀드 투자자 중 상당수는 펀드 손실로 마음고생을 많이 했습니다. 필자도 은행 본점의 펀드 담당자로서 펀드

수익률 하락 및 펀드의 대량 환매사태가 진정되는 몇 달 동안 대응책을 마련하느라 주말에 계속 출근했던 기억이 납니다.

올해 추석엔 중국 헝다그룹의 채무 불이행 위험에 따른 해외 경제 변수들의 변동성이 커지고 해외 주식시장이 급락했습니다. 다행히 일정 부분 회복되긴 했지만 추후 금융시장에 미치는 영향을 주의 깊게 지켜봐야겠습니다.

아래 그래프는 현재 상황과 자주 비교되는 2008년 금융위기 전후 코스피지수와 국내 전체 펀드, 주식형펀드의 펀드플로우 추이를 도표로 나타낸 자료입니다(펀드플로우=(입금액t－출금액t)/펀드설정액t－1×100, 실제적인 펀드자금의 유출입을 나타냄).

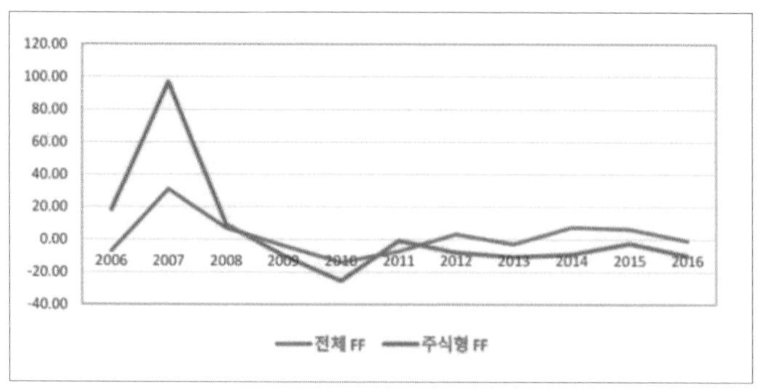

2006년 1월~2016년 12월까지 펀드플로우/자료=2019년 2월 하준삼 논문

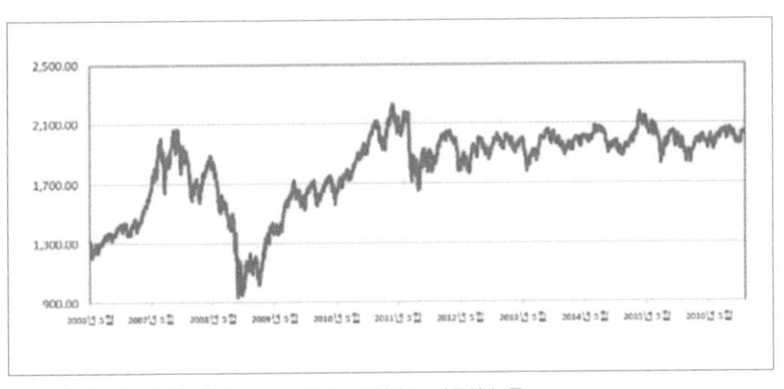

2006년 1월~2016년 12월까지 코스피지수 추이/자료=하준삼 논문

위 그래프에서 코스피지수는 2007년 고점에서 2008년 급전직하하다가 2009년 이후 지수를 회복했습니다. 그러나 위의 펀드플로우는 2008년 급격한 펀드 해지 및 순환매를 기록하고, 몇 년간 펀드 순 유입은 증가세를 회복하지 못한 모습을 보였습니다.

주가지수는 정상적인 흐름을 회복했지만 펀드 투자자 특히, 주식형펀드 투자자들은 고점 대비 50% 하락한 펀드수익률의 나쁜 기억에서 좀처럼 벗어나지 못했습니다.

헝다그룹이 파산할 것인지 물어보는 고객분들이 많습니다. 필자가 관심 있는 것은 헝다그룹의 파산 여부보다 중국 정부가 헝다그룹을 포함해 부동산 시장을 잘 관리해 어떻게 안정화시킬 것인가, 입니다. 그리고 이 여파가 중국시장 전체, 미국시장 그리고 글로벌시장에 어느 정도의 영향을 미칠 것인지, 또 국내시장에는 어떤 정도의 파급효과가 발생할지가 관심입니다.

펀드 투자는 개별 주식에 투자하는 것이 아니고, 수십 개의 종목에 분산 투자 하는 간접투자상품입니다. 때문에 개별 기업의 존폐보다 해당 산업, 해당 국가의 현황 및 전망을 큰 그림으로 보고 어떤 방향으로 흘러갈지 보는 것이 중요합니다.

이론적인 가치와 실제 거래되는 가격과는 항상 괴리가 발생합니다. 기업의 진정한 가치는 기업이 생산해 내는 이익과 향후 성장 잠재력에 대하여 평가됩니다. 그러나 여기에 사람의 욕심과 군중심리 등 비정상적인 요소가 추가되어 거래되기 때문에 가격과 가치는 차이가 발생하게 됩니다.

변동성 커지는 시기에 대응하는 방법… "적정 수익 거둔 펀드는 해지해야"

현재와 같이 불안정한 중국시장의 부동산과 미국의 정치적 여러 이슈로 인해 주식시장의 변동성이 커지는 시기에는 어떻게 펀드 관리를 하는 것이 좋을까요?

첫째, 보유 펀드 중 적정 수익률을 달성한 펀드는 해지합니다. 그리고 부동산 매매자금, 자녀 학자금 등 자금 소요 일정이 정해진 펀드는 가급적 빠르게 현금화하는 것이 좋습니다. 당장은 아니지만 주식시장의 변동성이 확대된 지금, 상황이 언제까지 지속될 지는 예상하기 어렵기 때문입니다.

둘째, 투자 기간이 3년 이상 장기투자인 경우에는 긴 호흡으로 수익률을 관리합니다. 최근의 시장 변동성으로 원금이 하락한 경우라도 당장 해지하는 것보다, 신규 시 설정한 목표 수익률을 기준으로 관리합니다. 앞의 그래프에서 2007년 시장 고점에서 가입해 2008년 하락기에 손실을 보면서 펀드를 해지한 투자자들이 많았습니다. 그러나 그로부터 3년 이상 펀드를 계속 보유한 투자자에겐 원금을 회복하고 적정 수익까지 확보해 해지할 수 있는 기회가 왔습니다.

셋째, 시장의 방향에 대해서 예단하지 않고 나만의 포트폴리오, 나만의 수익률 관리 기준을 가지고 펀드를 관리합니다. 펀드는 간접투자 상품으로 시장수익률보다 나은 적정 수익률을 정하고, 그 기준이 달성되면 해지하는 방식을 주기적으로 반복하면서 관리합니다. 그러면 시장의 변동기에도 크게 흔들리지 않고 적정 수익률을 확보할 수 있습니다.

상당수 시장전문가들은 현재 상황이 2008년 금융위기처럼 전 세계에 아픈 상처를 남기기보다는 제한적인 영향에 그칠 것이라고 얘기합니다. 그러나 신종 코로나바이러스 감염증(코로나19) 사태로 시장에 천문학적으로 풀린 유동성과 앞으로 예상되는 금리 인상에 나쁜 트리거(방아쇠)가 맞물려 발생한다면 그 낙폭과 지속되는 기간은 아무도 알 수 없습니다.

2년 전에 "앞으로 2년간 일상에서 계속 마스크를 쓰고 생활할 거야!"라고 누가 이야기했다면 몇 명이나 그 말을 신뢰했을까요? 때때로 전혀 예상하지 못했던 일들이 우리 인생에 발생하곤 합니다. 시장을 예측하기보다는 시장의 흐름을 지켜보고, 보유하고 있는 자산에 대해 좀 더 보수적으로 운용관리 하는 것이 필요한 시점입니다.

09 우크라이나 침공에 불안한 증시, 내 펀드 어쩌나

(2022.3.4 기준금리 1.25% KOSPI지수 2,713.43)

– 날마다 쏟아지는 뉴스에 일희일비하지 말아야

– 중기 시장전망 · 목표 수익률 세워 관리

– 만기 짧을수록 시장 변화 민감해야

이미지=
게티이미지뱅크

최근 러시아의 우크라이나 침공과 관련해 미국과 유럽 주변국들의 대응이 다양한 뉴스로 전 세계에 전달됐고, 결국 우려는 현실화돼 전쟁이 일어나고 말았습니다. 시시각각 나오는 속보와 각국의 대응에 따라 주식시장, 채권시장은 급등락을 보이면서 시장은 극심한 변동성을 나타냈으며, 투자상품을 보유한 투자자들도 많이 걱정하고 있습니다.

개별 주식에 투자하는 투자자는 보유 투자종목의 변동성이 20~30% 이상 크게 움직인 기간이었지만 간접투자상품인 펀드를 투자하는 투자자들은 상대적으로 적은 10% 안팎의 변동성을 경험했습니다.

펀드상품도 경제환경, 특히 주식시장과 밀접한 관계를 가지고 있습니다. 주식 종목 몇 개에 전부 투자하는 변동성만큼은 아니지만, 주식시장이 상승하면 가입한 펀드상품의 수익률은 올라가고, 반면에 주식시장이 하락하면 투자한 펀드의 수익률도 하락하여 마이너스가 되기도 합니다.

그러나 간접투자상품인 펀드는 통상 30~100여 개의 주식 종목에 분산해 투자하기 때문에 한두 종목의 수익률 급변동에 크게 좌우되지 않는 특성이 있습니다. 물론 자동차, 반도체, 정보기술(IT) 등 특정 분야에 투자하는 섹터펀드들은 같은 방향으로 수익률이 움직이기 때문에 변동성이 크게 나타나기도 합니다.

펀드상품에 10만 원씩 매월 적립식으로 투자하는 투자자나, 수억씩 펀드상품에 거치식(한 번에 목돈 투자)으로 투자하는 투자자나 똑같이 매일 발생하는 국내외 이벤트와 이에 따른 주가 변동에 수익이 좌우되곤 합니다.

최근 우크라이나 사태로 시장의 변동성이 커지면서, 펀드를 판매하고 관리하는 프라이빗 뱅커(PB)나 자산관리(WM) 팀장들은 직접 상품을 투자한 투자자만큼이나 시장의 변화에 관심 있고, 수익률이 급락하는 경우에는 좌불안석이 되기도 합니다.

그러나 필자는 다른 자산관리 팀장보다는 상대적으로 편안한 마음으로 시장의 변화를 지켜보고 있습니다.

그 이유를 말씀드리면 다음과 같습니다.

1,000만 원 이상 목돈을 투자하려고 하는 경우, 정기예금, 은행 신종자본증권(채권), 주가연계증권(ELS) 등 시장이 매일 변동하더라도 당장 투자한 상품의 수익률에 변화가 미치지 않는 상품을 권유했습니다. 그래서 매일의 시장 변동성에 크게 동요되지 않습니다.

정기예금은 원금과 이자가 보장되는 상품이고 은행 신종자본증권은 고위험 상품이지만, 5년 동안 AAA 등급의 은행과 금융지주회사가 부실해질 가능성이 매우 희박하기 때문에 안심이 됩니다. ELS 상품 중 지수로 투자하는 ELS 상품은 시장이 10% 이상 하락한 지금보다 35% 이상 더 하락해야만 원금손실이 되는 구조이기 때문에 오히려 더 자신 있게 지금 권유할 수 있는 구조의 상품입니다.

매월 10만~100만 원 정도의 자금을 적립식으로 투자하는 적립식 펀드의 경우에는 시장이 하락하면 하락할수록 보유상품의 좌수를 더 많이 확보해 투자가 가능합니다. 추후 시장이 다시 회복하면 하락한 만큼의 수익률이 확보되는 것이죠. 그리고 최소 2~3년 정도의 투자 기간을 안내하고 권유했기 때문에 시장은 크게 하락했지만, 불안하지 않습니다.

시장에 민감한 일부 투자자들은 TV 뉴스, 신문 등 언론에서 매일의 시장 동향, 경제뉴스를 확인합니다. 그리고 일부 유튜버의 정제되지 않은 견해들을 빼놓지 않고 보면서 하루하루를 불안한 시각으로 보내는 경우가 많습니다.

필자도 매일 발생하는 주요 뉴스에 관심을 가집니다. 그러나 다양하게 발생하는 뉴스에 일희일비하지 않습니다. 2년이나 3년 이상 중장기로 금융자산을 투자한 투자자의 관점에서, 시장을 한 걸음 떨어져서 바라보고, 투자상품에 미치는 영향을 분석해 보려고 노력합니다.

예를 들면 올해 여러 가지 상황에 의해 금리는 점진적으로 올라간다고 해봅시다. 그러면 금융시장에 돈이 잘 돌아가지 않고, 자금이 주식시장에 원활하게 공급되지 않아 안 좋은 영향이 미칠 겁니다. 특히 IT, 대형 성장주에는 상대적으로 더 큰 영향이 가겠죠. 따라서 목돈 투자는 기간과 수익률이 예상되는 보수적인 상품에 투자하고, 시장의 변동성을 이용할 수 있는 경우는 적립식 펀드로 분산해서 투자하는 것이 바람직할 겁니다.

수익률을 예상해 보면 현재 정기예금 1년제 금리가 연 1.8% 안팎이고 은행 신종자본증권(채권) 수익률이 연 3.6% 안팎입니다. 그러면 '주식형펀드상품의 기대수익률은 3.6%의 2배인 연 7% 안팎이 적당하겠거니' 하고 상품 포트폴리오의 기준을 만듭니다. 투자상품 투자의 큰 그림을 그려놓으면 투자상품을 권유하거나 관리할 때, 예상수익률 기준과 예상하는 시장의 큰 그림을 서로 비교하면서 시장의 변동성에 크게 흔들리지 않고 안정적인 투자상품관리를 할 수 있습니다.

펀드 투자자들이 시장을 바라보는 합리적인 방법을 정리해 보겠습니다.

첫째, 매일 일어나는 뉴스와 이벤트에 일희일비하지 않습니다. 안 좋은 뉴스가 나오면 '오늘 시장이 조금 하락하겠네. 그런데 이런 정도 뉴스면 오래가지 않고 단시간 내에 상당 부분 회복되겠네' 하면서 시장에서 조금 떨어져서 바라보는 시각을 가집니다.

둘째, 2~3년 이상의 중기 시장전망과 예상, 그리고 투자상품별 목표 수익률을 정해 관리합니다. 개별 펀드의 목표 수익률이 달성되면 과감하게 환매합니다. 목돈 투자의 예로 든 정기예금, 은행 신종자본증권, ELS 등의 상품은 추가적인 별도의 수익률 관리가 필요하지 않습니다. 주식형펀드의 경우 목표 수익률이 달성되고 SMS 통보를 받으면 기계적으로 환매하거나, 상품 신규 개설 시 목표 수익률이 달성되면 자동환매 되는 기능을 설정하면 편리합니다.

셋째, 시장의 주요 뉴스나 사건이 내가 투자한 상품의 수익률에 큰 영향을 미치는지 확인하고 대처합니다. 최근의 러시아의 우크라이나 침공으로 원자재 펀드, 대형 성장주 펀드 등은 변동성이 매우 크게 움직였습니다. 투자상품의 만기나 자금 소요 시기가 한 달 내외, 또는 바로 사용해야 하는 경우라면 시장의 변화가 펀드의 수익률에 미치는 상관관계를 유심히 살펴보고 적극적으로 대응해야 합니다.

내일의 주식시장과 투자상품의 수익률은 아무도 예측할 수 없습니다. 그러나 투자 기간을 2년, 3년 이상으로 늘리고, 목돈의 투자방법과 적립식의 투자상품을 구분해 투자하고 관리한다면 시장에 큰 충격이 오더라도 마음의 여유를 가지고 합리적인 투자를 할 수 있습니다.

Ⅴ.

필수 펀드상품, 이 정도만 알면 Good!

01 펀드가 '직접투자'보다 좋은 3가지 이유

(2021.2.16 기준금리 0.50% KOSPI지수 3,163.25)

- 관리 편하고 합리적인 수익률 기대할 수 있어
- 인덱스펀드부터 시작하는 게 바람직
- "변동성 확대되고 예측 어려운 시장…펀드가 대안"

이미지=
게티이미지뱅크

신종 코로나바이러스 감염증(코로나19)이 발생한 이후 주식시장에 무한정 공급된 유동성의 힘으로 코스피는 3,000시대를 맞았습니다.

똑똑한 개인투자자(동학개미)들의 참여가 늘면서 주식에 대한 직접투자가 폭발적으로 늘었기 때문입니다. 반면 간접투자상품인 펀드는 소외되는 게 사실입니다.

펀드는 간접투자상품입니다. 주식, 채권 등 직접투자는 매매와 동시에 가격 및 손익이 결정되지만, 펀드는 투자자가 매입과 매도 결정을 하면 당일 거래는 동일한 손익이 확정됩니다. 펀드매니저가 시장에서 주식과 채권 등의 상품을 매매해 기준가격이 하루에 한 번 결정되고 이에 따른 손익이 확정되는 구조입니다.

간접투자상품인 펀드는 크게 3가지의 장점이 있습니다.

첫째, 일상에 바쁜 투자자를 대신해 전문가들이 투자 고민을 해줍니다. 바쁜 일상에 쫓기다 보면 어떤 주식이 좋고, 언제 사고팔아야 하는지 알기 쉽지 않습니다. 펀드매니저가 하루 24시간 이런 고민을 대신해 줍니다.

둘째, 합리적인 수익률을 기대할 수 있습니다. 펀드는 유형마다 성과의 비교 대상인 벤치마크가 있습니다. 국내 주식형펀드의 경우 코스피지수가 비교 대상입니다. 펀드 유형 가운데 대표펀드를 선택한다면 벤치마크 또는 그보다 나은 성과의 수익률을 기대할 수 있습니다.

셋째, 관리가 편합니다. 펀드는 매매의 기준이 되는 기준가격이 하루에 한 번 존재합니다. 어제의 펀드를 평가해서 다음 날 아침 게시됩니다. 펀드 투자자는 하루에 한 번 펀드의 평가금액과 수익률 그리고 시장대비 얼마나 잘하고 있는지 체크하면 됩니다. 성과가 낮은 펀드는 투자리스트에서 환매 버튼만 누르면 되고 좋은 성과를 거두고 있는 펀드는 리스트에 포함하면 됩니다.

그렇다면 어떻게 펀드를 선택하는 것이 좋을까요. 펀드를 처음 시작한다면 주저 없이 '인덱스펀드'부터 시작하는 게 좋습니다. 인덱스펀드는 코스피와 코스닥지수 등에 포함된 대표 주식을 유사한 비중으로 담고 있는 상품입니다. 지수가 오르는 만큼 수익률을 기대할 수 있습니다. 일정 금액을 주기적으로 투자하는 적립식 펀드로 가입할 경우 적합합니다.

인덱스펀드로 투자를 시작했다면 다음 단계도 도전해 볼 만합니다. 해외펀드, 공모주펀드, 리츠펀드, ETF(상장지수펀드) 등입니다. 투자의 폭을 넓혀 간접투자상품으로 포트폴리오를 구성하면 직접투자 못지않은 수익률을 거둘 수 있습니다.

마지막으로 펀드는 언제 가입하고, 언제 해지하는 게 좋을까요? 목돈을 만드는 경우 적립식 펀드로 가입하면 가입과 해지 시점은 크게 신경 쓰지 않아도 됩니다. 매월 20만 원을 월급에서 자동이체 해 목돈 1,000만 원을 10% 수익률로 만들기 원하는 투자자라면, 목표달성형 시스템을 이용하면 됩니다. 목표 금액 1,000만 원, 수익률을 10%로 설정하고 투자하면 매일 펀드의 평가금액과 수익률이 둘 다 달성되었는지 체크해, 달성될 경우 투자자에게 통지 후 자동으로 해지됩니다.

목돈 투자의 경우에는 투자 시기와 펀드 선택에 따라 수익의 편차가 큽니다. 거래하는 금융사의 전문가와 상의해 현재의 시황에 맞는 펀드를 추천받아 적정 수익률로 투자할 수 있도록 조언받는 게 좋습니다.

펀드매니저는 자기가 운영하는 펀드를, PB 팀장들은 시장에서 거래하는 펀드상품들을 항상 확인하고 있어 누구보다 정보가 많습니다.

올해는 시장의 변동성이 확대되고 예측이 어려운 시장으로 전망되고 있습니다. 주식 직접투자와 더불어 합리적인 수익률이 기대되고 관리가 편한 펀드에 대한 관심을 키워 시장의 수익률보다 좋은 성과가 나오는 한 해가 되기를 바랍니다.

02 주식과 주식형펀드, 투자의 차이점 이해하기

(2021.5.3 기준금리 0.50% KOSPI지수 3,127.20)

– 기업 상황과 주가는 같이 가지 않아

– 펀드매니저, 적정 수수료로 내 자산관리 대신 고민해 줘

– "펀드 관리는 정기적으로 필요"

이미지=게티이미지뱅크

지난해 3월, 코스피지수는 신종 코로나바이러스 감염증(코로나19)으로 1,400대까지 떨어졌습니다. 이후 정부의 유동성 지원과 각종 대책을 기반해 올해에는 장중 3,266선까지 상승했습니다. 최근 증시는 3,100선 안팎에서 움직이고 있습니다. 코스피지수의 앞자리 숫자가 2보다는 3이라는 숫자가 더 익숙해지기 시작했습니다.

세상일이 대부분 그렇듯이, 과정보다는 결과가 중요하게 받아들여집니다. 만약 코스피지수 1,500선 아래에서 주식을 매수해서 3,000선에서 매도했다면 평균 2배의 수익을 얻었을 겁니다. 최근 1년간 2차전지 수혜주나, 삼성전자 등 우리가 들어본 대형주에 투자했다면 분명 좋은 결과를 얻었을 겁니다.

하지만 현실이 꼭 그렇지만은 않습니다. 삼성전자만 보더라도 꾸준한 성장과 이익을 보여줬지만, 주가는 몇 년 동안 박스권 장세에 머물러 있었습니다. 주식가격은 장기적으로 성과와 이익에 수렴하지만, 주식가격은 시장의 환경과 트렌드에 따라 변동성을 보여줍니다. 가치와 가격은 항상 일치하지 않기 때문입니다.

기업의 성장성과 주가, 비례해서 움직이지는 않아

일반적으로 좋은 주식을 쌀 때 사서, 비쌀 때 팔면 너무 좋겠다는 생각을 자주 합니다. 그리고 이런 고민을 업무와 일상에 바쁜 나를 대신해서 누가 해주면 안될까? 하는 생각도 해봅니다. 매일 시시각각 변하는 게 주식시장이니까요. 사회 · 경제의 여러 이벤트에 관심을 기울이고, 이벤트가 발생할 때마다 이번 사건은 주가에 긍정적인 영향을 미칠 것인지 등을 분석합니다. 이를 바탕으로 나를 대신해 의사 결정을 해주는 사람이 있으면 얼마나 좋을까요.

펀드 관련 업무를 오래 하다 보니 그동안 많은 펀드매니저를 만났습니다. 20년 이상 경험이 쌓이다 보니 펀드매니저와 10분 정도 이야기를 나눠보면 감이 오곤 합니다. '이 사람이 운용하는 펀드는 신뢰가 가는구나' 또는 '이렇게 이야기하는 걸 보니, 길게 들어보지 않아도 믿을만하구나' 혹은 '더 들을 필요는 없겠는데' 등의 개인적인 판별법도 생겼습니다. 100%는 아니지만 80% 이상은 필자의 경험이 투자설명서의 내용보다 나은 결과를 보여주기도 합니다.

기억에 남는 펀드매니저 중 한 명은 이런 이야기를 했습니다. 그가 운용하는 펀드는 주식매매, 즉 회전율이 낮기로 유명합니다. 1년 중 포트폴리오가 거의 바뀌지 않고 매수 · 매도 거래도 별로 일어나지 않습니다. 도대체 수수료를 받으면서 어떤 일을 하는지 궁금했습니다. 막상 얘기를 나눠보니 공감이 가는 부분이 있어 전해드립니다. 그는 "저는 매시간 일어나는 국내외 뉴스와 이벤트가 펀드의 보유종목에 어떠한 영향을 미치는지 24시간 치열하게 고민을 합니다. 그러한 결과가 현재 펀드의 보유현황이고 포트폴리오입니다"라고 말했습니다.

펀드매니저는 합리적인 수수료로 투자자가 고민해 볼 만한 사항을 대신해 주는 겁니다. 필자는 매일 평촌에서 시청 인근까지 자가용으로 출퇴근합니다. 편도 30km의 거리이고 러시아워에는 교통혼잡으로 많은 시간이 소요됩니다. 비교적 막히지 않는 시간을 이용하는데, 항상 우면산 터널을 통과합니다. 예외 없이 2,500원을 지불해야 하지만, 거리와 시간을 아낄 수 있다고 생각해 통행료가 아깝지 않습니다. 지불하는 수수료만큼 얻는 시간과 편리함의 크기가 만족스럽기 때문입니다.

이미지=한경DB

업무 특성상 매시간 나오는 뉴스, 각종 기관에서 발행되는 리포트들을 관심을 가지고 접하게 됩니다. 정보가 너무 많다 보니 이것이 저것 같고, 이 정보가 저 내용인지 헷갈릴 때도 있습니다. 그래서 많은 정보를 볼 때 한 발자국 떨어져서 큰 그림들을 보고 고객분들 자산에 어떤 영향을 미칠 것인지 생각하고 고객분들에게 조언을 해드리고 있습니다. 그리고 직접투자 분야는 저의 전공분야가 아니기 때문에 증권회사의 팀장을 소개하거나, 간접투자상품인 펀드, 신탁상품을 포함한 투자상품에서 좋은 성과가 기대되는 상품을 선별해서 권해드립니다.

주식형펀드를 가입할 때 약 1% 내외의 수수료를 지급합니다. 시장의 수익률을 웃돌고 꾸준한 성과를 보여주는 펀드라면 이 수수료가 전혀 아깝지 않을 것입니다. 우수한 투자성과를 거두기 위해서는 시장을 잘 분석하고 주가에 미치는 영향을 바탕으로 매 순간 고민해서 주식매매를 결정해야 합니다. 이러한 고민을 투자자인 나를 대신해서 해주는 상품이 필자에게는 맞다고 생각해서 주식은 우리사주 외에는 별도로 하지 않고 간접투자상품 위주로 투자하고 있습니다.

그렇다면 주식투자와 주식형펀드 투자에는 어떠한 차이점이 있을까요? 표에서 보듯이, 주식투자는 개인이 매수가격과 매도가격을 정하여 책임을 지고 직접투자 하는 반면, 펀드는 매매의사 결정의 권한을 투자전문가인 펀드매니저에게 일임하고 거기다가 수수료를 지급하는 간접투자방식입니다. 수수료를 지급하지만 펀드 투자성과는 전적으로 투자자 책임입니다.

● 주식투자와 주식형펀드 투자 비교 ●

구분	주식투자	펀드 투자(주식형)
운용 방법	직접투자	간접투자
매매(운용)주체	개인	펀드매니저
성과 책임	개인	개인
평가 금액	보유주수×주식가격	보유좌수×당일 기준가격
거래 단위	1주	1,000좌
수수료	매수, 매도 0.015~0.5%	매수 시 1% 내외, 매도 시 없음
세금	증권거래세 0.25%	주식매매 시 비과세, 유동성 15.4%
거래 가격	일중 매매 시점별 거래 가격 상이	매일 단일가격으로 거래 체결

주식투자는 장중에 더 싼 가격으로 매수하고, 보다 비싼 가격으로 매도할 수 있는 기회가 있습니다. 반면 펀드는 거래 가격이 하루에 한 번 정해지는 기준가격으로 거래되기 때문에 하루 중 어느 시간에 거래를 하더라도 동일한 가격으로 거래가 됩니다.

주식투자의 경우 투자자는 본인이 보유하고 있는 종목의 주식 수와 주가를 잘 알고 관리를 합니다. 반면 펀드는 공동으로 투자하는 펀드의 일정 지분인 좌수에 매일 펀드의 자산을 평가해서 공지되는 기준가격이 중요합니다. 본인이 보유한 펀드의 좌수가 주식의 주수와 같은 개념이고 주식가격은 펀드의 기준가격과 유사한 개념으로 매일 펀드의 기준가격을 보면 펀드 성과를 확인할 수 있습니다.

일반적으로 거래하는 펀드판매사의 펀드 평가금액을 조회하면 보유하고 있는 좌수와 평가금액이 표시되고 기준가격은 표시되고 있지 않은 경우가 많습니다. 기준가격은 평가금액과 좌수를 안다면 (평가금액/좌수)×1000으로 계산할 수 있습니다(펀드의 기준가격은 1000에서 시작합니다).

필자는 오전 9시에 스마트폰을 열고 보유 중인 펀드에 1만~2만 원 정도를 입금하면서 펀드의 평가금액, 기준가격 등을 확인합니다. 기준가격이 하루 동안 변하지 않기 때문에 여러 번 확인할 필요가 없습니다. 반면 주식은 장중 최고 · 최저가격에 거래하는 것이 어렵기 때문에 항상 조금 아쉬울 수 있습니다.

금융사의 소비자 보호와 설명 의무를 대폭 강화한 금융소비자보호법이 지난달 25일 시행되면서 투자상품 가입 절차가 복잡해졌다는 불만이 잇따르고 있다. 한 소비자가 8일 서울 여의도 시중은행 창구에서 펀드 가입 상담을 하고 있다/이미지=김범준 기자, bjk07@hankyung.com

적립식으로 펀드에 투자하는 경우, 매번 1% 내외의 수수료를 원금에서 차감해 지불해야 합니다. 처음에는 부담스러울 수 있습니다. 그러나 펀드수익 목표를 10% 안팎으로 봤다면, 1% 수준의 수수료는 나를 위한 고민의 대가로 지급해도 괜찮다고 생각합니다.

그렇다면 이렇게 수수료를 지급하고 투자자는 가만히 기다리기만 하면 될까요? 목표 금액과 수익률을 정하고 이를 관리해 주는 시스템이 있는 펀드판매사를 이용하는 경우라면 펀드 관리의 수고가 조금 줄어들 수 있습니다. 소중한 나의 자산이 여러 가지 시장의 변수와 펀드매니저의 운용역량 등에 따라서 변합니다. 때문에 주기적으로 관심을 가지고 관리하는 것이 바람직합니다. 다음과 같이 펀드상품을 관리하는 것을 권해드립니다.

펀드도 목표 정하고 정기적인 관리 필요

첫째, 목표 금액과 목표 수익률을 정해서 관리합니다. 매일 한 번이면 좋겠지만, 최소한 일주일에 한 번은(특정 요일을 정하면 좋습니다) 펀드 수익률과 평가금액을 조회해서 특이한 변화가 있는지 확인합니다.

둘째, 수익률의 변화가 감지되었다면 특히 하락률이 커진 경우라면 시장의 큰 뉴스, 펀드의 변화(펀드매니저 교체, 환매금액 증가) 등을 확인합니다. 펀드닥터 등 펀드 관련 사이트 또는 포털사이트 펀드섹터에서 기본적인 펀드 현황을 확인할 수 있습니다. 원하는 내용이 잘 파악되지 않는다면 펀드판매담당자에게 문의해서 확인하고 펀드 매수 · 매도 의사를 결정합니다.

셋째, 적립식 투자와 목돈 투자는 관리 방법과 빈도에 차이를 둬 관리합니다. 적립식 투자는 최소 2년 이상 장기투자를 목표로 합니다. 때문에 주 1회 또는 월 1회 정도 내용을 파악해도 무방합니다. 그러나 목돈 투자의 경우에는 가급적 매일 한 번 정도 핸드폰 앱으로 뉴스를 볼 때 같이 체크하는 것이 좋습니다.

주식투자는 시간과 노력이 많이 투자되는 반면 고수익을 단기간에 올릴 수 있는 매력이 있습니다. 적은 금액으로 출발해서 관련 공부를 충실히 하고 경험을 쌓는다면 어떤 자산보다 높은 성과를 기대할 수 있습니다. 물론 반대급부인 큰 원금손실도 감수해야 합니다.

반면 주식형펀드 투자는 시장의 성장률보다 나은 성과를 거두기 위한 고민을 펀드매니저에게 위탁하고 수수료를 지급해서 합리적인 수익률을 거두고자 하는 간접투자입니다. 나의 고민을 펀드매니저가 대신해 줍니다. 시장에 나와있는 많은 펀드 중 어떤 펀드가 나의 투자성향과 상황에 부합하고 나의 욕구를 충족시켜 줄 것인가는 나름의 공부와 경험이 반드시 필요합니다.

채권 · 채권형펀드에 관심을 가져볼 때

(2021.3.15 기준금리 0.50% KOSPI지수 3,045.71)

– 정기예금 사실상 마이너스 금리, 채권형펀드에 분산 투자 고려해야
– 채권투자, 정기예금보다 높은 성과에 안정성
– 채권 만기까지 회사 존속 여부 따져야, 펀드는 만기날짜 확인 필수

이미지=
게티이미지뱅크

PB 팀장으로 고객상담을 하다 보면 다양한 투자성향 유형의 고객분들을 만나게 됩니다. 연세가 80세가 넘으셔도 펀드와 주식 등 공격적인 스타일의 투자를 좋아하시는 분들도 있고, 반대로 상대적으로 젊은 50, 60세의 나이에도 무조건 안정성향의 투자만 선호하시는 분들도 있습니다.

고객의 자산을 관리하는 PB 팀장의 입장에서는 가장 안전한 정기예금부터 채권, 주식, 그리고 유형별 펀드 등 포트폴리오로 분산해서 투자하고 비율을 조절하는 것이 바람직하다고 생각하는데, 현실은 그렇지 않습니다. 고객분들이 생활해 온 환경과 투자경험 등에 따라 투자 스타일이 정해지는 것을 알 수 있습니다.

아쉬운 부분은 여러 상품 중 정기예금만 고집하는 고객분들입니다. 이분들은 과거에 투자상품에서 손실을 보았을 수도 있고, 자산이 상당해서 굳이 리스크를 부담하면서 투자상품을 하려고 하지 않는 경우도 있습니다.

현재 정기예금 1년 상품의 경우 연 1%가 되지 않습니다. 물가상승률이 2%대인 것을 감안하면 실질금리는 마이너스입니다. 게다가 15.4%의 세금도 차감되니 실제로 받는 수익률은 훨씬 줄어듭니다. 그럼에도 불구하고 원금손실을 싫어하는 분 중 정기예금만 하시는 분들이 있습니다.

이처럼 정기예금만 고집하는 분들에게 채권형펀드에도 분산 투자할 것을 권해드립니다. 정기예금의 장점은 거래상품 중 제일 안전하다는 것입니다. 예금자보호는 거래 금융기관당 5,000만 원입니다. 하지만 시중은행의 신용등급은 AA, AAA 등으로 매우 안전하고, 정기예금의 지급이 문제가 될 경우 경제시장 전반에 미치는 파급효과가 큽니다. 때문에 '보장상품이다'라고 생각해도 무방할 것으로 봅니다. IMF 때나 2008년 금융위기 때에도 정기예금 지급에 문제가 된 경우는 없습니다.

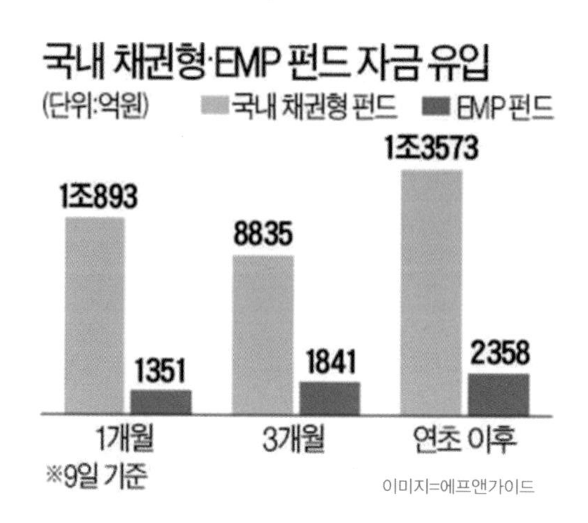

일반인들이 흔히 아는 1년제 정기예금뿐만 아니라 1개월, 3개월, 6개월, 9개월, 12개월 기간별로 투자가 가능합니다. 기간별로 자동 갱신도 가능한 회전정기예금이 있어서 1개월 또는 3개월씩 단기로 끊어서 투자할 수 있습니다. 확정금리의 장점이 크지만, 낮은 금리는 감수해야 합니다.

그렇다면 안정적인 투자를 추구하면서 정기예금보다 나은 수익을 얻으려면 어떤 선택을 해야 할까요?

채권을 투자하면 정기예금 대비 나은 성과와 안정성을 동시에 추구할 수 있습니다. 채권은 확정이자를 주기적으로 지급하면서 만기에 원금을 지급하는 상품입니다. 채권의 신용등급은 A부터 D등급까지 매겨지고 등급별로 AAA, AA, A 식으로 세부적으로 구분합니다. 채권투자에서 신용등급이 높으면 낮은 금리를, 신용등급이 낮으면 보다 높은 금리를 제공합니다. 상황이 좋은 회사는 굳이 높은 금리를 제공하면서 자금을 유치하지 않아도 되고, 여건이 나쁜 회사는 높은 금리, 즉 비싼 이자를 주더라도 부족한 자금을 보충해야 하기 때문입니다.

채권투자, 정기예금보다 높은 성과에 안정성

우리나라의 경우 국채금리는 은행 정기예금 금리보다도 낮습니다. 그러나 회사채에 투자하는 경우, 신용등급에 따라서 정기예금과 비교해 2~3배의 수익을 얻을 수도 있습니다. 투자등급 회사채는 신용등급 BBB 이상의 등급인데, 투자하는 기간, 즉 채권의 만기까지 회사가 온전히 생존하고 있다면 만기까지 주로 3개월 단위의 확정이자와 만기시 투자원금을 회수할 수 있습니다.

여기까지만 보면 정기예금과 비교해 너무 좋은 상품입니다. 하지만 중요한 단점이 있습니다. 채권의 만기가 오기 전에 회사가 망하거나 지급불능상태에 빠지게 되면 투자한 원금은 받을 수 없습니다. 따라서 채권을 투자할 때는 '채권의 만기까지 회사가 존속할 수 있을 것인가?'의 판단을 신중하게 해야 합니다.

이러한 채권들을 여러 개 묶어서 소액으로 투자할 수 있으면 어떨까요? 개별 회사에 투자하는 위험에서도 벗어나고 시장 상황에 맞게끔 정기예금보다 더 나은 수익률을 얻을 수 있으면 더 좋겠지요? 이러한 목적으로 생겨난 것이 채권형펀드 투자입니다.

이미지=
게티이미지뱅크

채권 만기까지 확정금리를 제공하고, 만기에는 원금을 지급하는 안정적인 상품이지만 개별 회사의 신용위험이 있다는 것을 말씀드렸습니다. 이러한 채권을 여러 종목 모아서 투자하고 원하는 시기에 매도해서 자금을 회수할 수 있는 것이 채권형펀드의 구조입니다.

채권형펀드의 투자에서 가장 중요한 점은 펀드가 매일 시장가격으로 평가되고 시장금리에 따라서 가격이 변동된다는 점입니다. 투자하는 채권의 만기까지 회사가 존속하고 투자자가 그때까지 기다린다면 확정금리 수익을 안전하게 확보할 수 있습니다. 채권형펀드에는 신용등급이 다른 회사의 채권이 만기가 다르게 투자됩니다. 따라서 투자자들이 해지할 때마다 펀드에서 채권을 매도해야 하기 때문에 펀드의 평가금액에 변동성이 발생합니다.

채권의 가격은 금리가 상승하면 하락하고, 금리가 떨어지면 가격이 상승합니다(채권의 기본 원리). 요즘처럼 금리가 상승추세이면 채권형펀드의 평가금액은 하락영향이 발생합니다. 다른 유형의 펀드와 마찬가지로 채권형펀드도 투자하는 펀드의 전체 자산이 적정규모 이상이어서 투자자가 환매하고자 하는 시기에 유동성 위험 없이 투자할 수 있는 규모의 펀드를 찾는 것이 좋습니다.

채권 만기까지 회사 존속 여부 따져야…
펀드는 만기날짜 확인 필수

채권형펀드는 개인투자자들보다 기관투자자들이 선호합니다. 이는 앞서 열거한 채권형펀드의 장점을 기업의 재무담당자들이 잘 알고 있기 때문입니다(정기예금보다 고금리로 안정적인 투자가 가능함).

개인투자자들이 채권형펀드를 선택할 때 체크 포인트는, 투자펀드가 1,000억 원 이상의 안정적인 규모로 운용이 되고 있는지(유동성 확보), 펀드의 과거 운용수익률이 정기예금 대비 초과수익을 안정적으로 시현하고 있는지(수익률 검토) 확인해야 합니다. 1가지 더 추가한다면, 펀드를 운용하는 자산운용사가 채권형펀드에서 좋은 평판(시장 위기 시 대응력)을 가졌는지도 확인하면 좋습니다.

또 1가지 중요한 포인트는 펀드의 해지 시점입니다. 정기예금은 언제든지 해지해도 즉시 원금 이상을 지급합니다. 채권은 만기까지 기다리면 이자와 원금을 확보할 수 있지만, 만기 전 자금을 회수하려면 주식처럼 시장에서 매수자를 찾아 거래하면 됩니다(증권회사). 반면, 채권형펀드는 해지하는 시점의 채권들의 평가금액을 계산해서 지급합니다. 따라서 아무리 운용을 잘하더라도 단기간에 금리가 급등하는 경우에는 채권가격이 하락해 펀드 평가금액이 떨어집니다. 때문에 펀드 환매를 자제하는 것이 좋습니다. 단, 채권형펀드는 주식처럼 변동성이 크지 않습니다. 만약 오늘 시장에 큰 이벤트가 없다면 오늘 환매하는 금액은 어제의 평가금액을 예상할 수 있습니다.

채권형펀드의 투자는 단기채권으로 구성되어 금리의 변동에 큰 영향이 없는 펀드와 신용등급이 우량한 채권으로 구성된 펀드부터 시작하여 경험을 쌓아 점차 위험도를 추가하는 방향으로 투자비율을 확대하는 것이 바람직합니다. 현재의 시장 상황을 고려하면 목표 수익률은 정기예금 수익률의 2배 정도인 연 2%대에서 연 4% 내외의 수익률을 기대할 수 있습니다.

정기예금에 주로 투자하는 투자자들은 금리의 변동에 매우 민감하고, 원금손실을 회피하고자 하는 성향을 가지고 있습니다. 따라서 투자금의 시기가 확정되어 있는 용도, 예를 들면 부동산 잔금 등의 경우는 정기예금으로 일정을 맞추고, 그 외 자금의 만기가 특정되어 있지 않은 경우에 투자자가 투자하려는 채권의 회사를 잘 알고, 투자하려는 만기까지 이상이 없을 것이라는 확신이 있는 경우에는 채권투자를 합니다. 그리고 정기예금보다 2배 정도 이상의 안정적인 수익을 기대하는 경우, 채권형펀드도 좋은 대안이 됩니다.

보수적인 투자자도 정기예금, 채권, 채권형펀드로 분산해서 투자한다면 원금을 보전하면서 정기예금만 투자할 때보다 안정감은 유지하면서 보다 나은 수익률을 획득할 수 있습니다.

04 같은 듯 다른 펀드, ETF와 인덱스펀드…어디에 투자할까?

(2021.2.26 기준금리 0.50% KOSPI지수 3,012.95)

– 인덱스펀드 → ETF → 주식투자의 순서가 바람직
– 인덱스펀드, 매달 일정 금액으로 장기투자 가능
– 비중 두어서 골고루 분산 투자 하는 것도 방법

이미지=게티이미지뱅크

상장지수펀드(ETF)와 인덱스펀드, 어떤 것이 좋은 상품일까요? 결론부터 이야기하면 둘 다 좋은 상품입니다. 나의 투자성향과 여건에 따라 선택하고 상품 간 비중을 조절하는 게 좋습니다.

몇 년 전 중소기업 대표로 있는 지인으로부터 고민을 전해 들었습니다. 주식거래를 하는데, 개별종목 투자는 리스크가 너무 크고, 펀드는 거래가 며칠씩 걸린다는 겁니다. 답답해하는 지인에게 ETF를 권해드렸습니다. ETF는 펀드처럼 자산운용사가 운용하지만, 증권시장에 상장해 실시간으로 매매가 가능합니다. 최근에는 다양한 섹터와 유형의 ETF가 나오면서 선택의 폭도 넓어졌습니다.

주식, ETF, 인덱스펀드의 차이점을 살펴보겠습니다. 직접투자라고 불리는 주식투자는 고수익을 기대할 수 있지만, 최악의 경우 상장폐지되어 원금 전체를 잃을 가능성이 있습니다. 이러한 개별 리스크를 없애기 위해 여러 종목을 모아 개별위험은 분산하면서 합리적인 수익을 기대하도록 운용하는 게 간접투자상품입니다.

투자성향별로는 개별 주식 직접투자가 고위험투자입니다. 테슬라 주식이 대표적인 예가 될 수 있습니다. 주가가 단기간에 큰 폭으로 올랐고 이렇게 원금의 몇십 배의 수익도 가능하지만, 원금의 상당 부분 또는 전체를 잃을 가능성을 가지고 투자합니다. 따라서 장중에는 항상 주가의 변화에 관심을 가지고 세심하게 모니터링해야 합니다. 그나마 우량주 매매를 한다면 이익과 손실의 변동성은 가져가지만, 원금 전체를 잃을 가능성은 줄어듭니다.

● ETF와 인덱스펀드 비교 ●

구분	주식	ETF	인덱스펀드
거래시간 적용	실시간	실시간	매입/매도 다음 영업일 기준가격 적용
상품 종류	개별 주식	지수, 섹터, 유형 다양	지수추종, (역)레버리지, 배수(1.5배, 2배 추종 등)
운용 주체	개인	자산운용사	자산운용사
투자 기간	단기~장기	단기~장기	중기~장기

* 인덱스펀드(Index Fund) : 목표지수인 인덱스를 선정해 이 지수와 유사한 수익률을 올릴 수 있도록 운용하는 펀드

* ETF(Exchange Traded Fund) : 상장지수펀드, 특정주가/지수에 따라 수익률이 결정되는 인덱스펀드를 주식처럼 사고팔 수 있게 증권시장에 상장한 펀드

ETF는 펀드처럼 동일하게 여러 종목을 모아서 투자합니다. 증권시장에서 실시간으로 상품을 사고팔 수 있습니다. 개별 주식투자의 위험은 분산하고, 투자하는 섹터 및 지수 가격을 실시간으로 보면서 투자자가 원하는 가격에 매매할 수 있는 장점이 있습니다. 최근에는 국내뿐 아니라 해외시장의 지수, 상품을 국내 운용사와 주식시장에서 매매가 가능합니다. 해외시장 ETF도 앱을 이용해 거래할 수 있습니다. 이러한 다양성과 편리성으로 투자자에게 많은 선택권을 부여하고 있습니다.

반면 인덱스펀드는 ETF와 비교하여 상대적으로 선택의 폭이 다양하지 않으며 주로 중장기투자를 지향하고 있습니다. 매월 일정 금액을

적립하는 적립식 펀드에 적합합니다. 국내의 경우 코스피, 코스닥지수를 충실하게 따라가는 상품, 1.5배, 2.0배 레버리지, 역레버리지 등 지수의 수익률에 비례 또는 반비례하게 운용해 투자자가 투자수익률을 예상하고 투자하게 합니다.

ETF 투자가 매매가격을 실시간으로 확인하여 매매하는 반면 인덱스펀드는 매입 당시의 주식시황을 보고 매입가격을 예상해 매입할 수 있습니다. 매도 시에도 시황을 보면서 매도하면 '평가금액이 이 정도 되겠구나' 예상하고 매도해 정확한 금액을 알지 못하면서 매매를 하는 형식입니다.

당일 펀드 매입신청을 하면 다음 영업일 기준가격으로 계산이 되고, 매도할 때도 다음 영업일 기준가격으로 계산이 되는데, 정확한 가격은 다음 날 알 수 있습니다. 매시간 펀드의 평가금액은 달라지지 않고 하루에 한 번 정해지는 펀드의 기준가격에 따라 펀드의 평가금액은 하루 종일 같습니다. 따라서 하루 중 언제 거래하더라도 매입과 매도의 결정은 동일한 결과를 가져옵니다.

아이러니하게도 이러한 불편한 점이 인덱스펀드가 주식과 ETF와 비교해 장기투자를 가능하게 합니다. 매월 일정 금액을 꾸준하게 투자하고 싶을 때 자동이체를 걸어두면 됩니다. 투자펀드의 수익률은 하루에 한 번 정도만 체크해도 평가금액이 달라지지 않고, 목표달성 자동환매 기능을 이용하면 관리도 용이합니다.

투자자 입장에서 보면, 개별종목에 대한 공부가 충분하고 이해가 많은 종목은 개별 주식투자를 하면 됩니다. 다양한 관심산업, 섹터의 주식들을 원하는 가격에 투자하고 싶을 때는 ETF가 바람직합니다. 해당 국가, 산업의 성장률에 중장기투자를 하고 싶을 때는 인덱스펀드가 좋은 투자수단이 됩니다.

따라서 처음부터 개별종목 투자를 하기보다는 인덱스펀드에서 시장의 흐름에 따르는 투자를 경험하고, 다양한 분야의 펀드를 실시간으로 매매하는 ETF로 투자근육을 단련한 후 특정 산업의 개별종목에 투자하는 것을 권해드립니다. 때에 따라서는 인덱스펀드 50%, ETF 30%, 개별 주식 20% 등으로 투자비중을 조절하면서 투자하는 것도 좋은 전략입니다.

ETF의 다양하게 투자할 수 있는 장점과 펀드판매회사의 수익률 관리 장점을 이용하고 싶은 경우입니다. 투자를 원하는 ETF를 은행의 신탁으로 가입하고 목표 수익률을 정하면 해당 수익률이 달성될 때 자동환매 하여 계좌에 입금되는 운용이 가능합니다.

필자는 인덱스펀드를 기본으로 하고 성장주, 가치주 펀드와 해외펀드 등 다양한 펀드를 고객분들께 권유하고 있습니다. 최근에는 2차전지, 반도체, IT 등 다양한 분야의 ETF 중 수익성이 기대되는 ETF 투자권유의 비중을 높이고 있습니다.

본인의 투자성향, 투자 기간, 기대수익률 등을 고려하여 적절한 비중으로 주식, ETF, 펀드를 분산 투자 하고, 투자경험과 학습을 통해서 투자상품의 비중조절과 다양화를 하는 것이 바람직합니다.

05

해외펀드, 제대로 고르려면?

(2021.5.31 기준금리 0.50% KOSPI지수 3,203.92)

– 한때 해외펀드 돌풍…정보 접근성 쉬운 곳에 투자해야

– 해외펀드, 다양한 투자 가능하지만 투자 번거로워

– 해외펀드 투자, 자산에서 50% 넘지 말아야

이미지=
게티이미지뱅크

2006년 1년여 동안 미국에 공부를 위하여 체류했던 적이 있습니다. 현지 미국인 노부부와 친하게 지냈었는데, 당시 조금 충격적이었던 것은 이분들이 한국이라는 나라를 잘 모른다는 것이었습니다. 미국에 안보위협이 되는 북한과 김정일이라는 이름은 아는데, 도로에 현대차가 다니고 88올림픽이 있었는데도 대한민국은 잘 모른다는 것이었습니다.

2007년 신한은행 본점 펀드상품 부서에 근무할 때의 기억입니다. 당시 중국펀드가 50%, 100% 수익이 나다 보니, 너나없이 목돈을 마련해서 중국펀드에 투자하기 시작했습니다. 그러다가 브라질, 러시아, 중남미 등 해외에 투자할 수 있는 나라는 백화점식으로 투자처가 늘어났습니다.

주식시장 활황 정점에서 볼 수 있는 풍경이 은행지점 객장에서도 나타났습니다. 상품에 대해 잘 모르는 전업주부들이 중국펀드를 가입하겠다고 줄을 서고, 전세금, 퇴직금을 찾아서 펀드에 가입하는 경우도 증가했습니다. 어느 나라, 어떤 상품에 어떤 운용 스타일로 펀드가 운용되는지보다, 현재까지 수익률을 얼마나 기록하고 있는지가 펀드 가입의 판단 기준이었습니다. 뒤늦게 목돈을 투자한 고객 중 상당수는 많은 손실을 기록하고 중도환매를 했습니다. 지금까지 마이너스 수익률로 펀드를 보유하고 있는 투자자도 있습니다.

여기서 필자가 이야기하고 싶은 것은, 정보 접근성이 쉬운 곳에 투자비중을 높이는 것이 좋다는 것입니다. 펀드 투자 시 상대적으로 뉴스나 자료의 양이 많고 접점이 용이한 국내펀드에 주로 투자를 하기를 권합니다. 그다음, 국내에서 투자 불가능한 자산, 구조의 상품은 해외펀드로 투자하는 것을 권해드립니다.

국내펀드와 해외펀드의 차이점은 다음과 같습니다. 해외펀드는 해외 운용사가 직접 해외에서 운용하는 펀드를 계열 국내 운용사가 판매하는 방식과 국내 운용사가 해외현지 운용사와 협업 또는 독자적으로 운용하는 형태로 나누어집니다.

구분	국내펀드	해외펀드
운용 주체	국내 운용사	해외 운용사, 국내 운용사
투자 지역	한국	한국 포함, 해외 전지역
매입, 신규	다음 영업일 기준가격 적용	2영업일후 기준가격 적용
해지, 환매	다음 영업일 기준가격 적용, 4영업일 자금 입금	2영업일후 기준가격 적용 10일 내외 영업일 이후 자금 입금
투자 통화	원화	외화, 원화

첫째, 해외펀드는 국내펀드 대비 다양한 지역과 섹터, 분야에 투자 범위를 확대해 투자할 수 있습니다. 미국 등 선진국 펀드는 IT, 바이오, 헬스 등 국내에서 투자하기 어려운 성장주식과 벤처기업에 분산 투자합니다. 국내에서는 아직 낯선 산업이지만 해외에서 활성화되고 있는 산업, 기법으로도 투자하는 기회를 가질 수 있습니다.

둘째, 국내펀드는 시장 상황을 보고 매입 · 환매가 가능합니다. 국내 주식형펀드는 오후 3시 전 주식시장이 끝나기 전에 펀드 해지 신청을 하면 다음 영업일 기준가격이 적용됩니다. 이것은 당일 주식시장 종가 상황이 반영됩니다. 자금 입금 시에도 당일의 주식시장 상황을 보면서 적정가격에 투자할 수 있습니다.

반면 해외펀드는 다음 영업일 이후 주식시장이 반영됩니다. 평상시에는 큰 이슈가 없지만, 변동성이 커지는 상황이라면 펀드 해지 시점에서의 평가금액에서 많은 차이가 발생할 수 있습니다.

셋째, 펀드를 해지하고 자금을 받는 데 소요되는 시간의 차이가 있습니다. 해외자산을 매도해서 국내에 입금되는 데 통상 2주 이상 소요됩니다. 실물자산에 투자하는 경우라면 15~20일이 소요되는 펀드도 있습니다. 펀드 해지 후 자금이 4영업일에 입금되는 국내펀드와는 달리 자금을 활용하는 시간에 제약이 따릅니다. 따라서 해외펀드 해지 시에는 환매자금 입금일을 반드시 확인해야 합니다.

투자해 볼 만한 해외펀드를 고르려면 어떻게 접근하는 것이 좋을까요?

먼저, 해외 운용사가 직접 운용하는 펀드를 국내 지사가 판매하는 펀드 중 대표펀드를 선택합니다. 이런 유형의 펀드는 해외 운용사와 직접 소통이 가능하고, 피드백이 빠른 장점이 있습니다. 이 경우 해외에 운용하고 있는 펀드에 투자하는 재간접펀드로 운용됩니다. 관련 리포트도 국내 운용사가 운용하는 해외펀드보다 자세하고 이해하기 좋은 편입니다.

이미지=
게티이미지뱅크

다음으로 국내 운용자산으로는 접근이 힘든 자산 섹터 및 구조로 운용하는 펀드를 선택합니다. 예를 들면 해외증권 거래소 주식에 투자하는 펀드입니다. 국내 증권거래소는 상장이 되어있지 않지만, 뉴욕, 런던 거래소 등 해외 증권거래소는 상장되어 있고 장기성과를 기대할 수 있어서 분산 투자 하기에 좋습니다. 요즘은 증권회사를 통한 해외주식투자가 가능하지만 해외주식, 해외채권에 대한 간접투자를 해보고 싶은 투자자는 관심 있는 국가와 섹터에 투자할 수 있습니다.

마지막으로 해외펀드는 주요국 G2, 미국과 중국을 선택하고 대표펀드 위주로 투자합니다. 이후 해외펀드의 투자경험이 축적되면 대상국과 펀드 유형을 늘립니다. 뉴스나 정보취득 차원에서 정보의 양이나 접근성이 다른 나라보다 차별화됩니다. 그리고 이 두 나라의 경제가 세계에서 차지하는 비중이 날로 증가하고 있는 것도 큰 이유 중 하나입니다.

해외펀드 투자 시 1가지 유의사항이 더 있습니다. 해외펀드 가입 시에는 환율이라는 변수를 확인해야 합니다. 외화로 투자한 펀드의 수익률이 좋아도 환율이 하락하면 투자자가 받아가는 수익률은 하락합니다. 반대로 펀드의 수익률이 떨어지는 경우에 환율이 올라가면 수익률 하락 부분이 일정 부분 커버되기도 합니다.

일부 해외펀드의 경우 동일한 펀드 운용이지만, 클래스(종류)를 외화환율을 헤지해 환율변화에 영향을 받지 않게 하는 것과 환율을 오픈해서 펀드의 수익률과 환율의 변화 2가지 변동성에 노출하는 종류를 같이 출시하는 경우가 있습니다. 향후 해외펀드의 성장 예상과 환율 변동에 대한 예상도 같이 감안하여 펀드 종류를 선택해야 하겠습니다.

해외펀드가 모두 상승하면 좋겠지만 해당 지역과 투자 섹터에 충격이 오면 전반적으로 수익률에 나쁜 영향이 나타날 것입니다. 따라서 가급적 복잡한 구조의 해외펀드상품은 투자하지 않는 것이 좋습니다. 해외펀드는 해외라는 지역적 특성과 상품의 정보가 제한되어 있어 이해하기 쉽지 않습니다. 그런데 펀드 구조까지 복잡하다면 펀드수익률을 시장수익률과 비교하고 환매하는 타이밍을 잡기 어렵습니다.

해외펀드는 전체 포트폴리오에서 10% 내 비중에서 출발하고, 국내펀드와 해외펀드 비중은 8 대 2, 7 대 3 정도로 점차 확대하며 최대 비중은 50%를 초과하지 않는 것이 좋습니다. 해외펀드는 간접투자상품으로 펀드매니저가 구체적으로 어떻게 투자하는지 실시간으로 알 수 가 없습니다. 펀드의 수익률을 보고 시장 상황 대비 '아 그렇겠구나' 하고 이해가 되는 펀드의 비중을 적절하게 높여가고 관리하는 것이 바람직한 투자방법이라고 생각합니다.

06 알아서 다 해주는 펀드가 있다?… 이럴 때 'TDF' 추천합니다

(2021.8.2 기준금리 0.50% KOSPI지수 3,223.04)

– 퇴직금 운용에 맞게 장기운용, 글로벌 자산배분 운용
– 생애주기 자산비율 조정으로 연령에 맞게 투자비중 조정
– 퇴직연금 외에 공모펀드로도 자유롭게 투자 가능

이미지=
게티이미지뱅크

주식가격과 주가지수가 움직이는 것을 보면 마치 살아있는 생물 같다는 생각이 들 때가 있습니다. 시시각각으로 나오는 뉴스, 기업실적 발표, 정부 당국 정책 변화 등에 따라 실시간으로 숫자가 움직이는 것을 보면 마치 살아있는 것 같은 착각을 일으킵니다.

필자가 펀드상품을 20여 년간 경험하면서 관심 있게 지켜본 사항 중 하나는 '꾸준하게 적정한 수익률을 올리는 펀드상품은 없을까?' 하는 것입니다. 성장주 펀드가 좋은 성과를 보이는 시장국면이 있고, 가치주 펀드가 좋은 성과를 보이는 상황이 있습니다. 때로는 주식시장이 급락해 전반적 수익률 하락으로 우울한 시기를 보내기도 합니다.

언제 어떤 펀드에 자금을 입금해야 할지, 언제 환매를 해서 자금을 회수할지는 늘 고민됩니다. 펀드를 가입할 때 중요하게 고려할 사항은 바로 자금의 용도, 목표 수익률, 펀드 운용 기간입니다.

목표 수익률은 높을수록 좋겠지만 자금의 성격과 운용 기간에 따라 달라집니다. 만기가 1년 뒤, 전세자금 용도로 확정된 경우라면 원금을 잃을 확률은 낮추면서 정기예금보다 1% 내외 이상 수익률을 올릴 수 있는 펀드를 권유합니다. 평균 신용등급 A 수준, 평균 만기 1년 정도 되는 채권들로 구성된 채권형펀드가 적당합니다.

자금운용 기간이 1~5년 정도라면 성장형 펀드와 가치형 펀드를 적절하게 배분하고, 여기에 주요 해외펀드 비중을 넣고 본인이 생각하는 적정 수익률에 도달하게 되면 환매하고 '리밸런싱'하는 과정을 주기적으로 거쳐야 합니다.

자금운용 기간이 10년을 넘어가는 경우는 어떤 선택을 하는 것이 좋을까요? 자금을 사용하는 시점이 10년 내외의 장기이거나, 은퇴시점에 자금을 써야 하는 경우가 주로 해당됩니다.

이렇게 장기간 운용하기에 적합한 펀드가 'TDF(Target Date Fund)'입니다. TDF는 주로 퇴직연금 상품에 운용하는 스타일의 펀드입니다. 투자자의 은퇴 및 자금 필요시점(Target date)에 맞춰 위험자산과 안전자산의 투자비중을 **자산배분 곡선(Glide path)**에 따라 자동 조정해 주는 자산배분 펀드입니다. 투자자의 투자성향과 자금 필요시점에 따라 펀드 선택이 가능합니다.

- 자산배분 곡선(Glide path) : 비행기가 착륙 시 높은 고도에서 낮은 고도로 안전하게 착륙할 수 있도록 도와주는 장치를 가리킵니다. 은퇴시점과 다양한 변수들을 바탕으로 적극적 투자에서 보수적 투자로 자산비중을 조정하는 자산배분 프로그램입니다.

퇴직연금이나 개인형 퇴직연금(IRP)에서 운용하는 상품으로 TDF를 권해드립니다.

DC형 퇴직연금, IRP에 디폴트 옵션 제도가 도입됩니다. 장기운용이 기본인 퇴직연금 운용에서 정기예금 등 안정성 상품의 수익률과 투자상품으로 운용할 때의 수익률은 10년 이상 장기로 운용을 고려하면, 은퇴자금을 수령할 때 큰 차이가 나기 때문이라는 주장입니다. 그러나 은행과 보험업계는 퇴직연금은 안정성이 최우선이므로 투자상품의 디폴트 옵션 도입에 반대하고 있습니다(Default option : DC형 퇴직연금, IRP 가입자의 운용지시 없이도 금융사가 사전에 결정된 운용 방법으로 투자상품을 자동으로 선정, 운용하는 제도).

TDF의 장점으로는 장기운용, 글로벌 자산배분, 생애주기 자산비율 조정 등이 있습니다.

첫째, TDF는 단기 수익률에 집착하지 않고 장기운용 콘셉트로 안정적 운용이 가능합니다. 자산배분 및 운용을 장기전략과 시장의 큰 흐름에서 운용하므로 일반 펀드 대비 수익률이 크게 흔들리지 않습니다. 꾸준한 장기 우상향 곡선의 수익률을 기대할 수 있습니다.

둘째, 글로벌 분산 투자가 가능합니다. 국내 포함 특정 국가에 대한 쏠림 없이 장기적으로 위험대비 성과가 기대되는 지역에 투자합니다. 최근 중국시장이 정책 이슈로 폭락했지만 TDF의 경우는 하락영향이 상대적으로 적었습니다.

셋째, 자금사용 시점에 맞춰 자동으로 자산비율을 조절하는 것입니다. 투자자가 은퇴시점, 자금사용 시기를 감안해 주식편입 비중을 별도로 조정할 필요가 없습니다. 펀드 시리즈별로 자산배분 곡선에 의해 정해진 시점에 따라 운용사에서 알아서 비중을 조절합니다.

이러한 장점 때문에 퇴직연금, IRP에서만 가입이 가능했던 TDF 상품이 퇴직연금과 상관없이 공모펀드로 자유롭게 영업점이나 스마트폰 앱에서도 가입 가능하게 확대됐습니다.

5년 이상의 긴 호흡으로 장기투자 하고 목적자금을 마련하는 경우, 가령 자녀 학자금, 자동차 구매, 전세자금, 주택마련 자금 등 목적자금 마련의 운용에도 적합한 투자수단이 됩니다.

필자는 IRP의 40% 수준을 TDF 상품으로 편입해 운용하고 있습니다. 일반 펀드 투자에서도 투자비중을 20% 내외로 투자하기 위해 상품들을 검토 중입니다.

시중의 대형 자산운용사에서 운용하는 TDF 상품은 여러 종류가 나와있습니다. 기본적으로 자산배분 곡선 방법을 적용하고, 글로벌 분산투자를 하는 것은 대동소이합니다. 자산운용을 글로벌 운용사에 위탁해 운용하는지 또는 국내 운용사 자체적으로 운용하는지, 해외펀드 운용 시 환헤지를 하는지 또는 환오픈을 하는지 등 세부내용을 파악해야 합니다.

● 국내 한 운용사의 최근 TDF 수익률 현황 ●

구분	TDF 2025	TDF 2030	TDF 2035	TDF 2040	TDF 2050
주식비중	25%	60%	75%	80%	80%
수익률 (최근 1년)	11%	17%	24%	25%	25%

위 표는 국내 운용사 한 곳의 최근 1년간 TDF 수익률 현황을 보여줍니다. 위에서 TDF 뒤의 4자리 숫자는 은퇴시점을 나타내는 것으로 출생연도가 1990년이고 예상 은퇴연령이 60세이면 1990+60=2050, 따라서 'TDF2050'이 일반적 기준에 부합합니다.

그러나 투자성향이 보수적인 경우라면 위의 표에서 TDF2025를 선택해 주식투자비중이 적은 펀드를 선택하면 됩니다. 투자성향이 적극적인 투자자는 자금 필요시점 숫자가 높은 펀드를, 보수적 투자자는 숫자가 낮은 펀드를 선택하면 됩니다. 물론 투자 기간 중간에 펀드 교체도 자유롭게 가능합니다.

최근 1년 수익률을 보면 주식편입 비중에 따라 수익률이 높아지는 것을 볼 수 있는데, 주식시장이 급격하게 하락한다면 반대로 주식편입 비중이 많은 펀드의 수익률이 나빠질 수 있습니다.

결론을 말씀드립니다. 알아서 다 해주는 펀드는 없습니다.

주식을 편입하기 때문에 원금손실 가능성이 있습니다. 그러나 TDF는 장기투자에 적합하고, 글로벌 분산 투자를 하며, 생애주기에 맞춘 자산비율 조절을 하는 펀드라 일반 펀드에 비해 장기투자에 적합한 펀드입니다. 퇴직연금 및 IRP엔 디폴트로 일정비율을 꼭 편입하고, 일반 펀드 운용 시에도 포트폴리오의 한 축으로 검토해 볼 것을 추천합니다.

07 '루이비통 백' 안 부러운 '럭셔리 펀드'

(2021.11.23 기준금리 0.75% KOSPI지수 2,997.33)

– 이젠 명품도 소비 아닌 '투자'로 봐야

– 럭셔리 펀드는 주력 펀드보다 추가 포트폴리오로 접근해야

– 단기투자보다는 3년 이상 중장기투자가 적합

이미지=
게티이미지뱅크

급등하는 부동산 가격과 물가상승, 경기 불황에 연애 · 결혼 · 출산을 포기하는 삼포세대가 있습니다. 여기에 취업과 주택소유까지 포기하면 오포세대가 됩니다. 이들 세대는 기성세대가 당연히 추구하고 소유했던 것들을 포기하는 대신 좋은 자동차와 반려동물, 명품을 구매하는 경향이 있습니다.

돈을 모아서 미래의 행복을 준비하는 것보다 현재의 만족을 위해 소비하는 것이 새로운 트렌드 중 하나입니다. 젊은 세대에게 주택을 사는 것은 현실적으로 불가능의 영역이지만, 그 허전함을 채워주는 것 중 하나가 명품 구매입니다. 조금 무리하면 나의 자산으로 명품을 가질 수 있기 때문입니다.

최근에는 명품을 사러 백화점에 굳이 가지 않아도 온라인 구매 사이트에서 구입할 수 있어, 명품 사는 것이 쉬워졌습니다. 머스트잇과 발란, 트레비와 같은 플랫폼의 이용자는 꾸준히 늘고 있습니다.

루이비통, 샤넬, 에르메스 등 명품은 고가여서 선뜻 사기 쉽지 않지만 이런 명품회사의 주식은 펀드 투자로는 10만 원부터 분산해서 투자할 수 있습니다. 이른바 럭셔리 펀드입니다. 샤넬은 비상장회사이기 때문에 주식투자가 불가능하지만 상장회사들의 명품들은 접근 가능합니다.

● 국내 럭셔리 펀드상품 현황(10월 말 기준) ●

상품명	상품 특징	주요 편입종목 10개
NH아문디 HANARO 글로벌럭셔리 S&P ETF	S&P글로벌 럭셔리 인데스 지수에 주로 투자	S&P Global Luxury Index TR USD
IBK 럭셔리 라이프 스타일 펀드	럭셔리 관련 상품, 서비스를 제공하는 상장된 기업의 주식에 주로 투자	루이비통, 리치몬트, 에르메스, 에스티로더, 케링, 테슬라, 다임러, 페라리, RH, 몽클레어
한국투자 글로벌 브랜드파워 펀드	비즈니스 위크 발표 'Best Global Brands 100'에 주로 투자	알파벳, 마이크로소프트, 애플, 모건스탠리, 시티그룹, 골드만삭스, 비자, 아도베, 월트디즈니, 제네럴 일렉트릭
에셋플러스 글로벌리치 투게더 펀드	전세계 부자들의 소비가 집중되는 High end 산업에 주로 투자	알파벳, 애플, 페이스북, 마이크로소프트, 에르메스, 루이비통, 테슬라, 노보, 에어버스, 웰스파고

국내 대표적인 럭셔리 관련 펀드상품은 위의 표와 같습니다. NH아문디 HANARO글로벌럭셔리 S&P ETF와 IBK 럭셔리 라이프 스타일 펀드를 보면 펀드 투자의 대부분이 럭셔리 관련 회사에 투자되는 것을 알 수 있습니다. 럭셔리 펀드산업의 성장에 초점을 맞춰 투자하려면 위 두 펀드에 투자하면 되고, 2개 펀드 중 좀 더 액티브한 투자를 하려면 NH아문디 HANARO글로벌럭셔리 S&P ETF를 주식시장에서 매매하면 됩니다. 미국 주식시장에서 거래되는 ETF로는 LUXURY GOODS ETF 상품이 있습니다.

한국투자 글로벌 브랜드파워 펀드와 에셋플러스 글로벌리치 투게더 펀드의 경우 럭셔리 관련 회사 외에 글로벌 브랜드와 대표적인 IT

성장주, 대형 금융회사에도 투자하는 것을 볼 수 있습니다. 한국투자 글로벌 브랜드파워 펀드는 편입 종목의 기준이 비지니스 위크라는 외부 채널인 반면, 에셋플러스 글로벌리치 투게더 펀드는 운용회사의 고유의 판단기준이라는 것이 두 펀드의 차이점입니다.

이처럼 펀드에서 발표하는 상위 10개 종목의 면면을 살펴보면, 펀드의 운용방향과 성격을 좀 더 쉽게 파악할 수 있습니다.

명품 브랜드는 경기를 잘 타지 않는 데다 최근 들어 명품을 소비가 아닌 투자의 개념으로 보는 시각이 많아지면서 투자자들의 관심도가 높아지고 있습니다. 위드 코로나로 전환되고, 해외여행이 활성화한다면 관련 산업과 회사의 주가에도 긍정적인 영향이 미칠 것으로 예상됩니다.

주식시장에 상장돼 있는 명품 브랜드 회사는 꾸준한 성장을 기록해 왔지만 펀드 투자의 관점에서는 몇 가지 주의를 기울이면 좋겠습니다.

첫째, 시장 전체에 투자하는 방식이 아니고 특정 산업에 투자하는 섹터펀드이므로 주력 펀드보다는 추가 포트폴리오 투자로 접근하는 것이 좋습니다. 시장 상황에 따라서 전체 주식시장은 올라가는데, 그만큼 오르지 않거나 때때로 반대 방향의 수익률을 보일 수도 있습니다.

둘째, 명품 브랜드의 가격상승과 펀드의 수익률이 똑같이 움직이지는 않습니다. 회사의 주식가격은 제품의 가격뿐만 아니라, 경기상황과 제품의 수요, 타 산업과의 연관성 등을 종합해 산정되기 때문입니다. 따라서 내가 좋아하는 브랜드의 제품가격이 오른다는 뉴스가 나왔다고 해서 바로 펀드를 구매하는 것은 바람직하지 않습니다.

셋째, 단기투자보다는 3년 이상의 중장기투자가 적당합니다. 명품은 사서 오래 둬도 가치가 쉽게 사라지지 않지만, 명품회사의 주식가격은 여러 가지 요인에 따른 단기적인 변동성으로 손실 가능성이 있습니다. 하지만 1년 이상의 투자에서는 시장지수 대비 플러스 수익률을 기록해 왔기 때문에 중장기투자 시 성공 투자 확률이 높습니다.

● 국내 럭셔리 펀드상품 수익률 비교(11월 17일 기준) ●

상품명	1개월	3개월	1년
IBK 럭셔리 라이프 스타일 펀드	10.49%	6.59%	35.17%
한국투자 글로벌 브랜드파워 펀드	0.96%	−1.14%	26.93%
에셋플러스 글로벌리치 투게더 펀드	6.68%	3.12%	29.39%
NH아문디 HANARO글로벌럭셔리 S&P ETF	12.39%	11.47%	50.74%
코스피지수(KODEX 200 ETF)	−1.06%	−5.24%	16.85%

위 표에서 최근의 코스피지수 펀드의 수익률은 마이너스를 기록했지만, 럭셔리 펀드는 견조한 수익흐름을 보여주고 있습니다. 럭셔리

펀드는 특정 섹터에 투자하는 유형의 상품으로 시장의 방향이 하락 추세를 보일 때도 견조한 성과를 기대할 수 있는 상품입니다.

필자가 생각하는 펀드 투자의 순서는 '시장 인덱스펀드 → 성장형 펀드 → 가치형 펀드 → 섹터펀드'입니다. 시장의 흐름을 먼저 따라가고, 이후 성장주와 가치주 스타일의 펀드에 투자를 분산하고, 그다음으로 특정 섹터의 투자로 범위를 확대하는 것입니다. 집을 지을 때 기초 지반을 공고히 한 뒤 기둥을 세우고, 다음 지붕을 올리는 순서와 유사하다고 보면 됩니다.

럭셔리 펀드는 펀드 투자경험이 충분히 쌓이고, 기존 상품의 포트폴리오를 보완하고 싶을 때 적합한 대안 상품입니다. 또한 위드 코로나 상황이 진정되고, 소비가 활성화되면 더 각광받을 수 있는 투자상품으로 추천할 수 있습니다.

08 10만 원으로 부동산에 투자한다. 부동산펀드 · 리츠

(2021.9.15 기준금리 0.75% KOSPI지수 3,153.40)

– 소액으로 부동산에 투자 가능한 상품 부동산펀드, 리츠상품
– 리츠상품, 유동성 확보 가능…소액으로도 배당수익 얻을 수 있어
– 부동산 시장 하락 시 예상수익률만큼 수익 나오지 않을 수 있어

이미지=연합뉴스

베이비부머 세대들은 집에 대한 애착이 많았습니다. 풍족하지 못한 환경에서 성장했고, 자기 집을 가져보는 것이 인생의 큰 목표이기도 했습니다. 필자도 아버지의 이름이 대문에 걸려있는 우리 집에 처음 들어가면서 뿌듯함을 느꼈던 기억이 납니다.

재산형성과 투기목적이라기보다는 주거의 안정성이 제일 큰 동기였습니다. 세입자로서 서러움을 더 이상 겪지 않아 좋았기 때문에 생애 처음으로 내 집을 마련하는 것은 가족의 큰 기쁨이었습니다.

요즘은 집값이 천정부지로 오르는 바람에 젊은 세대들은 내 집 마련을 아예 포기하거나, 영끌(영혼까지 끌어모음)로 마련한 자금으로 가격이 더 오르기 전에 아파트, 오피스텔, 빌라 등 자그마한 집이라도 마련하고자 하는 경향을 보이기도 합니다.

내 집 마련을 위해서는 많은 자금이 필요하지만, 부동산에 투자하여 적정 수익을 올리기 위한 목적이라면 적은 금액이라도 투자할 수 있습니다. 부동산에 펀드로 투자해서 시장수익률 이상의 꾸준한 수익률을 올릴 수 있는 방법에 대해 이야기하고자 합니다.

우리나라에서 개인이 부동산에 간접투자방식인 펀드로 투자하는 방법은 아래의 2가지가 있습니다.

비고	부동산펀드	부동산투자회사
투자 형태	부동산관련 실물자산에 투자	부동산투자회사에 투자
투자 제한	총자산의 50% 이상 부동산 등에 투자	총자산의 70% 이상을 부동산에 투자
관리 감독	금융감독원	국토교통부
기타	주로 사모펀드로 운용, 거래제한	주식시장에 상장, 자유로운 거래

위의 부동산펀드, 부동산투자회사의 형식은 다릅니다. 하지만 다수의 투자자들로부터 자금을 모아 부동산 또는 부동산 관련 자산에 투자하여 임대수익, 매각차익, 개발수익 등을 투자자에게 배당하는 간접투자상품형식은 동일합니다.

먼저 부동산펀드는 다수의 투자자로부터 자금을 모아 국내외 부동산 개발, 임대, 투자를 통한 수익을 취하고 이를 투자자에게 배분하는 간접투자상품입니다. 부동산투자의 특성상 대부분 투자자금의 한도와 펀드의 만기가 정해져 있고, 중도에 자금을 회수하면 진행되는 사업에 문제가 발생할 수 있습니다. 일반적으로 사모펀드로 운용되고, 폐쇄형으로 중도에 환매가 불가능한 경우가 대부분입니다.

- 사모펀드는 투자자가 49인 이하로 50인 이상 인원수 제한 없이 모집하는 공모펀드와 구분됩니다. 폐쇄형은 펀드의 만기까지 중도환매가 제한되며, 펀드 가입 후 언제든지 환매가 가능한 개방형과 구분됩니다.

그동안 이러한 사모부동산펀드는 200억~1,000억 원 단위로 자금을 모집하고, 예상 투자수익률이 연 4~7%의 안정적 수익률로 청산돼 고액 자산가들에게 인기를 끈 상품이었습니다. 그러나 라임펀드 사태 등 사모펀드의 부실운영과 정부기관의 감독강화 영향으로 최근에는 펀드설정이 거의 이뤄지고 있지 않는 상황입니다.

리츠, 유동성 확보 가능…
소액으로도 배당수익 얻을 수 있어

부동산펀드의 위축과 달리 부동산투자회사는 리츠의 형태로 고액 자산가뿐만 아니라 일반 투자자들에게도 관심을 불러일으키며 성장세가 커지고 있습니다. 리츠(REITs : Real Estate Investment Trusts)는 부동산투자신탁이라는 뜻으로 부동산투자회사의 지분(Equity, 주식)에 투자해 발생한 수익을 투자자에게 배당하는 부동산간접투자상품을 말합니다.

부동산상품으로서 리츠의 가장 큰 장점이자 특징은, 주식시장에 상장돼 언제든지 시장가격에 매도해 현금화하고 유동성을 확보할 수 있는 것입니다.

이미지=한경DB

부동산을 현금화하기 위해서는, 보유 중인 부동산을 매각하거나 대출을 받아서 필요한 자금을 마련해야 합니다. 그런데 지금 내가 생각하는 가격으로 부동산을 당장 매도하는 것은 매우 어렵습니다. 주거용 부동산의 경우 규제의 강화로 시장 적정가치 대비 제한된 비율로만 대출이 가능합니다.

부동산의 가장 큰 약점이 내가 팔고 싶을 때 바로 매도할 수 없는 유동성의 어려움입니다. 반면 리츠는 주식형태로 증권시장에 상장하여 실시간 가격으로 매도할 수 있습니다.

두 번째 장점은 5만 원, 10만 원의 소액으로도 대형 부동산에 투자해 배당수익을 얻을 수 있다는 점입니다. 도심에 있는 대기업의 본사 사옥이나, 대형 쇼핑몰, 대형 물류창고 등의 부동산의 임대수익은 안정적이면서 성장가치가 크지만, 개인이 투자하기 어렵습니다. 이러한 부동산이 주식형태로 잘게 쪼개져서 주식시장에서 거래가 가능하기 때문에 투자자는 한 주를 사더라도 운용수익을 공유받고, 차후 매각차익도 기대할 수 있습니다.

주주들에게 매년 배당가능이익의 90% 이상을 의무적으로 배당하고, 그 수익 또한 통상 부동산의 임대료에서 발생하기 때문에 정기예금이나 채권상품보다 높은 수익을 올립니다. 부동산에 근거해 운용하기 때문에 일반 투자상품에 비교하면 변동성이 적고 안정적인 운영이 가능합니다.

부동산 자산이 많은 대기업은 자산가치는 높은 반면 이를 활용한 유동성 공급이 원활하지 않을 수 있는데, 리츠를 이용해서 이를 해소하고 적정 수익률도 올리고 있습니다. 롯데그룹의 경우 백화점, 마트, 물류창고 등 부동산 자산이 많은데, 이러한 부동산을 바탕으로 상장된 롯데리츠는 2조 원 이상 자산으로 연간 배당수익은 4% 이상을 유지하고 있습니다.

리츠도 올해 진행된 카카오뱅크나 현대중공업처럼 주식시장에 공모절차를 거쳐 자금을 모집하고, 투자자는 주식을 배정받아서 향후 주가 상승에 대한 차익 실현 기회를 가지게 됩니다. 카카오뱅크는 58조 원, 현대중공업은 56조 원 가량이 공모주 청약에 몰렸다고 합니다.

그러나 자금이 많지 않은 일반 투자자는 꼭 청약을 하지 않더라도 회사가 상장된 후 적정가치 이하로 주가가 하락할 때 주식을 사모아서 가격이 가치에 도달한 이후 매각하면 됩니다.

리츠는 일반 회사의 상장과정과 비교하면 상장 후 주기의 변동성이 크지 않기 때문에 주식시장에 상장된 이후 이들 리츠 중에서 어디에 투자하는지(기초자산), 예상수익률은 얼마인지를 차분하게 확인하고 투자하면 됩니다.

이미지=
게티이미지뱅크

리츠 중 최근에 각광받고 있는 섹터는 물류센터 관련 리츠입니다. 물류센터 리츠는 온라인 플랫폼 비지니스 등 전방산업의 급격한 성장으로 개발수요가 풍부한 상황입니다. 현재 상장돼 있는 물류센터 리츠와 상장예정인 리츠에도 관심을 가지고 투자한다면 좋은 성과를 기대할 수 있습니다.

글로벌 리츠 전체시장 규모의 60% 이상을 차지하는 미국시장의 리츠 관련 상장지수펀드(ETF)에 투자하는 것은 포트폴리오 분산과 신종코로나바이러스 감염증(코로나19) 이후 제일 안정적인 투자처로 떠오른 미국에 투자하는 2가지 효과를 노릴 수 있으니 검토하면 좋겠습니다. 국내 운용사에서 운용하는 ETF, 또는 증권회사에서 미국 리츠 관련 ETF를 직접투자 하는 방법이 있습니다.

이와 반면 투자상품으로서 유의할 점은 다음과 같습니다.

안정적인 배당수익은 기대할 수 있지만, IT, 바이오 주식처럼 화끈한 주가 상승보다는 상가의 임대수익이 들어오듯이 꾸준한 예상 가능한 현금흐름을 기대하는 것이 합리적입니다. 또한 금리상승과 유동성 악화로 부동산 시장이 하락세를 보이면서 부동산 임대시장이 나빠지고, 투자수익률도 하락하면서 투자손실을 기록할 수 있습니다.

리츠상품을 요약하면 다음과 같습니다.

연 4~6%대의 배당수익을 추구하면서 투자의 변동성을 회피하고자 하는 중위험 · 중수익 투자자에게 적합한 투자상품입니다. 주식시장에서 언제든지 매도해 현금화할 수 있는 부동산 관련 상품으로, 부동산의 안정적인 수익확보와 현금 유동성의 용이성 2가지를 만족할 수 있습니다.

현재의 부동산 시장의 흐름을 파악하고, 리츠의 상품별 구조와 내용을 살펴보고 투자한다면 투자자산의 가치는 유지하면서 꾸준하고 안정적인 수익을 기대할 수 있습니다. 물류센터 관련 리츠는 일반 리츠보다 상대적으로 좋은 투자성과를 기대할 수 있고, 미국시장 리츠는 코로나 상황에서 꾸준한 성장세를 이이가는 미국 부동산 시장의 이익을 가져갈 수 있는 투자 대안으로 생각됩니다.

09

중위험 · 중수익 상품 찾는다면 공모주펀드

(2021.8.11 기준금리 0.50% KOSPI지수 3,220.62)

– 공격투자형보다는 중위험 · 중수익 추구 투자자에 적합

– 채권혼합형으로 구성되어, 주식투자수익이 관건

– 주식, 채권에서 손실 가능, 적정 수익 달성 시 환매해야

이미지=뉴스1

지난 8월 6일 카카오뱅크가 상장했습니다. 단숨에 시가총액 30조가 넘는 금융주 대장이 됐습니다(카카오뱅크 33조=신한금융지주 20조+하나금융지주 13조). 투자자와 시장은 현재의 제한된 업무영역보다 향후의 잠재가치에 많은 호응을 보냈습니다. 이틀 급등한 주식은 하락 반전했고 적정가치를 찾아가는 과정을 보여주고 있습니다.

평소에는 보수적으로 투자하는 어르신 자산가분들이 대어급 공모주 뉴스가 나오면 증권회사로 자금을 옮겨 공모주에 청약하는 모습을 보곤 합니다. 주식투자가 고위험 · 고수익인 것을 잘 알고 있지만, 좋은 주식을 받으면 단기간에 성과를 올릴 수 있다는 것을 경험을 통해서 알고 있는 것입니다.

작년과 올해, 저금리와 풍부한 유동성 자금환경 때문에 주식시장이 좋았지만, 그중 공모주 시장도 뜨거웠습니다. SK바이오팜, 카카오게임즈 등 대어급 공모주식은 상장부터 따상(상장 첫날 공모가 2배에 시초가 형성 후 상한가)은 기본이고 공모주를 배정받은 투자자는 만족스러운 성과를 거두었습니다.

펀드 투자에서는 공모주펀드를 통하여 배정받은 주식의 수익률을 올리는 공모주펀드가 기존 펀드 외에 신규로 여러 펀드가 출시돼 투자자들에게 인기를 끌고 있습니다. 그러나 공모주펀드는 공모주식만으로 구성되는 것이 아니고, 공모주주식 또한 항상 최상의 가격에 매도하는 것이 아니어서 대박 수익률만 기대하면 안 됩니다.

시중에서 판매되는 공모주펀드의 일반적인 특징과 내용에 대해서 점검해 보고, 어떤 투자자에게 적합한 상품인지 알아보겠습니다.

공모주펀드, 채권혼합형으로 구성돼…
주식투자수익이 '관건'

전형적인 공모펀드 중 공모주펀드 구조의 특징입니다(사모펀드는 구조와 운용방식이 공모펀드에 비해 상대적으로 자유로워서 제약사항이 별로 없습니다).

첫째, 일반적으로 채권혼합형 펀드로 구성됩니다. 채권혼합형 펀드는 약관상 채권 편입비율이 50% 이상으로 구성되는데, 통상 채권이 70%, 주식이 30%의 구성으로 운용된다고 쉽게 이해하면 됩니다.

둘째, 공모주 투자전략은 IPO 참여와 POST IPO 투자로 이루어집니다. IPO 참여투자는 유망한 주식의 IPO에 참여하여 공모주식을 배정받고 향후 주식가치 상승에 대한 이익을 가져갑니다. POST IPO는 IPO 이후에 적정가치 이하로 하락한 주식 중 펀더멘탈이 좋은 주식에 투자하여 추후 주식가치가 적정가격으로 회복될 때 매각하여 이익을 확보하는 전략입니다.

- IPO는 Initial Pulblic Offering, 즉 기업공개의 약자입니다. 비상장 기업이 유가증권 시장 또는 코스닥 시장에 상장하는 것을 말합니다. 법적인 절차를 통해 감독기관의 승인을 받아 불특정 다수를 대상으로 주식 매각을 통한 자금을 조달합니다.

셋째, 운용자산의 70% 정도를 차지하는 채권은 안정적으로 운용합니다. 국고채, 통안채와 A등급 회사채로 구성하고 듀레이션(채권 만기)도 1년 내외로 구성하여 정기예금 대비 1% 정도의 추가수익을 기대하는 전략입니다.

이렇게 채권혼합형 펀드로 운용하는 공모주펀드의 기대수익은 얼마나 될까요? 먼저 70% 편입 비중으로 운용되는 채권에서 2% 이익이 발생하면, 펀드 전체에 미치는 영향은 1.4%입니다(2%×70%=1.4%). 30% 편입 비중으로 운용되는 주식에서 10% 이익이 발생하면 3% 영향이 발생합니다(10%×30%=3%).

따라서 채권과 주식의 이익을 합하면 1.4%+3%=4.4%, 즉 5% 내외의 수익을 기대할 수 있습니다. 여기에다 0.7% 내외의 펀드 수수료를 차감해야 하므로 기대수익이 높아지려면 주식 부문에서 투자수익이 더 높아져야 합니다. 관건은 주식투자수익입니다. 공모주는 펀드 순자산의 10% 내에서 운용해야 하기 때문에 공모주는 확실하게 이익이 발생할 수 있도록 안정적으로 운용합니다. 성장 가능성이 뚜렷한 공모주에 청약하고, 하락 변동성을 줄이기 위해 상장 당일 또는 상장 후 수일 이내에 매도해서 수익을 확정하는 경우가 대부분입니다.

공모가 대비 기업 가치 상승이 두드러지게 확실하다고 판단되는 경우에는 보호예수 약정을 해서 공모주식을 더 받는 경우도 있습니다.

보호예수 약정은 공모주 청약 시 정해진 기간 동안 주식시장에서 매매할 수 없도록 제한 약정을 하는 것을 말합니다. 상장 후 대량 매도로 주가가 급락하는 것을 방지할 수 있어서 기관에서 청약할 때 보호예수 약정을 하면 주식 물량을 일정 부분 더 받을 수 있습니다. 이런 경우 기간경과에 따른 주가 변동성은 감수해야 합니다.

공격투자형보다는 중위험·중수익 추구 고객에 '적합'

POST IPO 전략은 상장 이후 주식의 수급이나, 기타 시장 상황으로 인해 공모가 이하로 하락한 종목 중에서 펀더멘탈이 견고하고 향후 성장성이 기대되는 종목을 발굴 · 투자하여 수익을 올리는 전략입니다. 청약 경쟁률이 치열한 종목들은 평균적으로 상장일 포함 단기간 급등하였다가 상당 기간 조정을 받는 경우가 많고, 상대적으로 경쟁률이 저조한 경우는 상장 후 1~2주 부진하다가 점진적으로 주가가 상승하는 경우가 있습니다.

기본적으로 채권혼합형 펀드의 기대수익률을 연간 5% 내외로 보았을 때, 공모주펀드는 공모주 투자로 주식 부문에서 플러스알파 수익을 얼마나 더 확보하고 위험관리를 잘하느냐가 중요합니다. 기대수익이 높은 공모주는 배정비율이 높지 않기 때문에, 공모주를 제외한 주식투자에서도 견조한 수익 창출이 가능해야만 펀드 전체의 좋은 수익을 기대할 수 있습니다.

위에서 공모주펀드 구조를 살펴보았습니다. 이처럼 주식으로 공모주 투자를 할 때 기대되는 따상, 따따상의 수익은 공모주펀드의 구조와 운용내용을 보았을 때 그대로 적용되지 않습니다. 공모주 투자로 펀드에서 연간 5%의 추가 이익이 예상된다면 10%×15%=1.5%(공모주 투자비중 10%, 주식기대수익률 10%+5% 추가수익)가 되고, 기존의 채권혼합형 펀드의 평균 기대수익률인 4~5%+1.5% → 5.5~6.5%의 수익률을 기대하는 것이 합리적입니다.

공모주펀드는 주식과 채권에서 고루 수익이 발생해야 하지만, 반대로 주식시장이 나빠지면 주식에서 손실이 발생하고, 금리가 올라가면 채권에서도 손실이 발생할 수 있습니다. 따라서 공모주펀드 가입 시 예상한 적정 수익률이 달성되면 바로 환매를 하는 것이 바람직합니다.

그래서 공모주펀드는 주식투자를 하는 공격투자형 고객보다는 안정형 투자자와 중위험·중수익 상품을 찾는 투자자에게 적합한 상품입니다. 공모주로는 대박이 날 수 있지만 공모주펀드에서는 대박이 날 수 없는 구조로 운용되기 때문입니다.

국내에서 판매되고 있는 공모주펀드는 구조적으로 대박펀드가 될 수 없습니다. 중위험 · 중수익을 기대할 수 있는 중박펀드입니다.

국내 공모주펀드는 대부분 채권혼합형 펀드로 구성되어 있고, 채권 운용에서는 성과의 큰 차별점이 없기 때문에 주식 운용성과, 특히 주식과 공모주의 운용성과가 장기간 검증된 자산운용사와 펀드매니저의 결과물을 보고 선택하는 것이 바람직합니다.

10 메타버스 펀드, 제대로 투자하는 방법은?

(2021.9.1 기준금리 0.75% KOSPI지수 3,207.02)

– 메타버스, 미래산업이지만 투자수익과는 별개로 검토해야
– 산업 초창기보다는 20% 정도 진행되었을 때, 투자해야
– 투자 한도는 10% 범위 내에서, 추후 확대 검토

이미지=전희성
한국경제신문기자

올해 많이 듣는 단어 중 하나는 '메타버스'입니다. 처음에는 버스가 당연히 Bus인 줄 알았는데, 아니었습니다. 스마트폰, 컴퓨터, 인터넷 등 디지털 미디어에 담긴 새로운 세상, 디지털화된 지구를 메타버스라고 부릅니다. 메타버스는 초월, 가상을 의미하는 메타(Meta)와 세계, 우주를 뜻하는 유니버스(Universe)의 합성어입니다. 현실을 초월한 가상의

세계를 의미합니다(《메타버스》, 김상균 발췌). 제조업 마케팅 금융업에서도 이미 메타버스를 이용하고 적극적으로 활용하기 위해 많은 노력을 기울이고 있습니다.

메타버스 전문가인 김상균 교수는 "19세기 초반에 산업혁명기가 있었고, 그때 산업혁명에 적응하지 못했던 국가는 GDP(국내총생산)가 별로 변하지 않았어요. 근데 산업혁명에 적응했던 유럽국가들은 다 부국이 되었습니다. 그때보다 훨씬 큰 빅뱅이 지금 일어나고 있는 초창기입니다"라고 얘기했습니다. 필자도 요즘 변화하고 있는 메타버스 환경과 성장성에 같은 생각을 하고 있습니다.

메타버스, 미래산업이지만 투자대상과는 별개로 봐야

하지만 주의할 점이 있습니다. 메타버스 산업이 미래성장산업이라는 것과 지금 메타버스 펀드에 투자하는 것이 고수익을 단기간에 올릴 수 있는 것은 별개의 문제라는 것입니다. 즉, 펀드로서의 신규투자는 신중하게 결정해야 합니다.

얼마 전 PB 고객분과 상담하면서 메타버스 관련 펀드에 대한 얘기를 나눴습니다. 오랜 기간 투자상품을 경험해 온 그분은 "국내에 판매되고 있는 메타버스 펀드의 편입 종목을 살펴봤더니, 우량 IT 종목으로 분산 운용되고 있다"며 "기존에 판매되고 있는 기술주 중심의 펀드와 별다른 차별성을 느끼지 못하겠다"고 말했습니다. 필자도 그 부분에 대해 같이 공감했습니다.

국내에 판매되고 있는 메타버스 펀드와 해외에서 운용되고 있는 관련 상장지수펀드(ETF)도 편입 종목을 보면, 몇 개 종목을 제외하고는 이미 우리가 알고 있는 회사들입니다. 펀드 편입 종목에서 네이버, 카카오, 아마존, 페이스북, 마이크로소프트 등 국내외 대형 IT 회사들의 이름을 확인할 수 있습니다. 메타버스 산업에 100% 연동해서 사업을 하고, 이 회사가 주식시장에 상장되어 있는 경우는 드뭅니다. 이 중 향후 성장성이 있는 회사를 골라내는 것은 더 쉽지 않습니다.

펀드(ETF 포함)는 개별 주식에 투자하는 것이 아니고, 수십 개의 종목에 분산 투자 하는 상품입니다. 개별 주식의 편입제한(10% 이내)을 지키고, 변동성과 위험분산을 위해 몇 개 종목에 집중투자를 하지 않습니다. 따라서 펀드의 투자 결과는 주식투자보다 속도가 더딘 반면 위험분산과 변동성 관리 부분에 강점이 있습니다.

"산업 초창기보다는 20% 진행됐을 때 투자해야"

그렇다면, 젊은 세대뿐만 아니라 새로운 트렌드로 자리 잡아가고 있는 메타버스 산업에 투자하는 메타버스 펀드 투자에서 좋은 성과를 거두려면 어떻게 접근하는 것이 좋을까요?

첫째, 그 산업의 라이프 사이클을 100으로 봤을 때, 산업 초창기보다는 그 산업이 어느 정도 자리를 잡기 시작하는 시기에 투자해야 합니다. 보통 20% 정도 진행됐을 때 투자하는 것이 안정성 있는 수익률을 기대할 수 있습니다.

최근의 이러한 예는 ESG(Environmental, Social, Governance) 관련 펀드에서 찾을 수 있습니다. 전통적인 재무적 기업평가 방식에 비재무적 기업평가 방식인 환경, 사회공헌, 지배구조도 병행해 기업 가치를 보다 정확하게 측정해 운용하는 펀드입니다. 인기가 있고 수익률도 비교적 좋은 성과를 보입니다. 2000년대 중반에도 비슷한 콘셉트의 펀드가 있었습니다. SRI 펀드(Socially Responsible Investment)인데, 사회 · 경제적 책임을 다하는 견조한 회사들에 투자하는 전략을 가진 펀드였습니다. 당시에는 SRI 콘셉트로 회사를 골라내는 평가기준이 발달하지 않았고, 골라낸 회사들도 시장 평균 수익률을 따라가지 못해 성공하지 못했습니다.

최근에는 ESG, 또는 SRI 전략으로 좋은 회사를 골라내는 기준이 활성화돼 있으며 펀드전략으로도 잘 활용되고 있습니다. 시장 상황이 이러한 기준을 충족할 만큼 성숙해졌기 때문입니다.

둘째, 투자 한도는 투자자산의 10% 이내에서 또는 적립식으로 메타버스 펀드에 투자하는 것을 권해드립니다. 향후 관련 산업의 급격한 성장세와 가치급등이 언제 발생할지 정확하게 알 수 없습니다. 따라서 다른 투자자보다 빨리 성과를 거두고자 투자를 한다면 초기산업의 높은 변동성을 감안, 일시에 투자하는 범위는 투자자산의 10% 이내로 하는 것이 좋습니다. 관련 산업에 지속적인 관심을 가지고 분산 투자를 하는 목적으로 매월 일정 금액을 투자하는 적립식 투자방식도 권해드립니다.

향후 메타버스 산업에 어떤 회사가 각광을 받고 가치가 올라갈 것이며 전망 있는 회사에 어떻게 투자할 것인가는 펀드매니저에게 맡기면 됩니다. 이런 일들을 24시간 고민하는 사람이 펀드매니저이고, 그 성과로 시장에서 냉정하게 평가받기 때문입니다. 펀드 투자자는 펀드 성과가 시장수익률을 지속적으로 꾸준히 초과하는지, 편입 종목 중 시장이슈가 되는 메타버스 종목들이 들어있는지 등을 확인하면 됩니다.

인간에게 필수적인 사항인 의식주 관련 산업은 항상 수요가 있습니다. 메타버스 관련 산업은 이제 막 꽃을 피우기 시작하는 산업입니다.

누가 먼저 기회를 선점하고 관련 기술을 개발 및 확산시키느냐에 따라 성패가 달라질 것입니다. 투자자 관점에서는 미래핵심성장산업에 투자자로서 발을 담그고, 장기적인 관점에서 투자를 이어가는 것이 합리적인 투자방법이라고 생각합니다.

11

증시 침체기, 조금씩 수익 쌓아가는 롱숏 펀드가 대안

(2021.12.7 기준금리 1.0% KOSPI지수 2,991.726)

– 오미크론에 주식시장 오락가락

– 중위험 · 중수익 추구 '롱숏 펀드' 부각

– 변동성 적고 일정 수익 추구

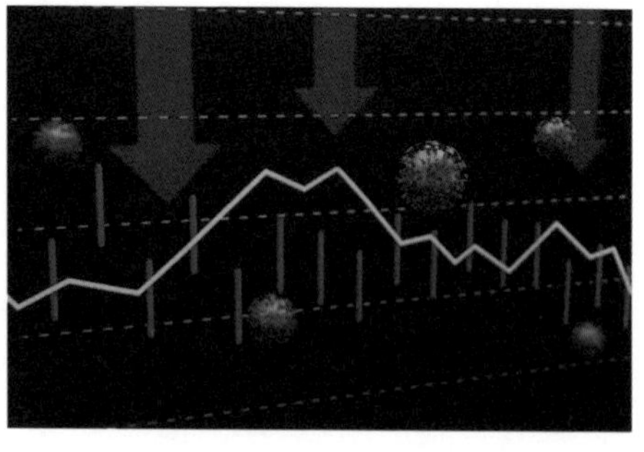

이미지=
게티이미지뱅크

위드 코로나가 시작되면서 경기가 좀 살아나나 했더니 다시 도돌이표입니다. 변종 바이러스인 오미크론이 세계보건기구(WHO)에서 '우려 변이'로 지정되고 나서 국제유가는 10% 이상 급락하고 주식시장은 휘청이며, 경기회복세에 제동이 걸린 상황입니다. 유동성 공급으로 지탱하고 있는 실물경제는 호재에는 둔감하고 조그마한 악재에도 민감하게 반응하고 있는데, 오미크론의 파급이 실물경제에 어떻게 영향을 미칠지 주의 깊게 지켜봐야 하겠습니다.

요즘처럼 주식시장이 상방보다는 하단의 지지선을 찾아가는 침체기에는 변동성이 적고, 일정 수준의 수익을 제공하는 절대수익추구형 상품에 대한 관심이 높아집니다. 절대수익추구형 상품의 대표적인 유형인 롱숏 펀드의 내용과 투자전략에 대해서 알아보겠습니다.

롱숏 펀드는 최근 몇 년간의 침체를 벗어나 다시 관심을 받고 있는 상품군입니다. 기존의 절대수익을 추구하는 펀드라는 인식에서 벗어나 하락을 방어함과 동시에 시장의 모멘텀도 활용하면서 수익을 확보하는 펀드 운용전략으로, 최근 양호한 성과를 이어가고 있습니다.

일반적인 롱숏 펀드의 투자설명서에서는 주요 전략인 롱숏 전략에 대해서 '가격상승이 예상되는 종목은 매수하고, 가격하락이 예상되는 종목은 매도해 이익을 추구하거나 사업환경이 유사하고 가격의 상관관계가 비교적 높은 동일 산업 내 종목을 선정해 상대 가치 변화에 따른 차익 추구'라고 설명돼 있습니다.

이 문장을 쉽게 설명해 드리겠습니다. 롱숏 전략에서 롱(Long)은 매수를 의미하고, 숏(Short)은 매도를 의미합니다. 주가가 상승할 것으로 예상되는 종목(저평가 종목)은 매수하고, 주가가 하락할 것으로 예상되는 종목(고평가 종목)은 공매도합니다. 더불어 매수와 매도의 금액을 유사하게 맞춰 주식을 보유하지 않는 효과를 가지면서 운용해 변동성을 제한합니다.

동종 또는 유사업종의 주식을 동시에 사고파는 전략으로 예를 들어보겠습니다. 동일금액의 카카오게임즈를 롱(매수)하고, 엔씨소프트를 숏(매도)하는데, 일정 기간 동안 카카오게임즈는 가격이 상승하고 엔씨소프트는 가격이 하락하면 평가 이익이 발생하는 겁니다.

이 같은 시도를 대형주, 중소형주, 특정 섹터 주식 구분 없이 꾸준히 반복하면서 조금씩 수익을 쌓아가는 전략이 유효하게 됩니다.

이러한 전략의 장점은 시장이 전반적으로 하락하거나, 횡보하는 장세일 경우에도 주기적으로 일정 부분의 수익을 차곡차곡 쌓아가는 것을 추구한다는 점입니다. 주가지수와 상관없이 일정한 절대수익을 산출해 내는 것이 목표인 만큼 절대수익추구형펀드라고 이야기합니다.

이렇게 롱숏으로 일정 수익을 쌓는 것은 컴퓨터 프로그램의 도움도 받지만, 전반적으로는 펀드매니저의 의사 결정이 주는 영향이 큽니다. 오르는 섹터가 어디고 하락하는 섹터는 어디인지, 같은 섹터에서도 오를 종목은 무엇이고 하락할 종목은 어떤 종목인지 수시로 의사 결정을 해야 하는 것입니다. 따라서 반짝 단기간 고수익을 올린 펀드보다는 일정 기간 동안 운용해 성과가 검증된 펀드를 선택하는 것이 중요합니다.

아래 표는 국내 대표적인 유형별 펀드의 기간 수익률입니다. 시장의 변동성이 커진 최근 1년 동안 다른 유형에 비해 절대수익추구형펀드의 수익률은 하락을 방어하면서, 꾸준하게 수익을 내온 것을 알 수 있습니다. 또 다른 유형 펀드 대비 설정액이 적어서 그동안 상대적으로 투자자의 관심을 많이 받지 못하고 있는 유형인 것도 나타납니다.

유형	펀드특징	1개월	3개월	1년	설정액
K200인덱스형	코스피200지수 추종, 플러스 알파 수익률 추구	-1.27%	-6.16%	11.24%	79,175억 원
초단기 채권형	6개월 미만의 단기 채권에 투자	0.10%	0.05%	0.63%	65,171억 원
MMF형	90일 이내 안전한 채권에 투자	0.08%	0.21%	0.67%	1,084,928억 원
시장중립형 (롱숏)	절대수익 추구, 저평가 주식매수, 고평가 선물매도 전략 등 사용	0.26%	1.09%	8.75%	739억 원

* 12월 3일 기준/자료=KG제로인

롱숏 펀드를 선택하는 3가지 기준은 다음과 같습니다.

첫째, 운용 기간과 순자산을 확인합니다. 사전에 계획되고 반복적인 프로세스로 꾸준히 운용해 나온 결과를 확인해야 하고, 원활한 운용을 위한 최소한의 자산이 필요합니다. 가입하고자 하는 펀드는 최소 2년 이상 경과하고 성과를 기록했는지, 펀드의 순자산은 100억 원 이상인지 확인합니다.

둘째, 펀드 운용 주체인 펀드매니저가 지속적으로 운용하고 있는지 확인합니다. 자산운용업계에서 펀드매니저가 교체되는 일은 자주 있습니다. 롱숏 펀드는 펀드매니저의 경험과 역량이 매우 중요한데, 수익률이 좋지 않은 펀드는 펀드매니저 교체가 잦습니다. 이런 내용은 펀드의 투자설명서를 통해 확인할 수 있습니다.

셋째, 펀드가 롱숏의 주요 전략에 집중하고 있는 펀드인지 확인합니다. 롱숏 펀드라면 롱숏 전략이 주요 전략이고 다른 운용전략은 보완 전략이 돼야 합니다. 하지만 모멘텀 투자나 공모주 투자전략 등이 주가 되어 단기간 고수익이 발생한 것을 광고하는 펀드는 조심해야 합니다.

그리고 롱숏 펀드 가입 시 주의해야 할 사항은 다음과 같습니다.

첫째, 롱숏 펀드가 항상 일정 수준 이상의 이익을 올리는 것은 아닙니다. 주요 이익 전략인 롱숏 전략이 예상하고 반대로 되는 경우에는 위험이 2배로 커질 수 있습니다. 드물게, 매수한 주식의 가격이 하락하고 매도한 주식의 가격이 상승하는 경우에는 롱과 숏 모두에서 손실이 발생할 수 있습니다.

둘째, 중위험 · 중수익 구조의 펀드 운용전략이어서 시장이 급등할 때에는 상대적인 수익 박탈감을 가질 수 있습니다. 따라서 주요 펀드의 상품전략보다는 세 번째, 네 번째 이상의 순서에서 선택할 수 있는 투자 대안으로 접근하는 것이 좋습니다.

절대수익을 추구하는 롱숏 펀드는 수익률을 최소 주 1회 이상 체크합니다. 수익률의 변동이 클 경우 펀드매니저가 교체됐는지, 운용상의 큰 에러가 발생했는지 확인합니다. 그리고 적정 수익인 연 5~7% 안팎의 수익이 발생하면 환매, 재투자를 검토하는 등 주기적인 관리가 필요한 펀드입니다.

요즘처럼 변동성이 잦아들지 않고 지속되는 시기에는 기존의 주류 펀드 외에 하방의 손실위험은 방어하면서 일정수준 이상의 수익을 목표로 운용하고, 중위험 · 중수익을 추구하는 롱숏 펀드도 투자의 대안으로 함께 검토해 보실 것을 권해드립니다.

12

"이머징마켓 펀드수익률, 年 10% 목표로 투자하세요"

(2021.12.19 기준금리 1.0% KOSPI지수 3,017.73)

– 중국, 베트남, 인도…이머징마켓 '주목'

– 시점 분산 · 나라별 분산 투자 필요

– 펀드별 투자 목표 연 10% 안팎 적당

이미지=
게티이미지뱅크

올해가 저물어 갑니다. 예년이라면 각종 모임으로 분주할 때이지만, 신종 코로나바이러스 감염증(코로나19) 사태가 엄중해서 조용한 연말을 보내고 있습니다. 필자는 직장생활이 20년이 넘어가는 2014년부터 휴가를 보람있게 보내고자 휴가의 반은 가족과 함께, 나머지 반은 온전히 나를 위해 쓰기로 마음을 먹었습니다. 이때부터 매년 휴가 때

근무하고 있는 은행의 해외지점이 있는 나라를 배낭 메고 동반자 없이 혼자 여행하기 시작하였습니다.

해외지점이 있는 나라를 방문하면 주재원으로부터 책에서는 잘 알 수 없는 현지의 생생한 경험을 전해 듣고 직접 그 나라를 혼자 여행하면서 견문을 넓힐 수 있다는 장점이 있습니다. 2014년 캄보디아를 시작으로 카자흐스탄, 중국, 베트남, 인도 등 주로 이머징 국가들을 혼자 방문하고 여행하면서 값진 경험을 쌓았습니다. 이 가운데 중국과 베트남, 인도는 국내에서 펀드 투자로도 비중 있는 지역입니다. 이들 나라를 방문하면서 느낀 점을 공유하면서 펀드 투자전략에 대해서 알아보겠습니다.

중국 저장성 이우시에서 상해로 가는 고속열차를 타는데, 300km가 넘는 속도를 안정감 있게 주행하는 것을 보며 기술력에 놀랐습니다. 반면 현지에 묵었던 숙소는 번듯한데 인근 도로는 정비되지 않아 쨍쨍한 날씨에도 질퍽질퍽했는데, 왜 이렇게 공사를 진행할까 의아했던 기억이 있습니다.

이미지=
게티이미지뱅크

베트남에서는 호찌민 시내의 빌딩숲과 20 · 30 남녀들이 활기차게 다니는 모습에 젊은 나라라는 느낌이 들었습니다. 그리고 자동차보다 몇 배 많은 오토바이 행렬이 나중에 자동차로 바뀌면 교통혼잡이 엄청 나겠구나, 하는 생각도 들었습니다.

인도여행에서는 타지마할과 우다이푸르를 방문하고, 우버택시를 이용하며 휴대폰으로 운전기사를 평가해 봤습니다. 전통과 현대기술의 어울림을 같이 경험했습니다. 반면 아직도 남아있는 카스트 제도와 거리에서 자주 볼 수 있는 빈부격차는 안타까움으로 남아있습니다.

이처럼 이들 세 나라는 빠르게 성장하는 경제의 속도감과 아직 이를 따라가지 못하는 사회제도와 인프라, 빈부격차 등의 한계를 동시에 갖고 있습니다. 많은 분들이 이들 세 나라에 대한 성장성을 보고 이미 투자하고 있거나 예정하고 있을 텐데요. 간략하게 숫자로 살펴보겠습니다.

국가	GDP (백만 달러)	세계경제 비중	1인당 GDP (달러)	인구수
중국	16,642,318	16.64%	11,891	14억 4,421만 명
베트남	354,868	0.3%	3,743	8,816만 명
인도	3,049,704	3.04%	2,116	13억 9,340만 명
미국	22,675,271	22.67%	69,375	3억 3,291만 명
한국	1,806,707	1.80%	35,195	5,182만 명

* 자료=GDP(IMF 2021년 10월 기준), 인구수(통계청 2020년 기준자료)

위에서 볼 수 있듯이 중국은 이미 G2의 위상으로 세계 경제의 비중이 미국에 이어 2위입니다. 또 미국의 견제를 집중적으로 받고 있습니다. 인도와 베트남은 1인당 국내총생산(GDP)이 5,000달러에 못 미치지만 인도는 13억 명이 넘는 인구가, 베트남은 일할 수 있는 청년층 비중이 다른 나라에 비해 압도적으로 높아서 향후 지속적인 성장 가능성이 기대되는 지역입니다.

이달 13일 기준으로 현재 국내에서 판매되고 있는 펀드 투자수익률은 다음과 같습니다.

국가	1개월	3개월	1년	3년
중국	-0.92%	1.52%	9.01%	76.28%
베트남	-1.44%	5.92%	50.81%	54.88%
인도	-4.12%	-0.96%	49.79%	85.72%
한국 KOSPI200	1.94%	-2.63%	6.91%	48.24%

* 국내 자산운용사가 원화로 투자하는 주식형펀드 기준/자료=KG제로인

위 표에서 볼 수 있듯이 위 세 나라는 기간별로 수익의 변동성이 큽니다. 한국 주식시장이 정체되거나 하락했어도 성장을 기대해 볼 수 있는 보완적인 시장입니다. 그리고 1년 이내의 단기보다는 3년 이상 중장기로 투자 기간이 늘어날수록 만족스러운 펀드수익률이 나타나는 것을 알 수 있습니다.

이들 세 나라에 대한 펀드 투자전략은 다음과 같습니다.

첫째, 기간을 나눠 투자합니다. 이머징 시장은 주식시장의 변동성이 크게 발생하기 때문에 한 번에 투자하는 경우 시장이 크게 하락한 시점에 원금 전체가 투자되는 위험이 발생할 수 있습니다. 따라서 목돈의 경우 3회 이상, 또는 1년에 걸쳐 매월 1회 분산 투자 합니다. 적립식의 경우는 3년 이상 꾸준히 자동이체로 투자하면 변동성을 통제하면서 적정 수익을 기대할 수 있습니다.

둘째, 나라별로 나눠 투자합니다. 1개국에 전체 금액을 투자해 국가별 발생 가능한 고유의 리스크를 떠안기보다는 3개국에 일정 비율로 나눠 투자함으로써 위험을 분산할 수 있는 것입니다.

셋째, 나라별 펀드 선택 방법입니다. 해당 국가의 펀드군 중에서 판매액(설정액)이 많은 순서로 상위 10개를 선별합니다. 다음 기간별 수익률(3개월, 1년, 3년 등)이 편차가 적고 수익률이 꾸준한 펀드 5개를 고릅니다. 그리고 그 후보군을 가지고 거래하는 투자상담사 또는 PB 팀장과 상담을 통해 최종 선택하면 성공 확률을 높일 수 있습니다.

넷째, 펀드별 투자 목표는 연 10% 안팎이 적정합니다. 성장성이 크지만 변동성의 위험도 큰 이머징마켓은 단기투자를 지양하고, 3년 이상 투자 시 30% 내외 수익을 목표로 하며 이를 달성할 경우 환매하는 전략이 적합합니다.

요약하면, 3년 이상 중장기투자를 합니다. 투자 시점을 분산하고 나라별로 나눠 투자합니다. 연 10% 목표로 수익률 달성 시 환매합니다. 중국과 베트남, 인도 등 이머징마켓 펀드는 포트폴리오 분산 투자의 일환으로 선택해 좋은 투자성과를 얻기를 기대합니다.

13

3년 전 가입한 사모펀드들, 수익률 확인해 봤더니…

(2022.8.1 기준금리 2.25% KOSPI지수 2,452.25)

– 펀드상품, 최악의 상황 고려해 가입해야
– 경기 호황기보다 침체기 가입 때 성공률 높아
– 여유자금으로 펀드 가입하는 것은 '기본'

이미지=
게티이미지뱅크

2주 전 신규를 한 주가연계증권(ELS) 상품의 가입이 취소된다는 내용을 통보받았습니다. 가장 일반적인 지수형 ELS 상품에 금리는 8% 수준으로, 평소 같았으면 금방 판매금액이 소진되는 인기상품이었습니다.

치솟는 물가와 금리, 이에 따라 얼어붙은 투자심리로 투자상품인 펀드를 권유하기도 어렵고 금융시장에서 가입하는 금액과 건수도 현저하게 줄어들고 있습니다. 3년 전에 국내에서 판매됐던 대표적인 사모펀드를 가입한 경우, 현재 펀드 결과는 어떻게 나왔을까요?

구분	상품 내용	목표수익	투자결과
1. 무역금융펀드	해외 유수기업의 상거래 매출채권에 투자 만기상환 불가 시, 보험회사의 금액 지급 조항	연 5% 내외	×
2. 부동산투자펀드	국내외 우량 부동산에 투자, 임대수익 배당 부동산에 선/후순위 담보권으로 안정성 확보	연 6% 내외	△
3. NPL투자펀드	금융기관이 매각한 NPL에 투자, 수익 배당 별도의 안정성 보장 도구 또는 제도 없음	연 6% 내외	○

* NPL(Non Performing Loan) : 금융기관이 빌려준 돈을 회수할 가능성이 없거나 어렵게 된 부실채권을 말함

펀드 운용 결과입니다.

첫째, 무역금융펀드의 경우 수입상 또는 수출상이 파산해 보험회사에 보험금을 청구했으나 심사가 늦어지거나 청구가 거절되는 등 만기에 펀드금액이 상환되지 않은 상태입니다. 투자자는 투자금액을 회수하지 못하고 있는 것이죠.

둘째, 부동산투자펀드는 코로나19 사태와 부동산 경기 하락으로 배당수익이 예상보다 적게 나오거나, 만기에 부동산 매각이 원활하게

진행되지 않아서 펀드 만기가 연장되는 경우가 많습니다.

셋째, 부실채권(NPL)투자펀드는 전문 사모운용사에서 리스크를 감안한 운용전략으로 대부분 만기 전에 적정 수익률로 상환되고 있습니다.

경제가 계속 성장하거나, 특별한 악재성 이벤트 없이 경제 상황이 진행되는 경우에는 어떤 구조의 투자상품도 만기에 적정 수익으로 대부분 상환됩니다. 하지만 경기 불황이 시작되거나 침체국면에 들어서면 투자상품 가입 시 받은 투자설명서에 조그맣게 쓰여있는 특약사항이나 제한조건들, 잠재 리스크 등이 현실화하기 시작합니다.

투자상품에 가입하는 투자자 입장에선 일반적인 경제 상황에서 나올 수 있는 예상수익률, 상품의 안정성에 관심이 있습니다. 반대로 지금처럼 경기침체로 흐르는 최악의 조건에서 발생 가능한 리스크와 손실률에는 상대적으로 관심이 적습니다.

위의 1, 2번 경우처럼 안정성이 강조되는 상품도 상품 가입 시 최악의 상황에서 어느 정도 손실이 발생합니다. 문제 발생 시 어떻게 조치받을 수 있는지 최악의 상황(Worst scenario)을 체크해 보고 최종 가입을 결정해야 합니다.

반대로 3번처럼 투자대상 자산이 리스크가 높은 자산을 운용하는 경우에는 펀드를 운용하는 운용사와 펀드매니저의 과거 운용성과를 자세하게 확인해 보고 상품 가입을 결정하는 것이 좋습니다.

이미지=
게티이미지뱅크

'언제 목돈으로 펀드상품을 가입하는 것이 좋을까요?'라고 필자에게 물어본다면 지금처럼 투자심리가 얼어붙고 투자상품에 대한 관심이 적을 때가 적기라고 대답합니다.

이유는 다음과 같습니다.

첫째, 펀드상품을 새롭게 출시하는 자산운용사는 경기 불황에 견딜 수 있도록, 평상시보다 더 보수적이고 안정적인 운용전략을 구사합니다. 때문에 변동성은 줄이고 적정 수익률을 기대할 수 있는 상품을 만나볼 수 있습니다.

둘째, 펀드를 판매하는 은행 · 증권 등 판매사에서는 위험을 평소

보다 더 크게 생각하는 투자자에게 보다 안정적인 구조의 상품을 선별해 이전보다 더 자세하고 꼼꼼하게 안내하고 설명하면서 펀드를 판매합니다.

셋째, 변동성은 존재하지만 단기간 큰 폭의 지수하락은 기대하기 어렵습니다. 고점 대비 15~20% 넘게 떨어진 주가지수대에서 점진적인 하락세는 보일 수 있지만 큰 폭으로 한꺼번에 하락하는 장세는 쉽게 예상되지 않습니다. 현재의 코스피지수가 2,400포인트이고 여기서 40% 더 하락하면 1,440포인트입니다. 일반적인 지수형 ELS 상품을 지금 가입한다면, 3년 동안 KOSPI 지수가 1,500포인트 아래로 하락해야 손실이 발생하는데, 확률이 높지 않습니다.

펀드상품 가입 시 가장 기본적인 사항은 여유자금으로 투자하는 겁니다. 지금처럼 고물가와 고금리인 경제 상황에서는 만일의 경제충격에 대비해 6개월~1년 정도 버틸 수 있는 유동자금을 머니마켓펀드(MMF)나 은행 정기예금 등 안정성 상품에 두는 것이 바람직합니다.

예전보다 펀드상품에 가입해 수익을 올릴 수 있는 확률이 높아졌습니다만, 변동성은 더 커졌기 때문에 이를 인내할 수 있기 위해서는 여유자금 투자가 필수입니다. 목돈을 투자해 변동성에 큰 금액이 노출되는 만큼, 투자상품 상담은 경험이 많은 시니어 투자상담사와 하는 것을 추천합니다. 과거 10~20년 동안 발생한 여러 금융위기와 이벤트를 경험한 시니어 상담사가 이론에만 충실하고 경험이 부족한 주니어 상담사보다는 깊이 있는 상품에 대한 조언이 가능하기 때문입니다.

펀드상품의 목돈 투자는 다음과 같이 접근해야 합니다.

먼저 필수 생활비를 제외한 여유자금으로 투자하는 것은 기본입니다. 둘째, 일반 상황 외에 최악의 조건에서는 어떤 리스크와 손실률이 발생하는지 확인합니다. 셋째, 경기 호황기보다 경기 불황, 침체기에 가입하는 투자상품은 수익이 발생할 확률이 높습니다.

투자자의 대부분이 펀드상품에 투자하는 것을 꺼리는 지금, 내가 투자할 수 있는 여유자금을 갖고 내 투자성향에 맞는 상품을 선택할 필요가 있습니다. 앞으로 2~3년의 기간을 시장 상황을 지켜보면서 주기적으로 관리합니다. 경기가 점차 활기를 찾아가고 시장이 좋아져서 너도나도 주식과 펀드상품에 투자하려고 하는 때, 웃으면서 목돈을 투자한 펀드상품을 해지할 수 있을 겁니다.

[부록 1]

한국은행 기준금리 추이

https://www.bok.or.kr/portal/singl/baseRate/list.do?dataSeCd=01&menuNo=200643

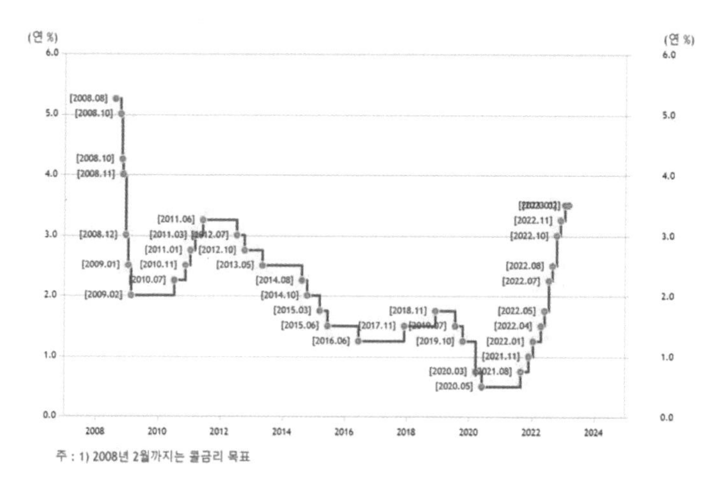

주 : 1) 2008년 2월까지는 콜금리 목표

변경 일자		기준금리
2023	02월 23일	3.50
2023	01월 13일	3.50
2022	11월 24일	3.25
2022	10월 12일	3.00
2022	08월 25일	2.50
2022	07월 13일	2.25
2022	05월 26일	1.75
2022	04월 14일	1.50
2022	01월 14일	1.25
2021	11월 25일	1.00
2021	08월 26일	0.75
2020	05월 28일	0.50
2020	03월 17일	0.75
2019	10월 16일	1.25
2019	07월 18일	1.50
2018	11월 30일	1.75
2017	11월 30일	1.50
2016	06월 09일	1.25
2015	06월 11일	1.50
2015	03월 12일	1.75
2014	10월 15일	2.00
2014	08월 14일	2.25
2013	05월 09일	2.50
2012	10월 11일	2.75
2012	07월 12일	3.00
2011	06월 10일	3.25
2011	03월 10일	3.00
2011	01월 13일	2.75

변경 일자		기준금리
2010	11월 16일	2.50
2010	07월 09일	2.25
2009	02월 12일	2.00
2009	01월 09일	2.50
2008	12월 11일	3.00
2008	11월 07일	4.00
2008	10월 27일	4.25
2008	10월 09일	5.00
2008	08월 07일	5.25
2007	08월 09일	5.00
2007	07월 12일	4.75
2006	08월 10일	4.50
2006	06월 08일	4.25
2006	02월 09일	4.00
2005	12월 08일	3.75
2005	10월 11일	3.50
2004	11월 11일	3.25
2004	08월 12일	3.50
2003	07월 10일	3.75
2003	05월 13일	4.00
2002	05월 07일	4.25
2001	09월 19일	4.00
2001	08월 09일	4.50
2001	07월 05일	4.75
2001	02월 08일	5.00
2000	10월 05일	5.25
2000	02월 10일	5.00
1999	05월 06일	4.75

* 2008년 2월까지는 콜금리 목표, 2008년 3월부터는 한국은행 기준금리

[부록 2]

KOSPI지수 추이

(1980.1.4~2022.12.29)

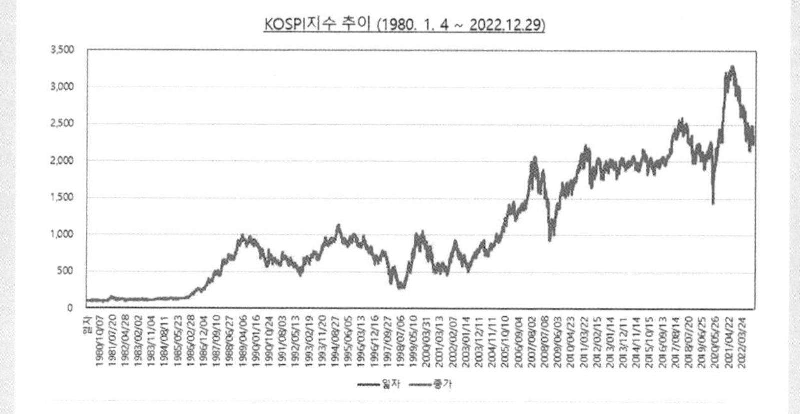
KOSPI지수 추이 (1980. 1. 4 ~ 2022.12.29)
3,500
3,000
2,500
2,000
1,500
1,000
500
0
일자
1980/10/07
1981/07/20
1982/04/28
1983/02/02
1983/11/04
1984/08/11
1985/05/23
1986/02/28
1986/12/04
1987/09/10
1988/06/27
1989/04/06
1990/01/16
1990/10/24
1991/08/03
1992/05/13
1993/02/19
1993/11/20
1994/08/27
1995/06/05
1996/03/13
1996/12/16
1997/09/27
1998/07/06
1999/05/10
2000/03/31
2001/03/13
2002/02/07
2003/01/14
2003/12/11
2004/11/11
2005/10/10
2006/09/04
2007/08/02
2008/07/08
2009/06/03
2010/04/23
2011/03/22
2012/02/15
2013/01/14
2013/12/11
2014/11/14
2015/10/15
2016/09/13
2017/08/14
2018/07/20
2019/06/25
2020/05/26
2021/04/22
2022/03/24
일자
종가

ChatGPT에게 물어봤습니다.

Q. **코스피지수의 역사적 이벤트 10개의 날짜와 종가를 알려주세요.**

A. **코스피지수의 역사적 이벤트 중 10개의 날짜와 종가는 다음과 같습니다.**

1. 1997년 10월 28일
   아시아 금융위기로 인한 대폭락, 종가 502.37
2. 2001년 9월 12일
   9/11 테러로 인한 대폭락, 종가 476.16
3. 2008년 10월 27일
   금융위기로 인한 대폭락, 종가 894.97
4. 2009년 3월 2일
   금융위기 극복 기대감으로 대폭등, 종가 1,029.69
5. 2011년 3월 15일
   일본 대지진으로 인한 대폭락, 종가 1,917.74
6. 2013년 4월 16일
   북한 긴장 완화 기대감으로 대폭등, 종가 1,952.31
7. 2015년 8월 24일
   중국 경제불안으로 인한 대폭락, 종가 1,829.81
8. 2016년 11월 9일
   미국 대선 결과 충격으로 인한 대폭락, 종가 1,987.70
9. 2020년 3월 23일
   신종 코로나바이러스 확산으로 인한 대폭락, 종가 1,457.64
10. 2021년 7월 15일
    투자심리 회복에 따른 대폭등, 종가 3,276.21